U0543965

在教学研路上
悦心成长

王院丽／著

陕西新华出版传媒集团
陕西人民出版社

图书在版编目（CIP）数据

在教学研路上悦心成长 / 王院丽著 . —西安：陕西人民出版社，2022.2
ISBN 978-7-224-14498-7

Ⅰ . ①在… Ⅱ . ①王… Ⅲ . ①小学语文课—教学研究
Ⅳ . ① G623.202

中国版本图书馆 CIP 数据核字 (2022) 第 050192 号

责任编辑：朱媛美
封面设计：姚肖朋

在教学研路上悦心成长

作　　者	王院丽
出版发行	陕西新华出版传媒集团　陕西人民出版社
	（西安北大街 147 号　邮编：710003）
印　　刷	西安雁展印务有限公司
开　　本	890 毫米 ×1240 毫米　1/16
印　　张	23
字　　数	320 千字
版　　次	2022 年 2 月第 1 版
印　　次	2023 年 5 月第 2 次印刷
书　　号	ISBN 978-7-224-14498-7
定　　价	68.00 元

如有印装质量问题，请与本社联系调换。电话：029-87205094

序 言

幸福从哪里来

命运不仅顽固，而且喜怒无常，但人总是追求幸福的。幸福从哪里来？王院丽老师用这本书给出了答案。

教师是尘世里高出尘世的那束光，她"高"在读的书比别人多，思悟比别人深。院丽老师一直在读书：博，扩眼界；专，究深度。夸美纽斯、苏霍姆林斯基、孔子、陶行知……这些为人类留下丰厚遗产的大家，纷纷成为她眼中的华美风景。书籍的滋养，不仅让她的人生变得轻盈美丽，更让她自己变得厚实强大。

述而不作、作而不述都不是完美的态度。所有知识是工具，是思维的梯子。院丽老师把所学所悟积极应用到教学实践中，从而使教学效率拾级而上，节节攀高。参与市、区送教送培活动，她以书籍作为指引，用自己的实践为教育家们的思想做了生动诠释，让课堂成为学生享受的乐园。在教学过程里，教育家和她并肩同行，她和学生激情共舞。

而繁忙教学之余，参与国家级、省市课题研究，又把这些实践和实践的生成，形诸笔端，写成教研论文，编辑成书，完成了"作"的另一层含义。

一个纯粹的人，脱离了低级趣味的人，考虑的不仅仅是自己。熟悉名师的朋友会发现，一位名师的成长，大都是结伴而行。他们或是缘梦先飞，前引后推；或是互相激励，踏波逐浪。名师往往在相互比较、质疑、赛跑、超越中完成其社会性，淬炼其"优秀"。他在仰望与俯视之间嬗变，硬生生创造出一个生态圈，适合自己生长，便宜同伴进步。因而教育名师的诞生，其周围必然有一个团队因他而存在，或受教于他的直接指导，或得益于他的间接鼓舞。院丽老师也是如此。她在生活中孜孜矻矻，在课堂带领学生知行合一，在二十多年教育生涯里引领着一批批年轻人、后来者。她和她指导鼓舞的一群人，正在创造一个新的、令人欣喜的教育局面。

她成就了自己，也成就了别人。最终，为这个时代做出了应有的贡献。

幸福总是眷顾奋斗的人。因为奋斗让人忘记贫穷，忘记忧愁，甚至忘记时间的流逝。那些充实的日子，分秒必争的紧迫感和无处不在的思考与行动，饱满出的是人的价值实现，精神富足，思想自由。

院丽老师正阔步走在这条路上，从这本书的每一篇、每一章节都能看到。

陋为序。

吕志军： 陕西教育报刊社副总编辑，陕西教育学会学术委员会委员，陕西省作家协会会员。

目录 CONTENTS

第一辑　悦读阅美

生本教育路上　我们一起远行 // 3

玫瑰芬芳　润我心田 // 6

读思前行　学教语文 // 9

读好书　教语文 // 12

在读书中学会做教科研 // 15

保持温度　亦师亦友 // 18

昆虫世界　师生共赏 // 21

实践探索凝思想　识体而教促成长 // 24

四时之诗：蒙曼品最美唐诗 //30

第二辑　悦学乐悟

桂花香里学教语文　智慧课堂唤醒创新 // 33

沪上花儿绽放　南塘溢满芬芳 // 38

西子湖畔近名师　先进理念伴我行 // 45

走进"千课万人"　成就班主任 // 48

走近名师　享受风范　促我成长 // 50

拥抱课改　以生为本 // 59

名师示范引领　教师学习提升 // 62

学着再好好教语文 // 64

学科融合　提升素养 // 68

自我修炼　快乐成长 // 70

聚焦微型课　感悟真素养 // 73

示范引领　感悟反思 // 76

情满山城花满渝　诗满课堂歌如画 // 78

第三辑　悦研善教

课题研究

小学中年级"生本习作"的实践研究 // 81

小学生吟诵古诗词的实践研究 // 98

基于学科素养小学古诗文立德树人的教学价值实践研究 // 112

以生为本　小学民主化管理班级的实践研究 // 123

课堂实践

小学语文"双轨四步"生本阅读课堂解读 // 138

《麻雀》教学设计 // 141

《王冕学画》第二课时教学设计 // 148

《刷子李》第二课时教学设计 // 152

"双线四读"　以诗带诗 // 156

《早发白帝城》教学设计 // 159

《王戎不取道旁李》教学设计 // 162

教学案例

以生为本　深度阅读 // 168

阅读教学读最妙 // 171

教学反思

"生本"相随　且行且思 // 175

以读促读　学文悟道 // 177

学会放手　真正让学生读会 // 180

美美的语文淡淡地教 // 182

评课分享

别情留意　你吟我诵 // 185

只为那片美丽的草地而来 // 187

生本课堂感悟

生本课堂教学实践与探究 // 190

小学语文课堂改革的探究与实践 // 194

潜心思考　教出本真语文 // 199

立足课堂　关注成长 // 203

简笔画——教学的好帮手 // 205

如何培养孩子的识字兴趣 // 207

随文识字的教学策略 // 210

低年级学生质疑能力的实践与探究 // 213

小学低年级语文作业设计的有效性 // 217

反思成长　实践改进 // 221

赏读，让图题诗羽翼丰满 // 223

诵读经典　传承文明 // 226

以诗促思　学教古诗词 // 228

吟诵经典　乐学古诗 // 231

你若成长　便是阳光 // 233

孩子们的诗与远方 // 235

生本习作研究感悟

实践探究寻妙法　以生为本乐习作 // 239

小学生习作教学之我见 // 246

以生为本　快乐习作 // 249

以生为本　有效习作 // 253

作文评改的实践探索 // 258

改出来的精彩 // 261

第四辑　悦管越好

阳光感悟

走在班主任工作的阳光路上 // 269

传承道德　学做快乐之人 // 272

以生为本　民主管理 // 275

成就孩子　从爱开始 // 278

自主管理　你行我能 // 281

班队活动　凝心聚力 // 286

以爱育爱　快乐为师 // 288

示范引领

多彩暑假　你我共享 // 291

研思提升　奋力前行 // 300

幸福奋斗　一起成长 // 304

不负韶华　期待芬芳 // 307

"文明礼仪伴我成长"主题队会设计 // 310

"争做四好少年"主题队会设计 // 313

"我爱读书　梦想起航"主题队会设计 // 318

"助人为乐　从我做起"道德讲堂设计 // 320

支教成长

我和阿干的孩子们 // 323

一个支教老师的大爱情怀 // 326

第五辑　线上教学

爱　让我们幸福生活 // 331

线上授课　我们在一起 // 333

线上教研我们这样做 // 336

让兴趣成为最好的老师 // 339

立足本职战"疫"情 // 342

家校携手　快乐成长 // 344

特殊开学　别样教育 // 346

"逆行英雄，我们为您点赞"主题班会设计 // 348

"讲卫生，养习惯，筑牢疫情防控安全线"主题班会设计 // 353

后记 // 357

第一辑

悦读阅美

问渠那得清如许？为有源头活水来。
——宋代·朱熹

生本教育路上　我们一起远行

著名教育家夸美纽斯在《大教学论》中写下了他的教育理想："找出一种教育方法，使教师因此可以少教，学生可以多问；学校因此可以少些喧嚣、厌恶和无意的劳苦，独具闲暇、快乐及坚定的进步。"读着《教育走向生本》，我努力从中寻找：什么是生本？教育如何走向生本？一线教师怎样做到以生为本？……找到诸多问题的答案。于是，在读书中我思索着、收获着，在课堂实践中尝试着、改变着，从而达到教是为了不教的理想状态。

一、学习生本理念，我们明白了些什么

打开华南师范大学博士生导师、广东省教育科学研究所所长郭思乐教授编著的《教育走向生本》，生本教育的理念再一次在心中扎根、生长。我越来越明白：教育就是相信学生，尊重学生，依靠学生；学生是独立的人，他们是天生的学习者，他们可以创新，他们潜能无限；学生是教育的对象，更是教育的资源。因此，作为新时代的教师，我们既要遵循规律，又要以教材为例子，因学生而设计课程内容，设计课堂教学，引导学生在教师创设的良好环境中学会学习、学会读书、学会实践、学会生活体验，快乐健康地成长。

二、践行生本教育，我们做了些什么

"宝剑锋从磨砺出，梅花香自苦寒来"。在"以生为本"的教学路上，我们已走了好多年。倡导先学后教，以学生为中心，为孩子的终身发展奠基，改革我们的课堂，这是我们生本教学的理念。我们尽管为"理想的课堂"

一直在努力，但是效果甚微。

  2020年年初，肆虐的新冠疫情迫使我们不得不进一步进行课堂改革，线上教学不能不先学后教，这种强势的倒逼，促使我们重新审视我们的教学，改革我们的课堂。在生本理念的引领下，我们尝试课堂教学改革，运用"任务导引——学生自主学习——教师线上点拨——课后练习巩固"的教学流程，在两个月的线上教学中，孩子们逐渐养成了自主学习的良好习惯。"任务清单"以任务驱动的方式组织教学，提高了自主学习的能力，教师的"教"被弱化，学生的"学"受到重视，课堂上师生角色的转变明显而彻底。

  疫情结束，当孩子们回到校园后，学校教研室适时调整课堂结构，要求教师沿用任务清单组织教学。课堂教学分为六步：激趣导入，诱发思考；自学深思，激发质疑；多元合作，探究解惑；激情展示，聚焦重难点；点评精讲，拓展延伸；内化提升，回望收获。通过学校的通式培训，我在自己语文课堂教学中，整合细化为：

  阅读教学第一课时——激趣导入，走进文本；任务驱动，自主识字；任务驱动，自主读文；多元合作，探究解惑；激情展示，点拨引导；朗读积累，拓展延伸；巩固提升，应用实践。

  阅读教学第二课时——复习导入，走进文本；任务驱动，自主学文；多元合作，探究解惑；激情展示，点拨引导；赏读积累，拓展延伸；巩固提升，应用实践。

  古诗、文言文教学——激趣导入，走进文本；任务驱动，自主读文；多元合作，探究解惑；激情展示，点拨引导；赏读积累，拓展延伸；巩固提升，应用实践。

  在通式的生本课堂教学实践中，我不断摸索前行，细化学科教学环节和策略，适时地调整课堂思路，构建有效的生本课堂，只为努力做到"以学生为主体"，引导学生学会自学，培养学生自主学习能力，让学生由"学会"转变到"会学"，从而达到"教是为了不教"的理想境界。

三、反思生本教育，我们今后该做什么

  反思是课堂改革实践活动得以不断改进的一剂良药，在反思中发现，我们的课堂改革还存在以下问题：

1. 有的教师对生本理念的解读、理解不够深入；

2. "任务清单"设计不恰当；

3. 对学生潜在能力持怀疑态度，不敢大胆放手；

4. 学生的兴趣没有被充分激发起来；

5. 自主学习习惯没有完全养成；

6. 学生的自主学习能力有待于进一步提高；

……

纵观以上问题，读郭思乐教授的《教育走向生本》，我不由思索：作为一线教师，我们今后应如何做好以生为本的课堂，如何做好生本课程体系，做好生本教育。

建议从以下几点扎实推进：

首先，明晰理念——为谁而教。

作为新时代的小学语文教师，我们必须再次审视自己的教学思想，进一步明晰以生为本的理念，真正体现以学生为中心，站在学生的角度思维，以学生的立场来设计我们的教学，来拓展我们的语文阅读课程，从而努力达到相信孩子、尊重孩子、依靠孩子，真正实现儿童乐学。

其次，努力践行——为何而教。

作为新时代小学语文教师，我们应该提升个人素养，研读统编版小学语文全部教材，了解语文教材双线编排的体系，充分把握每个单元的人文主题和语文要素，以达到因材施教；在课堂中以六步为基准，因生不同、因课而异，适时、灵活而教，真正做到以生为本，以学定教。

第三，扎实推进——众行致远。

作为教研人，我不仅在自己的课堂中积极实践，还在学科组进行推广，和自己的同伴们一起研讨，在互助中求同存异，不断改进完善。如：专题研磨任务清单，专题研磨生生互动、师生互动环节，专题研磨拓展延伸环节，专题研磨巩固练习环节，等等。在扎实推进中寻找最佳的教学方法，让我们的学生受益，使学生真正成为学习的主人。

"腹有诗书气自华"，让我们一起伴着书香，走在生本教育的路上，寻求生本教育的真谛，为孩子们的健康快乐成长一路远行。

玫瑰芬芳　润我心田

每当我轻轻地捧起《做有专业尊严的教师》这本书，便仿佛沉浸到浓浓的玫瑰芳香之中，尽情地吮吸着、品味着。窦桂梅老师被誉为全国青年教师的榜样和领路人，她以勤奋、自信、智慧、灵性修炼自己，打造团队，谱写出美妙动人的教育华章；窦老师坚持"以人为本"、用"语文教人"，形成了她有理论、有思想、有特色、有个性的独特教学风格。窦老师坚持以教科研为教改的动力和方法，注重研究，探索语文教改的特点、规律和发展的趋势。她专业成长的正能量唤醒了我，她是我心目中的最美"女神"。

当我打开这本书，读到"书是讲究缘分的，感谢您能打开我的书"时，便不由想说，"是的，当我打开您的书时，我真的和开卷有益联系在了一起，我爱上了这本书，更爱上了阅读，更爱上了小学语文教学"。

昆德拉曾说："现在的傻并不是没有知识，而是对既成知识不加思考。"当漫步在第一章"专业探问"中，我学着窦老师试着问自己：如何做一名有专业尊严的教师？我的语文课怎样才能上好？我的阅读与修养如何提升？学生的语文素养怎样培养？……我在问寻中思考，在问寻中实践，在问寻中提升，在问寻中渐渐成长。

课堂是学习的主阵地，学生才应该是课堂的主人。跟着窦老师，闻着玫瑰的香味，我学会了课堂如何点睛。吟诵着《游园不值》走进《圆明园的毁灭》，由《秋天的怀念》跨越到《晏子使楚》……在窦老师的课堂中，我明白了深入文本，让学生在动情吟诵中体会平仄对仗的美妙，感悟作者所表达的思想感情；在窦老师的课堂中，我走进"麻雀"的生活，感悟麻雀的"不羞愧""不自卑"，拓展延伸中领悟人生乐趣；在窦老师的课堂中，我学会怎样引导孩子们小组讨论，让孩子明白怎样倾听别人的意见，表达自己的见解，怎样沟通，如何质疑，如何在合作中提供有效的信息；在窦老师的课堂中，我学会有意识地延伸阅读；在窦老师的课堂中，我学会疑问、追问、叩问……课堂中我们在体悟，我们在学着实践，在实践中寻求更好的教法、学法，真正让学生成为课堂的主人，挺直腰杆站在课堂中央，让学生学会、会学、乐学。

大教育家孔子曾说："学而不思则罔，思而不学则殆。"告诫我们只有把学习和思考结合起来，才能学到切实有用的知识，否则就会收效甚微。研读窦老师的一节节课堂实录，字里行间无不感悟到老师的思考。宋代叶绍翁的古诗《游园不值》"应怜屐齿印苍苔，小扣柴扉久不开。春色满园关不住，一枝红杏出墙来。"短短四行，窦老师反思到"红杏出墙"的风景，一座精神的家园，不遇中有遇，在反思中深入诗情诗境，令观课、品读者敬佩之情油然而生。当我们被歌声《世上只有妈妈好》带入绘本《我爸爸》课中时，我们感悟着绘本与习作美妙的结合，窦老师教学后再深入地思考："我为什么要教绘本书《我爸爸》？我们眼中的父亲与今天儿童眼中的爸爸有什么不同？绘本和习作究竟什么关系？看着一幅幅画，成人的我们有何感想？我怎样教绘本书《我爸爸》？"一幅一幅看、说、创作，最后，在反思中窦老师发现有的地方远离了儿童生活，学生们基本没有反应，从而领悟到教学是慢的艺术。其实，在我们的教学实践中，课例中存在的问题比比皆是，可是，因为常常缺少反思让问题留置，有的在后来孩子们成长中慢慢解决了，有的则不了了之。这也导致我们的教学没有长进，学生的学习囫囵吞枣，因此我们要学习窦老师，学会反思并付诸实践，成长自我为教好每个孩子而努力。

"近朱者赤，近墨者黑。"当玫瑰芬芳扑鼻而来，我跟着窦老师在域外之行中开阔视野，了解韩国全社会共同奉献，教育体制一体化，幼儿教育独具特色，以学生为中心，实行"学分银行制"的高等教育；华盛顿看得见的隐性德育，以学生为本；英国督导的"三角理论"、自我评估……

无不让我眼界大开，潜心思索，我们应敞开胸怀，在自己的教育教学中学会以学生为中心，有效地评价，引导孩子们健康地生活，全面地发展，成为优秀的接班人。

伴着玫瑰的芬芳，我仔细品读窦老师，聆听朱小蔓《一个人的教育是整体》有感，田慧生《教师的课堂智慧从哪里来》有感，曹思迅老师……发现窦老师不但善于倾听，而且乐于将自己学习后的感悟写下来，学人之长，在学习中积淀、丰盈自我。一代教育名师尚且如此，作为普通教师的我们更应学习、学习、再学习，在读书、学习、积淀中不断提升成长。

我践行以生为本，在读书中积累，在课堂中磨炼，在反思中成长，在学习别人之长中不断改变……慢慢地，会发现在芬芳玫瑰园中，我们也芬芳无限，引蝶成群，愈行愈远。

读思前行　学教语文

　　语文课程是一门学习语言文字运用的综合性、实践性课程；语文教育不能只读一本语文书；教学艺术是处理教材的艺术加善待学生的艺术。走近学生、理解学生、尊重学生，比处理教材、传授知识更重要，语文老师的语文素养决定着语文教育的质量。

——于永正

　　《我怎样教语文》这本书分别从语文教育，应该为学生留下什么；教语文，其实很简单；语文课堂教学的"亮点"在哪里；关于作文教学四方面来写。这本书为我们阐述了教好语文的真谛，让我们在读中汲取营养，在读中思考，在读中探索新时代小学语文教学的新领地。现在温儒敏教授领衔主编的统编版语文教材，已全面应用于教学中，结合自己的教学实际，再读于老师这本书，我有了更深入的感悟。

　　一、走进小语，学会育人

　　于老师在书中第一辑篇首写道："语文课本里有人文性，老师这本书里更要有人文性。而且老师身上的人文性对学生的影响要大于语文书里的人文性。要激发学生读书的兴趣，点燃心中的梦想，使学生有美好的憧憬和追求。语文教学的最大成功，应该在这里。"在将近三十年小学语文教学中，我愈来愈感到于老师语言中所蕴含的深刻道理。于老师引领我们了解语文姓"语"，教学生写好汉字，就是进行爱国主义教育，写字就是育人，学写字就是学做人。在新时代，统编版小学语文教材把每个单元的"人文主题""语文要素"明确提出来，教师在教学时不仅要注重所教的知识，更要关注学习的对象。如统编版小学语文四年级下册第一单元"人文主题"："纯朴的乡村，一道独特的风景，一幅和谐的画卷"。"语文要素"："1.抓住关键语句，初步体会课文表达的思想感情。2.写自己喜爱的某个地方，表达出自己的感受。"在教学时，我们不仅要结合本单元的"人文主题""语文要素"，我们还要关注学习的主人以及他们生活的实际，真正地体会本单元课文《乡下人家》《天窗》中作者所描写的情境，更要引导孩子们学会抓住关键语句，初步体会课文表达的思想感情，会写自己喜爱的某个地方，表达出自己的真情实感。

二、以生为本，简单而教

在于老师的脑海里是"老师配合学生，不是学生配合老师"。于老师的书中这样写道："实践使我知道教语文其实并不那么复杂，就是教学生识字、写字、读书、作文。我就是这么教语文的，而且取得了较好的效果。教学生写字，老师要喜欢写字，对书法略知一二；教学生读书，老师要喜欢读书，会读书，能读出课文妙之所在；教学生作文，老师要能写点文章，知道一点写作知识，那么教语文就更不难了。"在书中我一次次感悟到于老师以学生为中心，简单教语文的过程，他和孩子们一起读《第一次抱母亲》的语句，他和孩子们一起表演小稻秧遇险的情境，他和孩子们一起写好每个汉字……让读者置身其中，我们仿佛看到了一个孩童般的老师，看到孩子们喜爱的大朋友，看到循循善诱的好老师。于老师寓教于乐，真正依据课标，因学而导，因材施教。读着读着，我不由得思考：新时代，我们教师应为孩子们留下些什么？我们要明白为谁教，如何教？怎样教好？语文是学好其他学科的基础，如何学好，给教师提出了新的挑战。作为新时代的语文老师，我们首先要了解我们所教的孩子们，然后大量读书，提升自身素质，依据课标研读教材、精心备课、用心上课，关注课中人，及时调整教学方法，激发兴趣，引导学生爱学乐学。如教学统编版四年级下册第四单元时，依据"人文主题""语文要素"引导孩子们走进老舍笔下的《猫》，面对孩子们喜欢的小动物，我通过任务清单，按照"自学—合作—交流—

点拨"的步骤教学，真正做到先学后教，课堂上学生兴趣盎然。教会方法后，再学习老舍笔下《母鸡》和丰子恺笔下的《白鹅》时，孩子们的一个个问题迎刃而解，在实践中我深深体会到课堂中"老师配合学生，而不是学生配合老师"。只有这样，才会给孩子留下宝贵的精神财富。

三、以读为本，教好语文

叶圣陶先生说："阅读教学总得读。"张田若先生说："阅读教学，第一是读，第二是读，第三还是读。"学生把课文读得正确、流利、有感情，就证明对课文的内容理解了，文章的思想感情体会出来了。把课文的内容和感情通过自己的声音再现出来，这是一种再创造，是赋予作品以生命。师生能读得入情入境的一堂语文课，一定是充满生机、充满灵性、充满情趣的语文课。

于老师的语文课无论是幽默的语言，还是重情绪、重感悟、重积累、重迁移、重习惯的"五重"教学法，再细化到微笑教学、纠正错别字的做法……都植根于师生声情并茂的朗读，在我的脑海中烙下深深的印迹，值得我们每一位小学语文教师学习并付诸实践。他在教学《小珊迪》一文时说："我每备一课都认真地朗读，不读上二十遍是不肯罢休的。"于老师用行动告诉我们，作为语文老师，我们要求孩子们读好的，首先自己要读好。在执教《第一次抱母亲》时，于老师没有用课件，没有表演，他的课堂却掌声雷动，听课人赞不绝口。于老师教学后，我归纳为三个方面：一是自己的朗读；二是学生的朗读；三是关键词的理解和处理。由此我们不难悟出语文教学读为本，老师读得正确、流利、有感情，并引导学生读得正确、流利、有感情，这是一种多么美妙的境界啊！

在教学统编版小学语文四年级下册第三单元现代诗歌时，我设计好任务清单，放手让孩子们先自读，然后同桌互读、合作读、展示读、比赛读、配乐创设情境读，再小组交流体会作者所表达的思想感情，由读到写，由写到创编诗歌，水到渠成。

朴素的语言、动情的朗读、精彩的乐章，当我们沉浸书中感悟于老师语文教学的精妙时，我也在静静地思考：如何学着实践应用，教好属于新时代的小学语文。

路漫漫其修远矣，吾将上下而求索。

读好书　教语文

"问渠那得清如许，为有源头活水来"，"书犹药也，善读之可以医愚"，"读万卷书，行万里路"……是的，当我在寻求最佳的教学方法时，读到了《从"教课文"到"教语文"》这本书。它是吴忠豪教授主编的，是语文教师提高教学能力的好资源，很适合语文研究者和语文教育者阅读。

《从"教课文"到"教语文"》这本书分为语文课应用课文来教、语文围绕课程内容选择、教学目标基于目标的教学过程设计、基于目标的习作教学设计4个篇章，12个课例。每个课例分别从基于个人经验的教学设计及研讨、基于团队协作的教学设计及研讨、基于实践反思的教学设计三方面进行对比，从而让教师在教育实践中学会对教学目标准确定位，教学环节精心设计，合理取舍，观课测试，反思改进，实践应用，让我们一线教师受益匪浅。

一、学会比较，准确定标

2011年版《小学语文课程标准》明确指出："阅读是学生个性化行为，不应以教师的分析来代替学生的阅读实践。应让学生在积极主动的思维和情感活动中，加深理解和体验，有所感悟和思考，受到情感熏陶，获得思维启迪，享受审美乐趣。要珍视学生的独特感受、体验和理解。"新课程这样提出的目的主要是鼓励学生有自己的独到体验和见解，发展学生的批判思维，培养学生独立地、创造性地进行阅读，为学生的终身发展打下基础。小学阶段阅读始终贯穿整个语文教学，学生阅读能力的高低是检测语文教学质量优劣的标准之一。每篇课文都是一个以文字为媒介的表达，特定思想感情的有篇章结构的统一，整体都富有思想性、情义性和审美性，我们必须合理地设置教学目标，突出教学重点，提高阅读教学的有效性，在教学实践中，要做到教学目标切合学习实际。

例如《桥》的教学目标设定：

（一）基于个人经验的教学目标

1.认识6个生字，会写14个生字，正确读写"咆哮、狞笑、拥戴"等词语。

2.理解课文内容，体会老汉无私无畏、舍己为人的高尚品格，理解"客气"的深刻含义。

3.有感情地朗读课文，领悟课文的表达方式。

从以上三个目标出发，我们不难发现，关于字词学习讲得很具体，关于语言表达讲得却很笼统。一篇课文有多种表达方式，要学生领悟哪一种，领悟的程度如何检测，如果无法检测教学目标就形同虚设。

（二）基于团队协作的教学设计及研讨教学目标

1.认识并会写6个新字，会写8个熟字。

2.有感情地朗读课文，理解和感悟课文表达的情感。

3.用简洁的语言概括文章的主要内容。

4.领悟课文语言简洁分层推进表现人物品质的表达方式。

通过比较我们发现第二次语言学习的目标要求比第一次更具体，注意到了年级段的目标任务，概括主要内容的能力培养，但是对文本表达方式特点的认识不够准确，因此第四个目标的设定还需斟酌。

（三）基于实践反思的教学目标确定

1.认识并会写6个新字，会写8个熟字。

2.有感情地朗读课文，感悟老汉无私无畏、舍己为人的高尚品格。

3.用简洁的语言概括文章的主要内容。

4.领悟课文语言简洁简练分层推进、设置悬念体现人物品格的表达方式。

和前面两次教学目标对比，教学目标设置悬念的表述，抓住了文章的个性特点，把这项目标作为本课的教学难点是合适的，如果教学过程中能够真正落实，学生就能学有所得。

二、依据定标，准确把握

陶行知先生曾说："千教万教教人求真，千学万学学做真人。"教育的目的很明确，作为一位语文老师，要准确把握自己每一节课的教学目标，我们应熟读《小学语文课标》，明确小学语文低、中、高各个学段中，对于学生的认知水平的不同要求。然后，再研读所教授的每册教材，根据不同学情，合理制定每课时的教学目标，既不要空虚也不要深化，同时还要易于操作，利于不同学段不同层次学生的良好达成，以求更好的教学方法，更好地教好每个孩子，使每个孩子学会、会学、乐学。

三、学以致用，乐于反思

"授之以鱼，不如授之以渔"。在教学活动中，我们应在读书中提升自我，将读到的理论应用于自己的教学实践中，让理论指导实践，关注课堂上学生的生成，关注自己课中所运用的教学方法，关注学生们是否乐于参与其中，在参与中是否有所获得，是自己学会、会学还是老师教会……同时，学以致用，迁移课外目标的达成是否乐观。假如学生没有学会，目标没有更好地达成，有实现不了的环节，说明目标偏高，具体问题要具体分析，分析孩子们达不到的原因，哪些更有利于教师在今后课堂教学中不断改进，对于学困生更应关注，使人人学会、会学。我们要勤于反思，在反思中发现问题、提升自我；和同伴研讨，研讨中一起成长，共同进步，为更好地教好每个学生而努力。

在读书中学会做教科研

轻轻合上《今天怎样做教科研：写给中小学教师》这本书，书尽管合上了，但教科研的思绪却久久不能平静。感谢冯老师的字字珠玑，令一向混沌的我，有一种如醍醐灌顶之感。这本书不仅有理论上的指导，更有许多真实的教学案例，使我在教科研方面受益匪浅。下面谈一点自己的感悟。

一、了解冯老师，走进教科研

《今天怎样做教科研：写给中小学教师》的作者是冯卫东。对于这个名字我是比较陌生的。上网搜索了一下，冯卫东，江苏省南通市教育科学研究中心副主任，江苏情境教育研究所副所长，江苏省特级教师，教授级中学高级教师。主持并完成江苏省教育科学"十一五"规划重点资助课题"李吉林研究"，主持全国教育科学"十一五"规划教育部立项课题"'倾听教育'研究"，发表教育教学研究文章三百余篇，应邀到各地做教科研报告三百余场。他是位大师级人物。

《今天怎样做教科研：写给中小学教师》这本书，一共分六讲，主要介绍了教师随笔撰写、教育论文撰写、微型课题研究、规划课题研究、高效课堂建设等。读了几节，我感到冯卫东老师是一位好学、勤奋、踏实、淡定、坚守的人。他说，教师的工作既需要用自己的心灵，又最为关乎他人的心灵，写教育随笔是教师进行"心灵漫步"的一种极好的方式和路径。教师写教育随笔，可以练眼——锤炼发现问题的能力，可以练笔——锤炼表达思想的能力，可以练意——锤炼与提升自己的教育思想、教育情操、教育抱负等。写叙事性教育随笔，关键是要真诚、真实、真切，要努力转到事情的背后，追问事件的意义；写事理性教育随笔，关键是要"夹叙夹议"，追求"盐溶于水"的境界。他说，老套（老套——桃花依旧笑春风）、大话（"气吞万里"乃"纸虎"）、跟风（多少"豪杰"浪淘尽）、含混（乱花渐欲迷人眼）、做作（细腰饿死求王好）是撰写教育论文的大忌，"寻思与练笔""整合与建构""集束与辐射"才是撰写教育论文的路径。冯卫东建议，教育论文写作要做到新颖、小巧、逆向、严密、自然，就必须"独上高楼望天路""开窗放入大江来""反弹琵琶舞蹁跹""小弦切切如私语""一泓清水出芙蓉"。

二、学习教科研，了解微型课题研究

微型课题具有"微小、成型、正向、可行、深度"的特质，是当前广大中小学教师开展研究的一种普遍而又十分有效的途径和载体。冯卫东老师在书中有这样一段深情的文字："微型课题是方寸之内可以驰骋的篆刻，是尺锦犹见'上河图'的苏绣，是碧水倒映蔚蓝天的清溪……一个转瞬即逝的细节，一句无意有心的闲谈，一场别开生面的对话……都可以牵出一个韵味无穷的微型课题。"南通市的微型课题研究源于一位小学教师的个体行动，如今已经呈现"燎原之势"。该市行政推动的经验也值得广大教育行政部门借鉴：点上发现经验，面上加以推广；行政大力推动，学校着力管理；课堂作为依托，活动提供平台；允许存在差异，鼓励多元发展。

三、学习教科研，建设生本课堂

该书第四讲主要是谈规划课题研究的选题，收录的是泰州市教育局"教师大学堂"邀请冯老师在省口岸中学所做报告的前半部分。规划课题是由教育行政部门组织申报、评审、立项并通过多种方法与途径加以管理与推进的课题。关于规划课题的选题，冯卫东老师提出了他的"三本"主张和"七条思路"。他认为，规划课题的选题要从学校及个人的实际出发，以实为本；要从教育教学的需要出发，以需为本；要从自身的能力出发，以能为本。规划课题的选题可以关注教学弊病，取用鲜活理论；可以缩小研究视角，实施聚焦透视；可以放大点滴成果，推窗引来大江；可以抽象建构概念，创新实践模式；可以转移研究重点，致力于"应为""可为"；可以熔铸多

种元素，重组推陈出新；可以琵琶巧妙反弹，逆向创兰境界。至于规划课题的实施，冯卫东建议，要清理"地基"、蓄养"底气"、着力"行走"、经营"理论"。

　　曾经的教科研是我心中的痛点，我一直不知道怎样去做好教科研，读了这本书我知道了：教科研是教师成长、自我发展的支撑。做教科研的目的是为了更好地指导教育教学工作，高质量地解决教育教学中的问题，完成从实践到理论，由理论指导实践的辩证循环。并且在冯老师"三本"的指引下，我相信自己的教科研以后会做到更加贴近教学，更加地有利于教学真正的构建生本课堂，让学生站在课堂中央。教师的专业发展在于教师的研究能力，《今天怎样做教科研：写给中小学教师》为我的教学注入了活力，更让我对"做研究"有了新的认识，成为我成长的梯子。

保持温度　亦师亦友

> 教育是人们灵魂的教育，而非理性知识和认知的堆积。教育的本质意味着一棵树摇动另一棵树，一朵云推动另一朵云，一个灵魂唤醒另一个灵魂。
> ——[德]雅斯贝尔斯

骤雨肆虐，我驾车往家赶，忽然电话铃声响起来，我想：等下了车再接吧！可是，电话铃一声比一声急促，我只好打转向灯将车停靠到路边，接通电话，对面传来了一位女士焦急的声音："王老师，您好！还记得我吗？我是您学生×××的妈妈，孩子今天跟同学聚会去了，没有回来。您能不能把某某家长的电话给我？"听完后我急忙去查询通信录，庆幸的是找到了那位家长的电话，赶紧发了过去，心里祈祷：但愿家长电话没变。这位家长的电话依然没有变，联系上孩子后，这位家长回电话告知我，我心里一下子踏实了。此时，作为孩子五年前的班主任老师，我比这位家长更高兴，因为给我打电话的家长的孩子已经小学毕业五年了，孩子已经是一名高二的学生了，家长居然没有删除我的电话，找到孩子后还跟我交流孩子高中的学习、生活、心理变化……她这么信任我，在孩子找不到时最先联系的是我这位小学班主任老师，按照常规思维，家长应该是去找高中的老师了，而不是找一个小学的班主任老师。我想：这一切都源于信任，更源于教育的温度。

接完这个电话，我感到非常的温暖，感谢家长朋友给予我的信赖，我更感谢亲爱的孩子们！小学六年与他们结下了纯真的友谊，到了初中，孩子们已经不在一个班，不在一个学校，甚至不在同一座城市，但是他们依然保持联系，我们当年6.1班的微信交流群尚在。到了高中，学习任务重，他们虽然见面少了，但依然保持联系，假日里在一起度过快乐的时光。

感谢教育的温度，我不由得想到了《做有温度的教师》这本书。

《做有温度的教师》由北京市特级教师、留美教育管理学硕士、北京市海淀区中关村第一小学校长刘畅编著的，在书中这样写道："做有温度的老师，就要走进学生的情感世界，去感受他们的喜怒哀乐。引导他们'亲其师，信其道'。教师在学生面前犹如一面镜子，一言一行，一举一动，甚至每一个神态都影响学生。""做一个有温度的教师，关心学生、爱护学生，尊重学生，尊重生命，当你将自己的温度散发出来，学生都会感受得到。"

现代教育家于漪老师曾说："我一辈子做教师，我一辈子学做教师。"我们每位教师又何尝不是呢？身为教师的我们应该思考：怎样做孩子的良师？如何做孩子们的益友？怎样成为家长朋友的知己呢？我想大致从以下试着做起：

一、业务精湛，学做孩子们的良师

新的时代呼唤拥有新教学理念的教师，作为教师，我们应学习国家对教育的政策方针；作为教师，我们应大量地读专业书籍，学习更好的教育教学方法；作为教师，我们应钻研业务，了解我们要教授的教材；作为教师，我们更要了解学生，因学而教，真正以学生为中心，处理好教与学的关系，处理好师与生的双边关系。如：全国统一使用统编版语文教材，给语文教师提出挑战，但也是机遇，我们站在了同一起跑线上，谁对教材研磨深入，谁的课就生动，孩子们就乐学，学习收效就好。同时，我们还要学会举一反三，在自己的课堂中积极实践，及时反思，提升业务素养。

二、无话不谈，学做孩子们的益友

在我国古代第一本教育专著《学记》中，大教育家孔子写道："亲其师，信其道；尊其师，奉其教；敬其师，效其行。"不言而喻，良好的师生关系对学生的影响很大。良好的师生关系能使学生愉悦地学习知识，良好的师生关系能使学生喜欢一门课程，良好的师生关系能使学生做品行高尚的人。因此，今生为师，一定要和我们的孩子处理好关系，成为他们无话不谈的大朋友。当我和孩子们一起读《西游记》时，便走进孩子们内心；当和孩子们开读书分享会，与他们一起表演时，自然而然地成了他们中的大朋友；当班级开展活动时，我和孩子们穿上同样的服装上场表演时，和他们心贴得更近了；当小记者外出活动时，我们便成了无话不谈的朋友。

三、有效沟通，学做年轻家长的知己

我们现在所教孩子的家长大多是80后，他们多数是独生子女，生育了孩子，大半又是父母帮他们带孩子，因而不会教育孩子的家长比比皆是。作为老师，我们不仅要教育孩子，我们还要教育我们的家长，指导他们怎样做家长，引导他们与孩子一起成长。当孩子进步时，他们乐得跟花一样；当孩子退步时，他们处于焦虑状态；当孩子出现不安全事故时，他们跟热锅上的蚂蚁一样……这些现象，都需要老师来及时沟通，我们站在家长的角度考虑问题，急家长所急，想家长所想，在沟通中解决问题，处理好各类关系，让家长学会站在别人的立场换位思考问题，学会平和地处理问题。

在以后的工作中，我将学着以情促悟，构建有"温度"的课堂；我会精心呵护，培养有"温度"的学生；我努力做到心中有"爱"，保持好那份"温度"的好教师。让爱滋润心田，做学生的良师益友，做好家长朋友的知己，为孩子们的笑颜而不懈奋斗。

昆虫世界　师生共赏

"书是人类进步的阶梯"。作为语文教师，我在读书中汲取营养让自己进步，同时，我还引导我所带班级的学生们跟着我一起遨游书海，不断进步，成长为优秀少年。

学习了《装满昆虫的口袋》一文，当读到"妈妈，我在这儿呢！瞧，我抓到了那只会唱歌的虫子。"，法布尔妈妈一看，儿子的手里拿着一只全身翠绿、触角细长的纺织娘。三天前，法布尔就告诉妈妈，花丛里经常传出一种动听的声音，不知是谁在唱歌。现在，他终于找到了这位"歌唱家"。学生们为法布尔对昆虫的浓厚兴趣所感动。

当读到"法布尔八九岁时，因为家里贫穷，爸爸叫他去放鸭子。每到早晨，法布尔把鸭子赶进池塘后，就一动不动地趴在岸边，静静地观察奇妙的生物世界"。孩子们被小法布尔对奇妙生物的专注观察、深深迷恋所打动，在鼓励孩子们学习小法布尔的专注，对自己喜欢的事物保持浓厚兴趣的同时，我和我的学生们一起走进了《昆虫记》，在奇妙的昆虫世界里体会读书的乐趣。

我读当代作家贾平凹翻译的《昆虫记》，从"论祖训"到"勤劳的蜜蜂、可怜的猫、精湛技艺专注结网的蜘蛛、不道德掠夺的红蚂蚁、娴美优雅身材会抵御外敌的螳螂、顽强生存的蚱蜢"……不同昆虫的本能、习性、劳动、婚恋、繁衍和死亡的过程，法布尔专注观察，深入研究，无不渗透着人文关怀，激发我们在读中反思自己、反观社会人生的心绪，书的字里行间充满着睿智的哲思。

在《昆虫记》中《爱好昆虫的孩子》一文中写道："其实无论任何生物都有一种特殊的天赋：一个孩子可能有音乐的天赋，一个孩子的天赋可能在雕像方面，而另一个孩子则有可能是速算的天才。昆虫也是这样，一种蜜蜂生来就会剪叶子，另一种蜜蜂却会造泥屋，而蜘蛛则会织网。为什么他们会有这些不同的才能呢？那是与生俱来的，除此之外就没有什么更合理的理由了。在人类的世界里，我们总是称这样的人为'天才'；而在昆虫中我们却称这样的本领为'本能'。而这本能其实就是动物的天才。"读着这段话，我不由想到自己所带班级中的孩子，每个人都有自己的特长和优点，如果我们因人而异地培养，孩子们的潜能就会被激发，从而在不断的被培养中成为钢琴家、书法家、物理学家、文学家……因而，作为教师，特别是小学教师，我们更应因材施教，因生而异，寻求最好的方法让每个孩子都健康快乐地成长，发挥与生俱来的优势，成为自己的最好天才。

当读到《蛛网的建造》一文时，这样写道："仔细想一想我们能有谁做得到这一点，不用仪器，不经过练习，而能随手把一个圆等分？但蜘蛛却可以，尽管它身上背着沉重的袋子，而脚又踩在软软的丝垫上，而且那些垫还在随风飘荡，摇曳不定，它居然能够毫不犹豫地将一个圆精细地等分为多部分。它的工作看上去杂乱无序，完全不合乎几何学的原理，但它能通过不规则的工作得出规则的结果来。对这个事实，我们一直感到惊异。我至今还在怀疑，它究竟是怎么完成这么困难的工作的呢？它用了什么特殊的方法？"在法布尔的用心观察、深入研究中，告诉我们这些螺旋形的线圈并不是曲线，在蜘蛛的工作中只有直线和折线，这些线圈其实就是连接辐与辐之间的直线。在朗读中，跟着法布尔我们走近蜘蛛，走近昆虫，从它们身上，我们明白做人做事的道理：专注自己喜欢的事，用心去做，潜心去研究，终有一天，你会像蜘蛛那样结出规范线圈，你能像纺织娘那样动情地歌唱，成为最好的自己。

在师生同读《昆虫记》中，我们班的孩子们爱上了昆虫，喜欢研究各类昆虫，同时也渐渐养成读书摘录好词佳句的良好习惯，学会仔细观察各类事物，学会专注地做好每件事，精心地思考。在读书中我和孩子们一起收获着、成长着、感悟着，为成为最好的自己而不懈努力。

实践探索凝思想　识体而教促成长

吴忠豪教授在《听王林波老师上统编语文课》一书的序言中写道："听林波的课，真的很舒服。因为不仅可以看到充满智慧的教学设计，朴实有效的教学方法，更能体会其中蕴含的先进的教学思想。"美好的假日，我和工作坊的成员们一起读王林波老师的这本新书更是幸福的。在细细的品读中汲取前行的力量，在静静的思考体悟课堂实录中跳动的灵光，在教学主张中深深地感悟追寻他小语的梦想。我们快乐阅读着，仿佛置身课堂中静静地聆听，不禁啧啧地赞叹，满满地感悟。

一、深度研读，以学定教为谁教

"学而不思则罔，思而不学则殆。"在用心读王老师著作的《指向语用识体而教》《指向"语用"的阅读教学实践》《听王林波老师上统编语文》三本书后，我有以下几点感悟。

（一）研读课标，方向明确

在王老师所著作的《指向语用　识体而教》的第一部分教学主张的第一页王老师就写道：语文课，毫无疑问是姓"语"的，是要关注语言文字的，是要提升学生语文素养的。2011年版的《义务教育语文课程标准》明确指出：语文课程是一门学习语言文字运用的综合性、实践性课程。我们从中不难看出，语文课是要学习语言文字运用的。应当说，指向"语用"是语文学科不可偏颇的教学追求。在这段话中，我们感悟到王老师对课标的研读多么深刻，在研读中明确了语文的核心所在。随后在书中的多处引用课标中的语言,让我们明确"工具性和人文性的统一是语文课程的基本特点"。不仅研读课标,而且在他的教学实录中实践着自己的主张,从而使学生会学,学得愉悦,教师会教,教得轻松。

(二)研读教材,指向语用

当我们静静地朗读王老师的著作,我深深感悟到王老师在研读编者的意图,和编者对话,王老师在研读每一种版本的教材,在用教材教而不是教教材,王老师在研读不同文体的文本,在落实语用,为孩子们的学而服务。无论是从人教版小学语文到北师大版小学语文,还是从语文出版社 A 版到统编版小学语文,都在深入丰厚;从古诗词教学到散文教学都那样的鲜活;从词语教学到群文阅读教学都那样更语文,都在围绕自己的教学主张,指向"语用"。

(三)研读学生,以学定教

学生是课堂的主人,让学生站在课堂的中央,王老师基于儿童立场,他为我们树立了榜样。

如:习作《小小动物园》教学中有这样一个片段。

板块三:运用写法尽情表达,相互建议完善习作。

师:看来,同学们已经掌握了写作方法了。同学们,动物园里可不止一种,妈妈可能像是大老虎,那爸爸呢?还有你的爷爷、奶奶、弟弟、妹妹呢?又像是哪种动物呢?

生1:我的爸爸像是黄牛,总在干活,而且还不爱说话。

生2:我的爸爸像是豹子,他干什么速度都特别快,无论是干活,还是走路,连吃饭都特别快呢。

生3:我的姥姥像是老母鸡,总是照顾着我们,把我带大了,又带我的表弟,她很辛苦。

生4:我的爷爷像是乌龟,他不爱动,总是坐在那里看报纸,听广播,还爱晒太阳。

生5:我的妹妹像是小老鼠,总是跑来跑去,还爱翻腾我的东西。翻出来就往嘴里放。我的橡皮有香味,差点儿被她当做好吃的给吃了。

师:如果让你们从刚刚说到的这么多人物里面选择一个人来写,你会选谁呢？请你拿出笔写下他的名字和对应的动物的名字来。

短短的片段，我们看出王老师在让学生们充分表达，课堂真正是学生的乐园。

二、实践前行，指向语用真语文

实践是检验真理的唯一标准。王林波老师不仅研读中明确小学语文教学的方向，而且在自己的课堂中践行着、反思着、感悟着。

（一）积累运用，工具性与人文性统一

语言的建构与运用是语文学科核心素养的重要维度。王老师在他的语文教学中体现得淋漓尽致。如教学统编版小学语文二年级下册第二单元中《雷锋叔叔，你在哪里》一课时导入新课激发兴趣，整体感知认读字词时有一个片段王老师这样处理：

师：同学们，像"迷路的孩子、年迈的大娘"这样的搭配，课文中还有很多，请大家再读读课文，找一找，跟大家分享一下。

(生再读课文，勾画相关词语。)

生1：我找到了"晶莹的露珠、蒙蒙的细雨"。

生2：我找到的是"弯弯的小路、长长的小溪"。

生3：我找到的是"温暖的春风"。

师：真好！我们来读一读这些词串，把它们积累下来。

(生读词串，积累语言。)

师：除了晶莹的露珠，还有哪些事物可以说是晶莹的呢？

生1：晶莹的宝石。

生2：晶莹的珍珠。

生3：晶莹的钻石。

生4：晶莹的葡萄。

师：大家不仅积累了词语，还试着运用了，真好！除了说温暖的风，我们还可以说温暖的什么？

生1：温暖的阳光。

生2：温暖的怀抱。

师：特别好！大家看"温暖"的"暖"字，左边是_____？

整个过程教材与生活体验链接得天衣无缝，教材无非就是个例子，学生学新知，读课文，识字学词，积累词语，拓展运用，试想，如果我们这样长期教下去，孩子们的语文素养怎会不提升呢？

（二）课堂践行，理论性与实践应用统一

王老师通过研究、论证找到了自己的教学主张：指向"语用"识体而教，在课堂教学中身体力行，达到了理论与实践的高度统一。他强调指向"语用"让每一课都有一得，因此，在低年级的语文教学中，他引导学生们随文识字，凸显低段语文教学的特点强化识字写字的重要性，体现编者意图，拓展运用，让孩子们在语言表达中从小体会语文的魅力。在中年级语文教学中，他引导学生们破译语言密码，古今对照，学着写作，强化表达运用，感受发现语用的秘密，体会表达的乐趣。在高年级的语文教学中，王老师引导学生们对比中感悟写法，补白中习得语言，聚焦语言描写，学会想象，读整本书，写好习作，引导孩子们走进语文的世界，感受学语文，练言语的童真童趣。

（三）延伸拓展，内涵与外延统一

学语言，练言语。王老师不仅在课内，更是有效延伸课外。如统编版散文教学时，学完《猫》一文拓展夏丏尊的《猫》片段，引导学生在读中对比不同作家笔下的猫，然后用学到的方法写一写身边的小动物。教学童话故事《蜘蛛开店》时引导学生们读故事、讲故事发挥自己的想象，让故事更有意思，最后拓展阅读推荐一本《课本里的名家名作——蜘蛛开店》由课内走进课外，学方法爱阅读。教学古诗词，引读感受对仗，想象情景，朗读感受画面之美，品析感悟用词之妙，最后引导孩子们读五言、七言的，读杜甫或其他诗人的《绝句》，感受节奏和音韵，积累古诗词丰厚学生文化涵养，激发学生让热爱古诗词的情感。说明文《纳米技术就在我们身边》推荐阅读整本书《图解纳米技术》；《琥珀》教学后拓展阅读整本书《乌拉 波拉故事集》；《飞向蓝天的恐龙》一课学完，引导孩子们收集更多资料，进一步了解恐龙，当小小解说员，走向深度学习，让课内走向课外，让学习走向生活，让一篇课文学习链接到整本书阅读，实现了内涵和外延的有机统一，为学生的全面发展，终身学习奠基。

三、深入思辨，语文素养尽彰显

作为语文教师，应当引导学生"在主动积极的思维和情感活动中，加深理解和体验，有所感悟和思考"。应当借助一篇篇课文的教学，"培养学生感受、理解、欣赏和评价的能力"。王老师在书中是这样写的，更是这样做的。

（一）提炼主张，实践出真知

在改变语用的"表面化"和"模式化"中王老师引领我们走出教学实践中存在的误区，让我们真正触摸"语用"的本质，切实提高学生运用语言的能力，提升学生的语文素养。在教学《祖父的园子》一课中拓展"这里的____是____的，____是____的，____则____"。在拓展延伸中学生动笔写，写后进行的精彩的分享，在分享中浓浓的语文味蔓延开来，语言的运用扎实有效。在以后的课堂教学中，王老师发现误区，在自己的课堂教学中纠正误区，寻求最优方法的路上，提炼了自己的教学主张。我不由在思考：二十多年的语文教学中，我的教学主张是什么，我想纠正什么问题，我必须去探索，为学生的会学习而努力，为教师的少教而不懈追求，寻求最简约的语文教学。

（二）应用推广，评价成效高

当我捧起王老师的一本本书静静地品味时，我为王老师而赞叹，王老师的教学主张不是靠别人来推广，而是靠自己深耕课堂在推广，用实践来验证，取得很好的评价。从苏教版课堂教学到人教版课堂教学再到统编版教材，由古诗词课堂教学到散文的课堂教学，从阅读教学到习作教学，由说明文教学到童话故事教学，无不指向"语用"，识体而教，无论是课的内涵还是外延，无论是情景对话还是语言表达，他都以生为本，引导孩子们学会学习，积极表达，"教"是为了"不教"而服务，有针对性地评价每个学生，真正地提高学生的语文素养。我不由沉思：我的课堂实践如何？我的课堂评价又怎样？我该如何改进？我必须立足一线，每天坚持上好一节课，真正地简化课堂环节，针对不同文体、不同学生，用心地设计，让教淡化，让学丰富起来，引导孩子们运用策略，利用已有的知识经验合作探究，学会和文本约会、和作者约会、和编者约会，从而达到愉悦的学习，获得良好的评价，提升学生们的语文素养。

（三）凝结思想，语文真素养

朱永新教授曾说："教育需要思想的光芒走出经验的泥沼，迎来理性的朝阳。"王林波老师用课堂实践走出自己的教学思想，迎来理性的朝阳——指向"语用"，引领我们前行，追逐小语的梦想。把一生都奉献给教育的于漪老师曾说："我不断地反思，我一辈子上的课，有多少是上在黑板上的，有多少是教到学生心中的。"我不禁在想：我天天在上语文课，有多少课上在了学生的心坎上呢？我为谁在教？教什么？教得怎样呢？反思中沉思，沉思中启发，我们为学生的会学而教，我们要教会学生自主地学，自觉地读；我们教的是书，其实我们要育的是人，我们要培育全面发展的人，我们要育的是新时代需要的人才；我们必须以学定教，我们为学而教。新时代语文为王，立德树人的教学价值语文不仅要扛起来，而且一定要实践好。

著名教育家于漪老师曾说："一辈子做教师，一辈子学做教师。"美好的夏季，与书为伴。我在读王林波老师的书中汲取丰富的营养，获得前行的动力，课堂实践的路上带上思考一路前行！

四时之诗：蒙曼品最美唐诗

世界上总有一些美好的事物，让人怦然心动，比如：晨起鸟鸣，杨柳依依，夜半钟声，陌上花开，暗香浮动，月上柳梢……古人是认认真真在过日子，不经意把平凡过成了诗，读诗就是读生活，读诗就是读人生，诗意并不遥远，诗心就在眼前。

无论春雨夏雷、秋霜冬雪，无论高楼广厦、陋室小屋，无论男女老少富贵贫穷，让我们温一壶闲酒，一起品读著名隋唐史学者、中国诗词大会评委蒙曼老师的首部作品《四时之诗：蒙曼品最美唐诗》，这本书以二十四节气和传统节日为切入点，带领我们在四季时令中阅读精选的唐诗作品，品味唐诗的语言美、文学美，讲述文化典故，走入诗人内心。

亲爱的朋友们，让我们在四季的变换中，一起赏读诗人笔下的春花秋月，品味人生的苦辣酸甜。在春夏秋冬的节气和节日里，体会唐代岁月的轮回，唐人生命的轮回，希望在这轮回中看到李白、杜甫、王维，更希望在这轮回中看到你我他。我们和他们、古代和今天、传统和未来，就相遇在这如许美妙的四时之诗中，请和我一起打开这本书，细细领略那穿越千年而来的风花雪月，那历经千年而不朽的锦口绣心。

亲爱的朋友们！让我们于时光流转中感受唐诗的千古流韵、动人风情。

第二辑

悦学乐悟

博学而笃志,切问而近思。

——《论语·子张》

桂花香里学教语文　智慧课堂唤醒创新

丹桂飘香的日子，我们来到美丽的桂林，参加了小语盛会——全国小学语文青年教师教学观摩活动，在听课、评课、讲座中受益匪浅。

一、精彩纷呈创新多

两年一届的小语盛会——全国小学语文青年教师教学观摩活动在丹桂飘香的桂林如期召开，来自全国各省、市、自治区的32位优秀青年语文教师登台赛课。我们一行4人在桂林市体育馆观摩了其中的16节课。

本次赛课打破了以往"阅读教学一统天下"的局面，这是全国赛课第一次向小学语文的所有领域开放。课堂的空间异常广阔，课型多样、流派纷呈。有纯粹的精读课、略读课、习作指导课、习作讲评课，也有综合型的读写结合课、以写促读课、口语交际课和作文一体化课。课的开放性，生发了课形式的多样性，有情感型、悬念型的课，有任务型、实践型的课等等，呈现了各地小学语文在实践中精彩的成果。

本次大赛课的设计更关注学生多元能力的培养，更趋向于儿童化、生活化，体现趣味性、语用性。因为重视了语文基本功的训练，注重在语境中开展理解与表达的训练，关注语文能力形成的过程，重视教学环节的开发，所以学生的参与度很高。

如：海南杨佳慧老师执教的苏教版四（下）阅读课《古诗两首》（《池上》《小儿垂钓》），这是两首叙事类的古诗。杨老师以读为本，初读古诗，要求读正确、读出节奏；再读诗句，描绘出画面；拓展生平，体悟出情感，并了解诗歌的表达方式。杨老师根据叙事类古诗的特点，借助"化诗为文"的方法让孩子熟读成诵，课上得扎实、朴素。

辽宁杨勇老师执教的人教版五（下）表达课《小足球赛》。杨老师整堂课以活动（模拟情境）再现图画内容的方式，让全体学生参与展现图画，注重倾听和对话，以精彩的模拟比赛贯穿整堂课，学生参与积极，乐在其中。杨勇老师的课堂设计被大赛组委会评为创新奖。

湖南肖勇胜老师执教的湘教版六（上）表达课《情景体验作文》。肖老师通过"激趣谈话、引出小鸟—情境体验、个性表达—说写结合、升华主题—发散思维、自主写作"五个板块，环环相扣，孩子非常感兴趣。教学设计富有弹性，课堂设计被大赛组委会评为创新奖。

安徽许静老师执教人教版六（上）阅读课《丰富的音响世界》。许老师按照"初聊音响、激发兴趣—联系单元、梳理要求—感受音响、深入交流—学有余味、巧妙总结"的思路展开教学。板块非常清晰，而且老师为学生精心组织了口语交际，交流内容情景逼真。

黑龙江于东老师执教人教版四（下）阅读课《纪昌学射》。于老师针对教材的特点和学情，引导学生关注看似一望就知，其实一无所知的细节，通过理解感悟，使学生的认知水平得以提升，阅读经验得以丰富，阅读能力得以发展。于老师抓住《纪昌学射》与以前阅读寓言的不同这一特点，引发学生认知冲突，修正原有认知图式，为学生提供阅读活动展开内驱力；他抓住本则寓言"审智"阅读的特点，引导学生在阅读中不断领会新的学习启示，从而丰富原有的认知图式，感受阅读发现的乐趣。整堂课教学环节设置有创新，语言现象有关注；通过字理识字，让汉字文化得到渗透。

二、专家点评收益多

听课结束后，浙江省青语中心副主任、全国特级教师研究中心委员、杭州市天地实验小学校长王雷英老师对体育馆赛场的16节课进行了精彩的点评，并对理想课堂、创新课堂分享了自己的思考，让我茅塞顿开。

（一）"立化"教材，取舍有道

即要立体看教材，把教材当成一个可以开发的资源包。可以删减，可以增补，可以整合，可以重构，可以去挖掘教材中的全新元素。他建议从语文素养、语言学习的能力和发展角度去梳理一下训练系列、读写指导，让教材具有立体感和系统性。研究教材找到最有价值的教学目标、最适合自己学生的教学目标、最有发展性的教学目标。基于教科书、基于儿童、基于文体的特点，既遵从课型的特征又能让课程"站"起来。同时启发我们，在一堂课目标确定了以后，实施中要有一贯性，我们要想清楚怎么取舍，平时要锤炼自己取舍的眼光。

（二）遵循规律，落实语用

语用就是言语的实践，语用学习要以理解内容、熏陶情感、指导学法相融合。课堂既要呈现丰富性，又要加强有意义的语言实践，抓住文本中典型的语言现象，让孩子走个来回。课堂要呈现多义性，要加强语用前提下的体验式学习，比如结合孩子的生活经历，唤起孩子多元阅读理解，关注孩子阅读与表达的交互，让孩子充分地展示，充分地分享。语用其实就是听、说、读、写反复结合，知、能、情、礼始终统一。在落实语用的过程中要注意"言"与"意"的转换。转换是艺术，要遵循"小""语""教""学"的规律，既要考虑儿童元素、语言元素，又要考虑教师的策略元素、孩子的学习元素。

（三）关注素养，提升"学力"

素养除了听、说、读、写、思，还有讨论、交际、倾听、对话的素养，也就是平常所说的涵养。语文要关注立言、立意，更要关注立人。个性允许保留，但要传递正能量。提升学"力"就是要关注学生进课堂到出课堂在语文学习中能力的提升，处理好课堂上的操练与提升的关系，控制课堂节奏的缓与急，练习中的多与少，深度的沉与浮，方式的同与异，等等。

接着，王老师又提出三个关系，值得我们当时在座的每个人思考：

（1）遵守常规与创新的关系；

（2）尊重教材与适度拓展的关系；

（3）教师指导与以生为本的关系。

杭州师范大学倪文锦教授也对这次赛课作了"观其大略"的点评，他呼吁小学语文教学要实现三个转型：

（1）定型化教学要向情境化教学转型；

（2）技术性实践要向反思性实践转型；

（3）理论实践化要向实践理论化转型。

他指出新课标的目标是原理不能一一分解，当前教师文本解读能力发展的空间很大，我们要构建有教学价值的内容，要实现话语内容与话语形式的统一。

三、智慧课堂思考多

置身于智慧课堂中，我们且听且思，且议且悟，感慨万千，我的感悟有以下几点：

（一）小学语文教师应具备的素养是多方面的

如丰厚的文化、锤炼的语言、燃烧的激情、专业的知识、敏捷的思维等。

（二）小学语文教师应勤于学习，教学理念要不断更新

新课标下学生的语文学习活动应该是一个生动活泼的课堂学习，注重学习的过程和实际效果。语文课堂教学不再是单一的教师教、学生学的过程，而应是学生在教师的引导下主动探究，师生间合作交流的过程。在这次展示课活动中，每一位教师都深切体会到了这一点。师生在课堂中不再是原来传统教学中的传授者和接受者，学生成了课堂上学习的主人，教师只是学习过程中的组织者、引导者与合作者。

（三）小学语文教师的教学基本功一定要练扎实

我听了这16节课后，感觉到这些教师不管是在课堂上，还是在交流中，他们的言谈举止无不呈现出大师的风范，回味他们课堂上的精彩之处，的确值得我们学习。要提升自己，唯一的途径就是多读书，作为教师，为了孩子、为了自己，我们必须坚持读书，从某种意义上说，坚持读书是教师最起码的职业底线。

（四）教师的语言一定要有魅力

这十几位老师语言亲切和蔼，广东的王晓辉老师通过自己朴实的语言，让在场的每一位老师和孩子感受到了一股激情涌动的爱，所讲故事感人至深、耐人寻味；辽宁的杨勇老师在读中教给学生如何概括课文，他语气平和、语言实在，让学生受用终身。

（五）学生的自读感悟是第一位的，教师的引导调控是第二位的，这

就是着眼于学生发展的教学需要。整堂课应是一个"先学后教，先读后导，先放后扶"的过程。

（六）评价学生的语言一定要贴切、适时、到位

毛静、纪海霞老师评价学生的语言让我记忆犹新，我记下了这些珍珠般的语言："没关系，学习就是从不会到会。""老师小时候也不会，现在不也读得很好。""你最聪明，会听就是会学习。"……这些激励的语言没有任何浮夸之气，听起来顺耳、自然，连我都觉得内心深受鼓舞，甭别说孩子了。在以后自己的课堂上，也要让学生感受到这样的语言。

每一堂课都是理想的课堂，创新的课堂。

我们在追寻与探索中不停追问教育之道：孩子在哪里？老师要做些什么？课堂要做些什么？思索着上课教师展示的研究成果，我不禁想起贾平凹先生的《一只贝》：一只贝，因痛苦磨制而成长为一种永恒的美丽。同样，一节课，因用心研磨而散发无限的魅力；一位教师，因丰富的磨砺而让生命绽放绚丽的光彩。我们坚信，一群执着教育的"南塘人"，因对信念的追求与坚守而为我们可爱的孩子们定会撑一片蔚蓝的天空。

评课专家王雷英校长说："好玩的、容易让他们摘到桃子的才是有趣的、入心的。我们只有把对话的形式、交互的角度以及让孩子充分地自主地交互进来，让他们感受到课堂的活力，学习方式的转变势在必行。只有课堂有灵魂了，我们的教育才有灵魂。学生在哪里？我们始终要记得。"

沪上花儿绽放　南塘溢满芬芳

快乐学习，提升自我。由上海铭师培训中心与陕西省渭南市临渭区教育局联合举办的"临渭区2017年中小学教研骨干队伍高级研修班"如期在上海开班。

一、闻知不足，勤于笔耕

（一）马骉——华东师范大学附属学校校长

讲座：《基于儿童立场的课堂转型新思考》

亮点：课前期待—课中时短—课后回味。

建议：

马老师呼吁我们一线教师要站在儿童的角度思考与实施教育，认识学生，基于学生，发挥学生，激发学生，成全学生。赋予学生自主学习的权利，学生有熟悉内容的权利，有时间思考的权利，有发现问题表达需求的权利，有确定学习内容和形式的商议权利。

我们的课堂要注重设计和激发责任，设计要基于人性，基于需要，基于课标，基于技术，基于真实，基于自然。

（二）杨玉东——上海市教育科学研究院普教所党委书记

讲座：《教师如何做课例研究》

亮点：《以课为例讲道理》用教材而不是教教材。

建议：

1. 课例有主标题和副标题。

2. 主标题为主题，副标题为载体。

3. 课例能激发问题意识，来源教学实际，具有研究价值，主题清晰明确。

4. 好课例特征应该是主题清晰，线索明确，有关键性事件，有过程性翔实资料，有结论与反思。

5. 课例四要素：背景与主题、情境与描述、问题与讨论、诠释与研究。

（6）听过易忘、看过易记、做过才会。

（三）李政涛——华东师范大学教育系教授

讲座：《基于核心素养的教学方式变革——以"什么是一堂好课"为例》

亮点四个字：实　长　清　细。

建议：

1. 好课要实——扎实、充实、丰实、平实、真实。

2. 好课要长——长课感：推进感、纵深感、生长感。

3. 好课要清——清晰学生、清晰内容、清晰目标、清晰方法、清晰环节、清晰指令。

4. 好课要细——细节的敏感、揣摩、设计、实施、反思与重建（立足小组合作学习，分享 14 个注意细节）。

找到起点，迈出一大步，后退一小步。

（四）上海市教育科学研究院普教所研究员、上海市中学数学特级教师、教育科研特级教师祝庆东老师给学员们带来了一场生动精彩的专题报告——《从问题、专题到课题——三层次来设计教科研活动》

他以"我烙的饼为什么不好吃？"作为引子开篇。

祝老师首先讲了教研活动的三个层次：一是问题反思，即侧重对遇到的具体问题的即时思考和解决；二是专题探索，即选择一个主题，以较为系统的方式寻求问题的解决；三是课题研究，即设计和运用较为规范的方法进行问题的研究。其次，通过分析教师专业发展的三个阶段，强调了教研要做实，科研要做亮的观点。

祝老师通过具体的教研活动案例重点讲析了教研活动的创意策划与实施。

一是教研活动的整体策划要有针对性、创造性、操作性；

二是创意策划的关键要素是主题明确、流程清晰、教师能深度参与；

三是教研活动的策划一定要具体、翔实，细致，具有很强的操作性。

（五）上海外国语大学附属闵行外国语中学校长、上海市特级校长吴金瑜的报告——《课堂教学改进的逻辑起点》

最大的亮点是用案例分析问题。

吴校长用丰富的理论知识，深入浅出的语言，具体的实例，丰富的图片资料，给我们讲述了课堂教学改革在国内、国外的现状及发展情况。同时通过自身投身改革的实践经验，给我们指明了课堂教学改革方向，分析了目前课改存在的阻力，肯定了当前发展学生核心素养的重要性，用"闻、说、亲"三个字概括了目前课堂教学培养学生动手能力的必要性，使我们茅塞顿开！

二、观之前沿，探之精髓

走进上海市静安区静安教育学院附属学校，聆听了张人利校长关于"后'茶馆式'教学"的实践研究报告。张校长以其特有的诙谐幽默，从"后'茶馆式'教学"的产生缘由、研究实践、成果阐释及实际效果四个方面，系统介绍了他们的具体思路和教研历程。他的风趣与中肯，博得与会同志的阵阵掌声。"后'茶馆式'教学"跳出了单纯研究"学"与"教"的教研方法，强调知识与技能，过程与方法，情感、态度与价值观的共同达成，以提高效能为导向，恰当应用方式、方法和手段，体现了课堂教学的基本原理：科学性、社会性、艺术性。让我们体悟到：教学有法，教无定法。

张校长的报告，给了我们更多的启示：

让学生像在"茶馆"中一样有发言的机会；

让学生在交流、动手中学习；

教师要用教学智慧最大限度激发学生强大持久的求知欲；

所有的方法教给我们的都只是理念，不拘泥才能发展；

尊重学生，教法自然——张人利校长谈"后'茶馆式'教学"。

观静安学子——体育课堂，快乐起舞。

"这里是风景花园还是微型植物园？是儿童游乐场还是学校……"

当我们步入洵阳路小学，每位老师都产生了这样的疑惑。这里处处有鲜花美景，时时有水声、童音和花香；乐高积木、航模舰模……各种玩具让参观者们目不暇接、惊喜阵阵；各种大大小小绿植、色彩缤纷的花卉、正在发芽的种子……

　　细微之处诠释着教育和生命的真谛！耳边不时传来参观者的感慨："这里好美，好有爱啊，要是我孩子也能在这里上学，那该多幸福啊！"

　　"走廊式阅览室""样板间般办公室""琴棋书画茶艺间""手绘美美的电表箱"……处处都有美，时刻感受爱，正如洵阳路小学的育人理念——追寻阳光般的事业，追求阳光般的人生，生命的主动，健康成长。

　　如果说，铭师培训用行动诠释了"细微见智"的理念，上海的各位专家用理论和研究实证了"教研教学精细化"的高屋建瓴，那么洵阳路小学则是用细节和理念向我们展示了"细微见美，极致有爱"的学校文化。

　　新理念，新方法，新举措，新希望！名校之旅不虚此行，有设想，有行动，有实效，有收获。此时，充满我们内心的一个词语是"震撼"，我们震撼于静安教院附校的"轻负担、高质量"，震撼于洵阳路小学二十年的巨变和对学生生命完整性、独特性的尊重。立足孩子、解读孩子、成就孩子，是五位专家和两所学校共同的思想，也是上海课堂教学文化的精髓，这很值得我们去思考、去设计，将其转化到我们临渭教育的课堂教学当中，形成我们自己独有的课堂教学文化。

　　当我们兴致勃勃地走进了校园，绿树成荫、芳草萋萋、花草树木、亭台楼阁……视线所及之处，无不透露着浓厚的文化底蕴。来到百年校史展览馆，走过时光隧道，认识了爱国将领谢晋元，他的爱国情怀和报国志向让我们心潮澎湃。了解了晋元高级中学的悠久历史，它的辉煌历程和莘莘学子让我们为之震撼！晋元百年结硕果，桃李天下尽芬芳！

　　晋元高级中学以"选择教育"为办学理念，为每一位学生铺设卓越发展的通道。学校实行网上走班教学，学习平台上，无论学生身处何地，都可以观看作业辅导微课程，查看微资源，和老师同学交流学习心得，解决学习疑难，在自学自管中选择学习内容、学习方式。基础型、拓展型、研究型、生活经验型四种课型的设计，实现了学生个性化的发展。

　　吴巧玲老师的报告《在不断实践和反思中前行》，结合生动的案例，解读了教研组建设的实践和思考：自我定位定向，发展个性特长，打造一支特色团队；注重项目研究，驱动校本研修，促进教师专业发展；围绕学科目标，聚焦学生发展，开发校本课程；绩效考核制度，助推教师成长的催化剂。这一切都值得我们借鉴和学习。

邵荣主任的报告《选择教育理念下的课程教学与教师发展》阐述了学校选择教育理念下的课程设置及教学形态："学会选择，主动学习，卓越发展"；"套餐式课程，走班制运作，学分制评价"。现代教育技术与课程教学深度融合，课程为学生服务，为学生终身发展奠基，这些理念和设计关注的是人，是有选择权的人，是适应现在和未来的人。

教师专业化培养从基本形式、培养架构、骨干打造、青年教师培养四方面阐述，有目标、有重点、有途径、有效果，为我们提供了打造师资队伍、促进教师专业化成长的范式，带给我们结合校情、师情，锻造优秀团队的思考。

作为学校教研方面的引领者，要有一双智慧的眼睛，通过听课交流发现教师的特点，尽可能地让他们在工作中发挥各自的长处，听懂以后做出来，做好以后说出来。并创造机会把教师推出去，让他们走向更广阔的空间，只有让他们站得更高才能看得更远。

快乐而充实的学习之旅收获满满，每场报告，精彩纷呈，富有启迪，展示了上海教育专家的独特风采；每次参观，震撼心灵，回味无穷，体现了上海名校的非凡魅力。本次学习，更新了我们的教育理念，拓宽了我们的教研视野，丰富了我们的工作策略。"知是行之始，行是知之成"，作为南塘人，会将所学所获扎根内生，化为不懈的坚持，在引领中践行，在借鉴中创新。

三、思之成长，快乐前行

平时得来终觉浅，绝知此事上海行。

前沿理念更于沪，实际行动践于"塘"。

聆听专家的报告、校长的解读，生怕漏掉某个字、某句话，好些教师中性笔油都用完了，更换了一支又一支。我不由感悟：

（一）关注

基于儿童，真正关注儿童。作为一线教师，上课前，要关注学情是必需的，我们平时在备课时也做了预设，但没有马老师做得扎实。例如，儿童需要什么，怎么教学让儿童易于表达……马骉校长提出"基于儿童立场的课堂教学转型"，是他个人在创新课堂教学的探索和家庭教育的实践中体悟和验证了的。"儿童立场"因他的"问计于学生"而变得令人稀奇，令人称快。从某种意义上说，教师的服务对象是学生，学生的认知起点、兴趣爱好、学习需求等等因素，共同构成了我们教师备课上课所必须掌握的"学情"。借助于马校长的教学案例和分析报告，我认为"儿童立场"，准确把握学情，不能停留在口头上，应该体现在平时备课、上课中，真正做到心中有学生。

（二）精细

在南塘小学，课例和省、市、区各级课题我们做了不少，但聆听了李政涛教授的讲座后，我反思：教学中如何做到实、长、清、细呢？

首先，教研活动的组织者策划要细，教师即使起初未达到要求，但只要坚持做、慢慢来，引领教师完成教研任务，积极参与活动，教师就会不断进步。

其次，引领者和教师要不断学习，学会怎么实、如何长、理解清，才能做到细。

例如：我们需要再进一步学习专家所介绍的教科研技术工具，指导教师逐步熟悉和使用一些基本的、简单的教研方法，如教师个人可以在每月、每学期坚持记录自己的经典教学案例，教研组尝试开展相对规范的课例研究活动。活动的主题、分工、步骤、方法要清楚，教研方法要正确地融入教研活动之中。这样，我们才会懂方法、会教研，这样教研活动才有成效。

第三，组织者、引领者应静心指导，努力培养一批年轻有为的研究者，打造团结协作的研修团队，细化管理。

（三）专题

问题反思、课题研究、专题研修等对于教师来说没有最好，只有更好。

刚入职的教师,需要教;骨干教师需要细化主题研修。如今年的小课题,可以做小册子;专家型教师要做好传帮带,帮助青年教师和中年教师,培养研究型教师,成长为教书巨匠。

西子湖畔近名师　先进理念伴我行

踩着秋的尾巴，我们乘坐东去的列车来到美丽的西子湖畔，参加由临渭区教育局组织的能手工作室、导师工作室、班主任工作室负责人培训。走近名师，聆听了华东师范大学附属杭州学校校长、上海市特级教师、杭州首届运河特级校长马骉校长《做"五有"好教师》的专题报告；华东师范大学教育学部教师教育学院教授、博士生导师董蓓菲教授做了《合作学习的课堂密码》的专题报告，上海市闵行中学优秀教师，江苏省特级教师李凤遐老师做了《师爱如灯，照亮幸福人生》的专题报告，上海市嘉定区教师进修学院原院长、上海市特级教师、正高级教师凤光宇做了《工作室管理与建设经验》的专题报告，"浙江教育资源网"特级教师工作室首批专家莫银火老师关于《校本研修中的集体备课》的报告。分享交流中我们感悟着、收获着、成长着。

一、走近名师，乐于更新

著名教育家陶行知曾说："处处是创造之地，天天是创造之时，人人是创造之人。"聆听中，我们明白只有学会从心中有梦、眼里有人、手上有活、脚下有路、胸间有度五个维度去观察自己、教育学生，我们才能循序渐进，走上教师专业成长的道路。走近名师，从小组合作、探究解惑中我们感受到操作的步骤及其产生的效果，学会探究新知，生生互动的真谛；了解名师成长的故事，深深懂得以人格的魅力感染学生，走进学生心灵的教师才是真正优秀的教师。听着李凤遐老师的《工作室管理与建设经验》报告，我们明白怎样践行培训与培养；聆听莫教授的讲座，学会了集体备课的真谛。一位位教授渊博的知识、前沿的理念让我们开阔了视野，同时想到作为能手工作室、导师工作室、班主任工作室负责人，我将如何结合自己工作实际，有效地将三个工作室资源有效整合，使班主任工作室和能手工作室的骨干成员成为新任教师的导师，使教师们一起快速成长。

二、走进名校，探解课程

托尔斯泰曾说："成功的人都是相似的，不成功的人，各有各的失败原因。"走近每位专家，聆听他们的讲座和成长故事，我如沐春风，暖意融融，深深感慨他们学术上的精益求精。首先自己有学问；其次是身在一线，扎实去工作的。务实的作风，跟岗居然能做到天天听师傅上课，参加工作室活动能跑280多个来回，冰天雪地，当别人缺席时，信念支撑，莫银火老师居然准时参加，在聆听中我悟到这就是脚踏实地。凤光宇老师从工作室的组建、工作室成员的培训与培养、工作室课题的立项研究等方面介绍了自己的宝贵经验，细致入微，让我们无不感受到名师成长的坚实足迹。董教授不仅为我们传授合作学习的背景、原理、要求、模式、技术、策略等方面，层层解开了合作学习的密码，还现场组建小组、分工、合作完成任务、及时奖励，让我们亲身体验合作学习的操作步骤及其产生的效果。我们在董教授设计的环节中，积极参与，互动频频，欲罢不能，不亦乐乎，大家仿佛回到了学生时代。

作为一线教师的我们必须潜下心来，脚踏实地，问问自己，我今天读了多少书？我今天和孩子相处快乐吗？我的课堂教学有效吗？我的课堂谁做主？……拥有最基本的学识，做好教师最基本的工作，备好课，上好课，定近期、远期目标，做好当下，用心耕耘，并努力超越自己，成就优秀的自己。

三、快乐为师，幸福导航

幸福为师的李凤遐老师用自己一生为师的故事呈现了一位快乐、幸福的草根名师。走近她，我感受到师爱伟大、育人无痕；以人格的魅力感染学生，走进学生心灵的教师才是真正优秀的教师；教师的幸福在会爱的智慧里，在被爱的收获里。当看到李凤遐老师腿上带着钢针依然为我们上课，我感受到她自身就是一门关于幸福的课程,她激情饱满、思想睿智、心态阳光、语言幽默,无时无刻不向我们传递着为师者的自豪与幸福。

分享着李老师的讲座,我动情了!我想学习她为爱而来,坚守梦想;我想学习她阳光心态,乐在其中;我想学习她为师而来,幸福一生。聆听她感人的故事,我骄傲我是一名老师;聆听她动人的故事,我自豪我是一名班主任老师;聆听她奋进的故事,我幸福我是一名小学语文班主任老师。

我将爱我所爱,幸福为师,过好自己的人生,引领我工作室的青年教师和我的学生度过他们幸福人生和快乐童年,让他们象凤妈妈那样坚定不移地努力去做并做到最好!

学习是充实的,相逢是美好的,默默回味,时刻对照,勤于实践,我们快乐无比,我们延伸自我,我们行则将远。

走进"千课万人" 成就班主任

"水光潋艳晴方好，山色空蒙雨亦奇。欲把西湖比西子，淡妆浓抹总相宜"这首诗写西湖贴切，写这次"千课万人"全国中小学生"爱心与智慧"班主任工作研讨会也同样精彩。为期三天的培训，让我聆听全国著名班主任的故事，感受他们的爱心与智慧，真是一件幸福的事。回顾学习，我不由想到了自己的班主任工作，我想努力成为这样的老师，成为孩子们的良师益友。

一、和孩子们一起，做可爱的班主任

听着武汉钟家村小学桂贤娣老师那一句句"乖，我爱你！""看，桂老师吃了一件褂子""桂老师吃了一条裤子""桂老师吃了窗帘"……我们从她朴素的外表上看到了一颗童心，这么可爱的老师，难怪孩子们都喜欢她。我想：平时工作中自己总是板着脸，掩饰可爱的一面是不对的，我们作为孩子的大朋友，就应了解孩子的心理，和孩子们沟通，了解他们需要什么，与孩子们一起玩，做孩子的大朋友……只有这样，才会自然引导孩子活泼、快乐、健康地成长。

二、塑造阳光心态，做快乐的班主任

听北京广渠门中学宏志班管委会主任高金英老师的课，是心灵上的一次洗礼。她这样自嘲"早也退，晚也退，不如早退；早也死，晚也死，不如晚死。横批：早退晚死"。这不是消极懈怠，而是告诉我们要做一个快乐的老师。是的，在当今浮躁的社会，作为教师我们就应潜下心来做教育，静下心来育人，静下心来备每一节课，静下心来批改每一本作业，静下心来跟孩子对话，静下心来读几本书，静下心来反思自己的教学……尤其像我们南塘小学90多人的大班额中，作为班主任我们更应有阳光的心态，了解孩子们学习和生活中的喜和乐，只有了解他们，才能教好他们，老师阳光，孩子活泼。老师只有心态阳光了，教起书来自然就快乐了。

三、完善自我，努力成为最有魅力的班主任

台湾台北教育大学附属小学的王慧莱老师诠释了这样一句话："没有最好，只有更好。"她没有诸多的光环，好像也没有太多的才艺。但她凭着自己特有的气质吸引了在场的每一个人。她的微笑、她的亲和、她的幽默、她的举手投足，会让你豁然明白："原来学生可以这样教"，"原来班主任也可以这样当"。大莱老师让我明白了，老师的魅力在于授人以渔，老师的魅力在于对管理班级的艺术和对教育事业的投入，以及孩子是否在你的带领下快乐地学习，健康地成长。

学习短暂，述诸文字，感悟于心，不断成长，努力工作，快乐生活吧！

走近名师　享受风范　促我成长

　　学习是进步的源头活水。带着对名师的崇拜、追求，对课堂的憧憬、提升，我们一行五人来到了西子湖畔。在浙大华家池校区的逸夫体育馆里，静静地欣赏着于永正、贾志敏、窦桂梅、王崧舟、虞大明、薛法根等28位名师的"生态"课堂教学，这里的"生态"，通俗地说就是生命主体在环境中的生存状态。在语文课堂这个环境中就是以学生为主体，把儿童的自主学习实践、快乐健康成长作为教学的基本任务，是语文课堂从成人为儿童设定的生活回到儿童自己的真实生活。周一贯、刘云生等14位名师的报告，或大气磅礴，或幽默风趣，或激情高昂，或智慧灵动，或朴实无华地精彩呈现。一节课刚结束还来不及深深地思索、细细地品味，下节课又开始了。名师们深厚的底蕴、巧妙的设计、细致的点拨、独到的见解和各具特色的教学风格，让我受益匪浅、感悟颇多。

　　一、生态语文，简单就是美丽

　　窦桂梅：语文界的一枝玫瑰。

　　热烈、美丽、芬芳超越了季节，也超越了地域。绿意葱葱的西湖边，她就是一抹中国红，其课个性敞亮，蕴含丰韵，魅力独具。她让简单的表达蕴含丰富的感情。《我的爸爸叫焦尼》是由瑞典画家爱娃、艾瑞克松画，波·R.汉伯格配文的绘本教材，窦老师的课堂中用简单的教法：五个环节"聊一聊、讲一讲、看一看、想一想、写一写"，一本简单的绘本阅读，一个"情"贯穿始终，带给学生深深的感动。

（一）导入直面真实生活

文本给我们呈现了一个真实、朴素又可爱的父亲形象，这是一个离异的家庭，但父爱并没有因此而减少、变异或畸形，依然温暖、亲切。吉姆是不幸的，又是幸福的，因为他拥有完整的爱。一开始窦老师让孩子交流自己的阅读感受，孩子们提出"父母离异造成的种种弊端，为什么都要我们幼小的心灵接受"，生活的真实比生活的掩饰更具教育的力量。

（二）读文彰显人格魅力

绘本是图画书，有文字，也有图画，窦老师的深情自然朗读一下子让孩子入情入境，然后，窦老师把读《我的爸爸叫焦尼》的点设在很多细节上（读文字没表达的东西，看色彩比较，读人物的动作、衣服，读最后一幅图的形状……）。反复看图，反复读文比较、交流，聚焦吉姆："这是我的爸爸叫焦尼。"孩子明白父子间那丰富的感情，聚焦爸爸："这是我的儿子叫吉姆。"孩子们通过想象用不同的语气读，感悟父子间那丰富的感情，让简单的表达蕴含丰富的感情。

（三）拓展更富哲理人生

课快要结束时，窦老师又一次翻页，让孩子观察父子俩一天的画面，为爸爸的动作题词。孩子们用"奔、搂、举、牵"等词表述，在用词分辨中，有所感受、有所发现、情动于衷诉诸文字中，这时老师让孩子写对父亲的再认识，学生交流真切、丰富、感人。语言与精神的和谐就在其里，学习与人生的幸福就在这里。结束时，窦老师这样讲：读别人的故事，更重要的是帮助自己过好人生。这句话让人回味无穷。

我恍然大悟：这就是大师风范，这就是以生为本的生态课堂。

二、生态语文，同题异构彰显特色

（一）"从容镇定"也是一种理念

许久以来，我们一直关注"倡导合作、自主、探究的学习方式"之类的教学专业理念，却没有把"从容镇定"作为教师个人的素质，通过聆听王崧舟老师的课，我深深地被王老师挥洒自如、从从容容、不急不躁的魅力打动了。他的语调、神态、动作，都那么舒缓自然，没有牵强附会，没有强迫学习的痕迹。我就在想：为什么王老师能够如此？思索的答案是，在王老师的心中，只有从容才能彰显对学生的尊重；只有从容才能让学生愿意听其声；只有从容才能感染学生，从而让他们冷静、深入地思考。是的，"从容镇定"应该作为一种理念，只有从容镇定的老师，才能教出从容镇定的学生，也只有从容镇定的课堂，学生才能深入地思考文本。

（二）"无为、无痕、无课"是课堂的最高境界

王崧舟老师曾经说"无为、无痕、无课"是课堂教学的最高境界。所谓"无为"，是指教师不妄为；所谓"无痕"，是指潜移默化；所谓"无课"，是指少雕琢，追求自然而弱化形式性的东西。在王老师执教的两节《与象共舞》课中，都体现了这三点：第一节课从检查预习入手让学生读成语，再由成语找文中各自然段的中心句，由中心句引出重点段的朗读；第二节课从课题"共舞"入手找中心段，由读中心段延伸到"你愿与谁共舞"等等。每一个问题，每一个环节都是水到渠成、环环相扣、自然舒缓，学生听课的过程不是被牵着鼻子走，而似乎是跟着一个长者在漫步；说是听课，更像是聊天，在平静的聊天中，学生的情感被调动，思维被激活，这真是每个教师都该追求的境界啊！

（三）"用教材"而非"教教材"

叶圣陶先生告诫老师们："教材不过是个例子。"然而，由于应试体制没有太大的改变，老师们的应试思维也依然根深蒂固，以至于老师上课，总怕遗漏知识点，从而影响成绩。这样想这样做的结果必然是努力把教材讲细、讲透，把有可能考试的地方强调再强调，这自然就停留在了"教教材"的层面上了，而王崧舟老师则是在"用"教材，何以见得呢？就需要用他同课异构的两节《与象共舞》来做例子说明了。

第一节课，王老师侧重于朗读的训练，他把朗读作为训练目标和突破口。因此，在读"共舞"一段时，王老师把句中的"我"分别换成了"自己、观众、大象"等词语，站在不同的角度去朗读，去感悟与象共舞的快乐与和谐，教材在他的手中发生了变化，学生在教师创设的不同情境中反反复复地朗读，真可谓读到了文字中，读到了情境中，读到了作者的心中，对每个语言文字有了真真切切的感悟。是的，在这个过程中，教材内容只是王老师训练学生朗读能力的例子。

第二节课则是侧重于写作的指导，朗读的形式相对少一些。课堂上王老师更注重的是让学生在读中圈画一些重点词语（如"共舞一段中表示动作的词语"），并抓住那些有灵性的词语进行感悟，体会用词的准确性与表达的情感。然后进行拓展延伸，由"与象共舞"引出"与墙共舞""与狼共舞""与书共舞""与飞碟共舞""与沙漠共舞"，甚至"与吸血鬼共舞"，学生的思维被激活了，心中涌起了"与××"共舞的冲动，写作激情被充分调动，莫说是学生，就连听课老师也产生了写一篇《与××共舞》文章的冲动。课文五个自然段，王老师只重点处理了"共舞"一段，因为这一段最容易激发学生的创作欲望，这就是"用教材"。

（四）朗读能力应是语文教师的基本素质

好的语文课堂教学，就要有扎实的语言文字训练，而语言文字训练离不开朗读，这就需要语文教师拥有高超的朗读能力。王老师是朗读的高手，他读词、读句，总是那么有魅力，围绕一个"熟视无睹"读句子，他读起来就颇有"亲密无间"之感；围绕一个"节奏"，在他读来就有了长短、强弱、快慢的变化；围绕一个"拥"字读文，他就能读出人多、急切、热烈……正因为王老师自身的朗读素质，才能让学生爱听、爱读、爱想，所以，朗读应是语文教师的基本素质，教师范读更应是课堂上必不可少的环节。

听了王老师的课，觉得他是一位儒雅淡定、幽默风趣、魅力超群的引导者、示范者。

三、生态语文，写出来的精华

（一）于氏教法，写话课堂妙趣横生

于永正老师虽已接近古稀之年，但仍然活跃在中国的小语教坛之上，看到他那满头的银发，不免让人产生一种敬仰之感，敬仰于他对小语教学的那份智慧，敬仰于他对事业的那份挚爱，更敬仰于他那不懈追求的精神。

于氏教法：创设情境、激发兴趣、习作实践、因文施教、激励唤醒、教给方法、提供范式。

请跟我到于老师《学写对话》一课中看一看吧。

A. 激发学生的兴趣，使学生爱写、不知不觉地写出来了。请看三个场景：

（1）课前师生对话

师：小朋友，我姓于，叫于永正，欢迎我吗？

生：欢迎！

师：谢谢！那，我们就上课吧！

再普通、再简洁不过了。于老师话锋一转，说："请看，我把刚才的对话写出来了。"（幻灯片出示）

上课了，于老师走进教室，对小朋友说："小朋友，我姓于，叫于永正，欢迎我吗？"

小朋友齐声回答："欢迎！"

于老师高兴地说："谢谢！那，我们就上课吧！"

这就是写作。这给孩子许多积极的暗示：写话不难、习作不难，不仅不难，还很有意思。

（2）师生扮演猴妈妈和小猴

目的是：一引导学生观察，为写好提示语（人物的动作、神态）服务；二提供习作素材（故事情节）；三使作文课有情有趣，生动活泼，真正化苦为乐、化难为易、快乐学习。

（3）学生朗读自己的作文时，于老师总是及时、准确地捕捉住习作中的闪光点，鼓励之、放大之。（这就是唤醒）

B. 教给方法

方法是"带得走的能力"，但方法不能当知识传授，而是在实践中运用，从实践中总结——从实践中来到实践中去。

于老师的《学写对话》教了什么方法？

（1）分段；（2）提示语；（3）修改的方法。

C. 提供范式

于老师的《学写对话》达到了这样的境界。于老师先提供了两种对话范式（由一种变化为两种），引导学生观察、比较、琢磨，还要求学生抄写！接下来，提供第三种对话范式：

小猴子：妈妈，我想吃桃子。

猴妈妈：一天吃三个，够不够？

小猴子：不够，不够！太少，太少！

猴妈妈：三天吃九个，够不够？

小猴子：够了，够了！谢谢妈妈！

一举多得，如：提供写作素材，提供表演素材。

怎么教？

毫无疑问，于永正老师的教学是艺术，臻于完美。就这节习作指导课而言，于老师怎么教写作呢？无外乎怀着一颗为孩子快乐学习之心，为孩子习作服务的仁者之心而已。具体说，于老师为孩子写对话创设了情境、唤醒了沉睡的书面表达"因子"，在学生习作实践中指导，因学生作文施教。

10:35—10:45（10分钟）：师生对话。观察老师写的对话，讲"分段""提示语"。比较变换提示语位置，讲这样做的好处。

10:45—10:50（5分钟）：抄写幻灯片上的对话。

10:50—10:54（4分钟）：自己检查、同桌互查、更正。

10:54—11:00（6分钟）：出示对话（"小猴子"那段），朗读对话，师生表演对话。

11:00—11:04（4分钟）：指导学生拟题目，指导学生写"起因"，明确写作要求。

11:04—11:18（14分钟）：学生静静地写作，老师静静地巡视。

11:18—11:22（4分钟）：学生自己朗读习作三遍，同桌互读互改。

11:22—11:34（12分钟）：由班长指名、自我推荐、老师推荐（合作表演的那位同学）上台朗读作文，老师点评。

老师们，统计了吗？59分钟的课，学生练习、互助学习占了多少分钟？说明什么？

相信我们心中都有自己的发现！课堂的时间和空间都是特定的、有限的，老师和学生是极不对等的。因为学（语文课，学生凭借种种例子学习语言、发展语言、提升语文素养）是根本、为学而教是根本；不教而教是大智慧，教而"不教"是大方向。君子立根务本、真人无为又无所不为。师者，做君子、做真人。

（二）贾大师扩写，韵味犹存

A. 大师的课需要细细地品味，就像品陈年佳酿一样，只有静静地品，才能品出味来。

"小朋友坐好了，坐直了，可以看清老师。"上课伊始，贾老师没有多余的话，只是提出了要求，字正腔圆，说话的声音和语调让我很吃惊。原来，语文就在生活中，那时贾老师已经开始跟我们讲语文。

语文之道就是热爱，热爱课堂、热爱儿童、热爱生活。

"现在是两点二十分，三点准时下课。"

"我们今天做一件事，把一篇三十七个字的古文改成一篇现代文，古文与我们现代人说话的方式不一样，……我们首先要了解这个故事，然后扩成一篇四百字的白话文。"

贾老师明确告诉孩子们要干什么，多长时间完成，这是必需的。

B. 一堂课要干什么？有的课堂不仅学生不知道，上课的老师自己都说不清楚。现在有效教学、高效教学喊得震天响，如果一堂课连干什么都弄不清楚，一切从何谈起。少喊口号，多一点实实在在的思考和实践，多好！

C. 语文之道就是化繁为简，就是目标清晰、简简单单、清晰明了，最好一课一得。

"读对了，但不够准确。"第一个学生读后，贾老师说，然后示范读，学生再读。

"不错，就是马马虎虎，还要加油。"学生读得一般时，贾老师这样评价。

"你说对了，他说错了。"两个同学发表见解后，老师如是说。

"停，不要这样拖腔拉调。"学生读得过慢，贾老师毫不犹豫地打断。

"你们两个人的描写，你的比她的通顺，比她的连贯，比她好。"……

课堂上，贾老师常常这样说。可能有老师会想，我们不是要鼓励学生吗？不是要尊重学生吗？为什么要这样打击学生的积极性呢？

是的，我们需要鼓励和表扬孩子，需要激发他们求知的欲望，但是我们不需要虚假的表扬，不需要夸张的赞许，不需要无原则的肯定。贾老师这样说，是切实中肯的说明，是对孩子真心的辅导。这样"严格"要求的背后体现的是真正的尊重，对语文的尊重，对儿童的尊重。我们不能说落后还光荣，应该激发他去努力。

D. 语文之道就是真正的尊重，真诚的期待。

她用了一百来字说明白了。我们还要把它写下来。要是写的话，就不能这样简单写，我们可以想开去。比如"家里穷"，我们可以这样写：他家十分贫困，家里没有什么像样的家具，衣服都是旧的，常常是吃了上顿没有下顿，穷得叮当响。再比如"试之，然"。刻意这样写：他按照老师的话去做了，每天坚持作画，线条……"要想象，要具体"。

E. 语文之道就是在儿童最需要的时候给予他们最合适的帮助。

"语文教学就是借课文为例子教孩子说话和写话。"（叶圣陶）贾老师用实例告诉我们，习作实际上就是用书面的形式表达心声，无论是写给自己看，还是写给别人看，首要的当然是说准确，把心里想到的准确地表达出来。从口头到书面，这是一次质的飞跃，儿童往往会遇到一些小困难，词不达意是常见的，老师的任务就是帮助儿童学会选用恰当的词语，用恰当的方式来表达。所以贾老师对孩子习作中不恰当的语言及时修正，这个"及时"是深厚的语文素养做保证的，是需要全部身心去倾听做基础的。

语文之道就是帮助孩子把话说准确，说通畅，说流畅。

可以从人物身上去想——《卖画人》；

老师的话也起到很大作用——《老师的告诫》《老师的话》；

可以两个人联系起来想——《画家与老师的故事》；

可以从事情上来思考——《画画与卖画》。

在短暂的时间里，带给孩子们的是多少思考和启迪啊！

贾老师深厚的语文素养、敏锐的语感、真诚的态度充盈了整个课堂，充盈了整个会场，弥漫在生活的角角落落。他的语言是儿童的，他的行为是儿童的，他的思想也是儿童的。冰心先生曾经这样说："我是你们队伍里的一个落伍者，但让我很骄傲的是我曾经是，而且现在仍然还是一个小孩子。"真为贾老师点赞！

（三）孙老师教学生写名言，明白"幸福"的真谛

孙老师教学《幸福人的衬衣》一课时，从生活入手说自己的幸福开始，激发学文兴趣，再让学生读文，理清文章脉络板书：三子——神父——国

王——小伙子。然后分段读文，引导孩子把一段话概括为一句名言，写下来，这样，读中概括，概括中提炼文章中心并扩张开来，拓展了思维，升华了主题。第二课时在孩子们学后，孙老师安排读海子的《面朝大海，春暖花开》《小鸟的幸福》及《小狗的性＝幸福》，再说自己的名言，孩子们真正感悟到幸福的真谛是什么。这就是在语文课堂中以学生为主体，把儿童的自主学习实践、快乐健康成长作为教学的基本任务，是语文课堂从成人为儿童设定的生活回到儿童自己的真实生活的生态课。

　　四天时间，我们置身逸夫体育馆，领略大师们的风采，最令人折服的就是他们渊博的知识，深厚的文学修养，诗词歌赋，古今名著……无不信手拈来，运用自如，这不仅使我反思：这些名师的课堂设计为什么那么精致，严丝合缝？这些名师的文本挖掘为什么那么深入、全面，又能与学生的生活实际紧密相连引起共鸣，想学生之所想，急学生之所急呢？我想，这跟这些名师注重积累教学经验，反思教学过程是分不开的，又与这些名师们严谨的教学态度和好学上进、博览群书的好习惯是分不开的。

　　名师用真实的课堂告诉我们：生态，就是以生为主体，让学生自主学习，让学生快乐健康成长！"生态课堂"也是"低碳课堂"。我深切地感受到"生态课堂"是名师的境界，也应是我不懈的追求；"名师课堂"是名师的精彩，带给我的更应是深刻的思索。一路风尘，不虚此行。再次翻开听课记录，精彩仍是处处可见，值得一再品味，对照自己的教学实践，我要做的还有很多很多，在大师的引领下，愿我们能从中思索着，探索着，在前行的路上以生为本，收获理想的语文课堂。

拥抱课改　以生为本

习总书记说："幸福是奋斗出来的。"在三秦大地的教育战线上有一群人在追求着、奋斗着，他们为了实现"一切为了每位学生的发展"而不懈努力着。

乘着课改的东风，我有幸被聘为西北课改名校共同体和陕西师范大学教务处主办的"西北地区首届小学课改名师大赛"评委，参与其中，感悟颇多。

在听课、评课中，我发现来自全国各地的名师们，课堂教学中依然存在不少问题：有的问题设置太多，小组展示完不成任务；有的时间分配不合理，下课还没学到重点内容；有的课堂中上教师为了淡化自己的主导作用，几乎不讲写法；还有的只顾小组讨论，根本不管读书有没有感情……看到这些现象，我不由思索我们的课改到底改什么，应该如何改，怎样更好地改？作为一线教师，我们在自己的教学中如何学人之长，服务教学，更好地教好学生？我谈自己的拙见，以期抛砖引玉。

一、研读教材，关注学情

教是为了不教。作为一线教师，作为骨干教师，我想深入研读教材，了解教材的教学目标，教学重、难点，应该是没有问题的，那么，针对不同学校的学生，同一学校不同班级的学生，同一班级不同层次的学生，我们应如何设计导学案？如何激发每个孩子的学习兴趣，引导他们参与到学习之中？如何让他们学懂、学会，从而会学？这一切的一切，要求教师必须在课前了解学情，关注学情，深入了解每个孩子，适时地调整自己的导学案，以生定教。只有这样，才能激发学生兴趣，使他们乐在其中，爱学、会学、学会。

二、关注主体，以生为本

新课程标准倡导：学生是学习的主体，教师是学生学习的引导者。

教师的教是外因，学生的学是内因，外因通过内因才起作用。所以，在教学活动中教师要把学生放在主体的位置，学生是学习认识活动的主人，是学习的主体。在整个教学过程中，无论是知识经验的获得，还是智力、能力的发展，教师无法代替学生。既无法替代学生读书，也无法代替学生分析思考；既不能把知识生硬地灌输到学生的头脑里，也不能把思想观点移植到学生的头脑中。那就需要以学生为主体，就要让学生动起来，由学会到会学。

纵观大赛的全过程，每个教师无不努力地以学生为主体，以学生的学习为中心。首先明确学习任务，独学、对学、群学、自主、合作探究，展示、交流、补充。课堂上活起来了，动起来了，热闹非凡，可当评委随堂检测时却发现，一个小组六个人，总有没听明白、不会答题的学生。这一发现要求教师在课堂上必须关注每个主体——学生，绝不是热热闹闹汇报，展示完即学会，有必要去深入参与，走近学生，特别是学困生，了解其对新知的学习程度，适时调整学习内容和方法，努力让每个学生学有所获。

三、教会方法，学会学习

爱因斯坦说："提出一个问题往往比解决一个问题更重要。"《中国教师报》韩世文总结课改呈现的状态也指出："教师追问多，学生提问少。"我非常认同，课堂中教师应尊重学生，让学生自己提出问题。而不是学生被老师的一连串问题牵来扯去，完全失去学习的主动性。"学起于思，思源于疑"。思维常常由疑问开始，课堂上提出问题，分析问题到解决问题是训练学生思维的重要手段和过程。同样问题，由教师提还是由学生自己提绝不一样，往往是学生提比教师提效果好，因而，我们要教会学生善问、会问、乐问。

课中，要把学生作为学习的主动探索者，关键还在于提出问题后，引导学生自己解决问题，读中感知、研中明理、展中悟理、评中激趣、补知不足、更好学会。这就需要教师多给学生自学时间，让学生充分动口、动眼、动脑、动手，教师适时设疑激趣，把学生的思维引向积极状态，从而掌握学习的方法，会学习、乐学习。

同时对于情感朗读、拓展延伸不应淡化，课中应适时引导学生有感情地朗读，读中更深层次地领悟作者的表达，及时推荐同类型的文章延伸阅读。

大赛虽已落幕，但思考依然继续，让我们拥抱课改，让课改成为一代教育人终生追求的目标，培育好我们的学子，为社会主义培养各级各类所需的人才而努力奋斗吧！

名师示范引领　教师学习提升

冬日暖阳相伴，快乐学习追赶。有幸聆听了"名师大篷车"两节精彩纷呈的阅读和习作课，聆听了两位专家对统编教材系统的讲解和评析，使我对统编教材有了更全面而深刻的了解。聆听着，成长着，感悟着……

一、激发兴趣，潜移默化

于漪老师曾说："教师如果有本领把学生学习语文的兴趣与求知欲激发出来，教学就成功了大半，学生学习语文就有了良好的起点，就不以为苦，从中获得乐趣。"作为一名一线教师要努力做到这些，一堂好课想要激发学生的兴趣，就要根据课文内容和文体特点，创造、再现课文情境。而做到这些的前提是精心设计预习作业，收集与课文内容相关的经典诗文。

二、学以致用，教会方法

纵观两节课，我观察到学生们的学习状态：愉悦、自然、轻松、真实。无论是随文识字、分级阅读、写作技巧方面，还是学习习惯、生活习惯、劳动收拾、整理收纳方面，老师都在教方法，体现了教是为了不教。课堂中注重培养孩子们学以致用的能力，使孩子们学会自主学习。对我留下印象最深的是郑雪姣老师所讲的《雪孩子》，这是统编教材二年级上册第七单元的一篇阅读课文，本单元以"想象"为主题。教材中，第一次提出了默读的要求，郑老师教给学生默读的口诀。我个人认为低段的孩子在默读时，老师很有必要指导孩子默读方法。

三、润物无声，培植素养

语文素养，是指学生在语文方面表现出的"比较稳定的、最基本的、适应时代发展要求的学识、能力、技艺和情感态度价值观"，具有工具性和人文性统一的丰富内涵。郑雪娇老师执教的《雪孩子》，对我的启迪是深刻的。

首先是郑老师上课的声音温柔而绵长，滋润着学生在课堂中成长。

其次是默读方法的嵌入，充分考虑到学生接受知识的循序渐进，所以郑老师默读法的渗透环节精密，学生犹如上楼梯一样，省力而快速到达。然后是理解冒出黑烟的"冒"时，学生说是"飘"，郑老师用手势模拟这种方式，带领孩子真切感受两个字的差别，从而体会到小白兔家的火势非常大、持续的时间很长。

最后是书写的指导，有重点、有创新（学生教老师书写）、有拓展（练习写词语）。对于二年级教师来说，这节课给了我们方向和方法的指引，也给了我态度上的引领，如"爱"+"请深爱"等等。

在提升学生语文素养方面，这学期我让学生坚持每天半个小时的课外阅读，最近加入了儿童诗的诵读，但不够细化，没有点评，也没有摘抄，后边应完善起来。另外，自己缺乏对学生生字书写细致的指导，这一项应加强。最后是有感情地朗读课文，教师首先应做到深情投入地范读，感动自己方能吸引学生，指导学生感情朗读，从这三方面入手，语文素养就应该在路上了。

在我看来课堂的教学便是语文和核心素养的体现。所以核心素养的培养所做的努力，使得所教班级的孩子不仅学习成绩和语文能力有明显的进步，课外阅读和积累方面也明显超出同龄的孩子，部分同学已能出口成章、出口有诗；作文思路清晰、文笔流畅、旁征博引。语文核心素养教育实践活动，为孩子们在文学积淀、文章修养和文风、情趣风格方面奠定了坚实的基础。今后我要更加努力，学习名师课堂之优。

学着再好好教语文

"五月榴花照眼明，枝间时见子初成"。在这美丽的季节，我不期而遇了一场精彩的报告，使我对语文教学有了更深刻的认识，再次审视自己的教育教学工作，我满心欢喜，一切都源于杨晓蓉主任《学科素养下的语文教学》这场报告。

二十多年来的语文教学，我们已习惯和孩子们在语文课堂上，讲讲、读读、听听、写写、说说。可是当听着核心素养、学生发展核心素养与学科素养，语文学科素养，再跟着杨老师审视自己的教学，找到教学中问题、了解统编版教材的"双线主题单元结构"，回归阅读，不同课例展示，不由得再次思考如何上好语文课……杨主任娓娓道来，两个半小时匆匆而逝，我们聆听着、思考着、互动着、感悟着。

一、了解素养，学为人师

韩愈的《师说》曰："师者，所以传道、授业、解惑也。"老师，不只是简单地教书，还要教授学生为人处事的道理与主动学习的可贵品质。是的，新时代、新理念，统编版语文教材更新要求。作为小学语文老师的我们，必须明白我们要培养什么人？怎样培养人？为谁培养人？结合我们学校的实际，结合我们学生实情，我们该如何去做呢？

聆听杨主任的报告，我找到了答案：我们要培养学会求知、学会做事、学会共处、学会发展、学会改变的人，我们要培养具有文化基础、能自主发展、会参与社会的人；我们要培养具有实践能力、拥有思维能力、奠定基础能力的人；在我们的语文学习中引导孩子们学会语言建构与运用、思维得到发展与提升，能文化传承与理解、会审美鉴赏与创造，从而努力培养德智体美劳全面发展的社会主义建设者和接班人。

二、审视教学，学教部编

"学而不思则罔，思而不学则殆"。聆听杨老师的报告，我印象最深刻的一节物理课是《认识滑轮》，老师最后的一句话："现在，请你们告诉老师，你们所认识到的滑轮。"一节课，老师看着孩子们实践出真知，听着学生们实践中的感悟，悠闲的老师，高明的教法。试想：假如一节课，老师喋喋不休，讲个不停，孩子们没有实践，又是什么场景呢？

听后不由得审视自己和同伴的教学，发现以下问题：

1. 课前没有很好地了解学情，而是以教师为中心设计教学思路；
2. 教学目标定位有时不是很准，有时在堂课上不能完成所定目标；
3. 教师放手不够，讲解依然多于学生的自学；
4. 不能很好地去掉浮华，给孩子们静静地读书、思考的时间；
5. 没有教给方法，没有很好地培养思维方法和能力；
6. 人文教育依然很狭隘。

作为小学语文教师，面对统编版语文教材，一个全新的教材编排体系，我们必须去思考，如何教好语文？作为一线语文教师，我们要了解统编版教材的"双线主题单元结构"，研究每个单元中每篇课文的人文主题（思想渗透 人格雏形）、语文要素（阅读能力 表达能力 审美能力）。独立设置阅读策略单元：三年级设立预测单元，四年级设立提问单元，五年级设置有一定速度阅读，六年级设置有目的地读。只有很好地研读教材、了解学情，设计适合我们学情的教学。在课中，我们要践行以学生为本的教学理念，由"精读"到"略读"再到"课外阅读"，真正实现"三位一体"，采用"1+x"阅读策略，以灵活的教学方法，引导我们的学生在读中明白课文的内容，领悟作者的表达方法，培养学语文、练言语，提升阅读、表达、审美的能力，真正地教好语文。

今天早晨听了×××老师执教的五年级下册《普罗米修斯》第二课时。课堂中，当孩子鼓掌时，老师批评孩子鼓掌声音太整齐，发出"pia

pia"的声音；孩子们没人举手回答问题，老师就发脾气说："你们能急死人！"……试想：假如课前及时了解学情，和这个班的孩子们沟通，及时调整教学设计，课堂效果会如何？假如老师站在学生的角度，换一种方法，表扬孩子们鼓掌整齐，鼓励一开始积极发言的孩子，孩子们会更自信，回答问题的人会越来越多的；假如孩子们朗读感情不到位，老师及时示范，让学生学着老师的样子读一读，再小组比赛，结果又会如何？假如延读材料有针对性，孩子们兴趣一定会更浓烈……

虽然是一位老师的课堂出了问题，但是暴露出来的是普遍问题，我们教师的素养要提升，我们教师的理念要不断更新，我们教师的教法要改变，我们教师一定要因学定教，培养能力，只有这样，才能真真正正教好统编版语文。

三、真性回归，学教语文

崔峦教授说："语文教学要走回家的路。"回家，多么温暖的语言，多么温馨的画面，真正要做到让语文教学走回家的路多么不易，作为一线语文教师，聆听报告后我反思如下：

（一）理念重置

鲁迅曾说："学习必须和蜜蜂一样，采过许多花，这才能酿出蜜来，倘若可在一处，所得就非常有限，枯燥了。"作为教师，我们要给孩子们一杯水，自己必须有长流水。教师要读书、坚持读书、博览群书，读中更新专业理念，更新做人做事的理念，成为孩子们的良师益友。

（二）教会方法

叶圣陶先生曾说："教材无非是个例子，凭这个例子要使学生能够举一反三，练成阅读和作文的熟练技能。"是的，纵观杨主任为我们所举的课例，无论是《"扫一室"与"扫天下"》，还是《灰姑娘》《找骆驼》……无非是想通过一个个课例，引导我们听讲座的老师学会一种教学方法，改变自己设计教学的思路，培养孩子们听说读写能力，回归语文教学的原点，提高孩子们阅读、思维、表达、写作的能力。

（三）回归生本

窦桂梅老师说："让孩子站在课堂的中央。"我们一线教师更应该努力尝试，以学生为本，让孩子在课堂上充分展现自我，老师为本班孩子们量身定制教学设计，而不是穿别人的外衣老师在走环节而已，真正实现由师本向生本的朴实转身，化蛹为蝶。

叶圣陶说："教学教学，就是'教'学生'学'，主要不是把现成的知识交给学生，而是把学习的方法教给学生，学生就可以受用一辈子。"让我们在名师的引领下不断成长，在每节课上遇到最美的孩子，教好语文，成就莘莘学子。

学科融合　提升素养

和着创新的节拍，踩着研修的旋律，我们相聚南塘，共同参与STEAM"创新课堂，主题项目教学"课例展示活动，一起探索STEAM教育的奥秘。从聂卫平校长关于STEAM课程教育工作开展情况介绍、观摩"拱桥"项目课例研讨、"拱桥"项目课例展示、评课议课到专家指导五个环节的活动，作为一线教师，我参与着、思考着、感悟着……

一、大胆创新，尝试融合

创新是一个民族进步的灵魂，是国家兴旺发达的不竭动力。我国学生发展核心素养，以科学性、时代性和民族性为基本原则，以培养"全面发展的人"为核心，要求我们的学生具有一定的文化基础、学会自主发展、学会社会参与。那么，作为新时代的小学教师，我们必须以"立德树人"为己任，大胆创新，培养全面发展的人。

作为一线教师，通过参与研讨、观课、议课活动，聆听语文、科学、数学、美术五位老师的生本课堂，我深切地感悟到，新时代社会需要全面发展，综合素养高的教师队伍，教师只有不断学习，才能赶上时代发展的需要，才能拥有新时代教师所具有的全科的人文底蕴，才能培育出全面发展的人。因此，作为一线教师，我们首先自己要乐于学习，大胆创新，敢于在自己的课堂中尝试引导孩子们运用其他各学科所学知识，结合发现问题，尝试解决问题，举一反三，总结经验教训，不断提升学生的实践操作能力。

二、合作共赢，学会融合

《易经》中曾记："二人同心，其利断金。"《吕氏春秋》中云："一万人操弓，共射一招，招无不中。"我们常说"三个臭皮匠，顶个诸葛亮""一个篱笆打三个桩，一个好汉要有三个帮"等等。从古至今，很多事例告诉我们合作共赢。于是，通过观课议课，我们更是明白，教师与教师之间需要合作，学生与学生之间更需要合作。小组成员合理分工，共同参与，细心计算材料，精心设计绘图，用心搭建制作，一件精美的、富有诗意的拱桥，展现在观课者眼前，使观课者惊叹，赞叹孩子们的匠人精神，赞叹老师的引导之妙。其实，一切尽在学科知识的整合，一切归功于学科素养有机融合。

三、勤于探究，乐于融合

意大利人达·芬奇说："科学是将领，实践是士兵。"是的，只说不做，那是纸上谈兵，实践出真知，各个学科的有效整合，各个学科的有机融合不是一蹴而就的。作为一线教师，我们要引导孩子们善于观察生活、探究问题、解决问题。如：研学路上，孩子们发现很多桥是拱形的，回到课堂我们引导孩子们了解古代赵州桥为何使用之久远，探究拱形桥坚固、承重的奥秘；计算所耗费的材料，从而绘制自己心中的拱桥；利用废旧材料，精心建造自己心中的拱桥。使知识体系浑然天成，解决实际问题，融合为一体，培养核心素养，让他们成为全面发展的人。

深化课堂教学，整合学科内容，践行生本理念，南塘人在尝试，临渭人在行动，相信发展学生综合素养的路上我们会越走越远。

自我修炼 快乐成长

好的讲座如涓涓细流，润泽我们的心田。杨晓蓉主任用于漪老师的"一辈子做教师，一辈子学做教师"为开首语，从在坚持阅读中修炼一种智慧、在研究教学中修炼一种技术、在平凡岁月里修炼一种境界三方面告诉一线教师，应该在阅读中、教学中、岁月中进行不同层次、不同形式的研究，在研修中不断成长自我，使我受益匪浅。

一、爱上阅读，修炼智慧

冰心老人曾说："读好书，好读书，读书好。"我有幸成为杨老师"一路花开"工作室的一名成员，在读书中修炼着自己。

（一）挤时阅读，丰盈自我

在长期的一线教学工作中，我感到时代变迁，课堂改革呼唤更高水平的教师，深感唯有读书才能提升自我。每天无论再忙，我都会挤出至少一个小时的时间来读书，在读书中我越来越感到自己专业水平和个人素养的不足，总感觉时间过得太快。我一直坚持读书，积极打卡，以督促自己做好读书笔记，摘录优美的、含义深刻的、难记难懂的句子，并慢慢品味、回味、内化、提升。现在读书已成为我每天不可缺少的精神营养，同时在读书群中，我还会与同伴分享感悟，聆听同伴美妙的朗读，从中吸收精华。

（二）品读好书，植根讲台

立身以立学为先，立学以读书为本。作为副校长，我选择了走业务提升之路，只有提升自身专业才能引领学校的教研，才能植根于讲台，于是我选择了品读好书。

工作之余，我有时读导师、伙伴们推荐的书籍，有时读利于专业成长的书籍，有时线上观看名师课例，有时读传统古诗词书籍或落实语用的书籍，有时阅读刊物《人民教育》《小学语文教师》《基础教育课程》……

（三）师生同读，一起成长

腹有诗书气自华，教好孩童兴中华。我们今天的教只为而后的不教。在课堂中结合文本，我经常会给学生推荐阅读内容，为了鼓励孩子们读书，我和孩子们一起读相同的书。比如：学习古诗词后一起品读《唐诗三百首》；学习童话故事后，一起读中外童话故事，课余分享感悟，交流摘录笔记，开展朗读比赛。这样孩子们养成了读书的好习惯，渐渐地爱读书、乐读书了。实践证明把阅读延伸到课外，扎实有效落实，孩子们也变得阳光自信。

二、研究教学，修炼技术

在讲座中，杨老师讲道："教师是实践的研究者，做好实践性研究才是一线教师的事。"在聆听中我反思着、归整着。

（一）学会发现，准确选题

我们一线教师，要在教学过程中把发现的问题、解决不了的问题记录下来，通过筛选看看哪些可与同伴互助解决，哪些需要经过长时间的研究，然后拟定自己的实践研究课。抓住研究对象、研究内容、研究方法三要素，从实际出发、从小处着眼，拟定好自己的研究课题，从而在教学实践中更好地去研究解决问题。

（二）扎实推进，真实研究

作为课题主持人，应查阅大量的文献资料，了解国内外对于本课题研究的动态，借鉴、甄选可用的，让课题研究有深度。同时，根据自己的研究实施方案，扎实推进调查，分析了解数据，根据实情进行实例、比较研究，组员间互助、协作，共同完成好课题研究。

（三）以课为例，实践反思

作为一线教师，最切合实际的做法是选择教学现象。教学中的问题以课堂为载体，在多次研磨中尝试、分析，同伴研讨继续改进，再次研磨循环推进，最终在反思中实践，在实践中反思解决问题，达到研究的真实目的。

三、默默耕耘，愉悦心态

作为一线教育教学工作者的我们，没有铺满鲜花的道路，没有轰轰烈烈的豪言壮语，有的是周而复始的重复工作，有的是循循善诱的喋喋不休。我们要有一颗平常的心态，以愉悦的心境面对自己的工作，以爱的心态来关心呵护每一个孩童的健康成长，或慈祥，或严厉，或赞许，或批评……对于自己，以平和的心态追求梦想中曾有的目标，也许成功不一定属于你，但努力了就可能会有预想不到的收获。像杨老师的结束语那样："人终有一老，或老而猥琐，或老而庸常，或老而优雅。生命只有一次，让我们有责任把它过得丰富多彩。"

为了孩子们，为自己，为梦想，让我们在自我修炼的路上高歌远行吧！

聚焦微型课　感悟真素养

普通的课堂堂相似，精彩的课课课不同。有幸聆听赛教课，我收获、感悟、思索……

赛教课就是比正常课时间短、教学容量小的课。赛教的内容主要有说课、答辩、上微型课，其中微型课占80分，看来上好微课很重要。微型课时长要求20分钟，是40分钟常规课的"缩小版"。然而麻雀虽小，五脏俱全。纵观老师们在微型课上最常出现的问题如下：

1. 课前5分钟互动，没有充分了解学情。
2. 口语频繁："嗯""哎""怎么样"等。
3. 说课稿、教案不离手，给人一种对授课内容不熟悉的感觉。
4. 教材理解不到位，课时划分不清，重点把握偏离。
5. 课堂时间分配不合理，前松后紧；或已经下课，内容还没有讲完；或各环节用力过于平均，重点不突出。
6. 没有关注课堂生成，只关注自己的教学环节。
7. 教学评价过多过滥。评价不中肯，太虚，给人一种"玩花子"、"演片子"、不真实的感觉。学生活动流于形式，做课痕迹明显。

纵观微型课，作为赛教教师，执教前教师必须明白：为谁上课？怎样上课？如何上好课？

一、了解学情，关注学生

学生是课堂的主人，上课老师应该利用开课前5分钟和孩子们互动，了解学情。如：孩子们愿意来上课吗？孩子们已经上了几节课？孩子们学过这篇课文没有？孩子们针对你要上的内容了解了多少？……了解了这些，就掌握了学情，在课中才能有的放矢地展开教学。

例：执教《第一次抱母亲》的老师，课前了解孩子们在刚刚过去的母亲节为母亲做了哪些事，孩子们畅所欲言，拉近了文本和老师及学生的距离。

执教《珍珠鸟》的第一位老师，在课前和孩子们谈话，了解到孩子们爱鸟，从喜欢鸟切入学习，找描写珍珠鸟外形的句子，自然而然导入"信赖创造美好的境界"这一中心。

执教《但愿人长久》的老师，课前引导孩子们吟背苏轼的词《水调歌头》，为学习课文做好铺垫。

执教《渔歌子》的老师，课前了解孩子们熟知的《渔歌子》这个词牌名下的其他诗词，有利于学习这首词。

二、精彩追问，走进文本

巧妙的追问会使课堂逐步升温，达到"教是为了不教的境界"。

执教《但愿人长久》的一位老师，在课中这样追问：

师：默读课文，画出苏轼当夜感情的词语。

生：默读找词语。

师：读书要眼到、心到、口到。（培养了良好的学习习惯）

生：找到词语"思念、心绪不宁、埋怨、宽慰"。

师：我要奖励你，奖励你什么呢？

师：奖励你把词语写到黑板上。

生：板写词语：思念、心绪不宁、埋怨、宽慰。

师：请同学们再深层次地交流，为何思念？

生：读句子，交流回答。

师：会倾听，会表达！（培养了良好的学习习惯）

师：浓浓的思念通过你们的声音传达出来！

师：此时，苏轼陷入埋怨，他在埋怨什么？又想倾诉什么？（适时的追问又激起孩子们的学文热情）

生：找句子、读句子。

师：这便是最美的声音！

师：今夜你就是苏轼，请同学们畅所欲言、说说心里话。

生：充分表达。

师：一味地埋怨还是苏轼吗？

生：不是！

师：他转念一想，领悟到：

（多次引读）人有悲欢离合，月有阴晴圆缺，此事古难全。但愿人长久，千里共婵娟！

师：但愿人长久，千里共婵娟！

师：他和弟弟思念在心头，哲理在心中。

师：美丽的外表千篇一律，有趣的灵魂万里挑一。

师：拓展阅读古诗词。

戛然而止，意犹未尽，孩子们沉浸其中，是适时的追问让课堂熠熠生辉，是精彩的追问引着孩子们渐入佳境，听、说、读、写浑然天成，学以致用，爱上诗词。

三、关注生成，教好语文

学生是课堂的主人，作为教师，我们一定要让学生站在课堂中央，关注学生学习过程的动态生成，只有这样才能教好语文。

执教《但愿人长久》的一位老师，当孩子出错时，老师说："学习就是改错的过程。"孩子在老师、同学的帮助下很快改正错误，学习兴趣更浓了；当课前说课时，有的老师会说："我会根据课堂中学生的学情及时调整设计。"听到这儿，我们能感到老师课中会关注学生的学习情况。执教《珍珠鸟》的老师引导孩子们图文结合，交流中及时引导孩子们写一句话，展示表达，关注生成……

课堂是动态的，课堂是学生的，我们在教学中一定要根据学情及时调整教学环节，真正体现以生为本，让孩子们快乐掌握知识，学会方法，学语文，练语言。

示范引领　感悟反思

　　新学期伊始，我们学校为了改革课堂教学，提升课堂教学质量，更好地落实"生本课堂"备课环节，搭建教师学习交流的平台，提升课堂教学水平，提高课堂教学效率，唱响教学研究主旋律，从而提升学生综合素质，特开展"生本课堂"教学示范课活动。我积极响应学校的倡议，认真听取了××、×××两位教师的示范课，现谈一下自己的感悟：

　　××老师的课扎实有效，体现了"生本课堂"教学环节，设计层层深入，学生的展示精彩到位，老师的过渡、引导、总结，自然简洁、恰到好处，整堂课如行云流水，课堂效果很好。她把课堂实实在在地还给了学生，学生真的成了课堂的主人，学生的才艺得到了充分的展示，学生的能力得到了大幅度的提高。

　　×××老师的课精彩纷呈：她紧紧围绕主要学习目标，突出重点，大胆让学生进行展示，学生展示有板有眼；学生的读、说、评、议、写的才艺得到了充分的彰显；生生互动、师生互动，学生参与有广度。

　　课堂教学是一门有缺憾的艺术。听课后，我认真地进行了思考，要想上好一堂课，必须做好以下几方面：

　　一、做好教师，课前必须做好充分的准备工作

　　教师的工作对象不同于一般的工作，我们面对的是一群有思想有生命的孩子，课堂中的突发事件需要老师具有冷静的头脑和处事不惊的态度。那么，只有课前我们对学生、对教材做好了充分、充足的准备，才能在课堂上游刃有余，挥洒自如。除此之外还要具备扎实的教学基本功和较强的调控能力，这样才能更好地把握课堂事态的发展，更好地完成教学任务。

二、做引路人，教师必须对教材有充分的理解

根据 2011 年版《新课标》要求，我们对教材进行了深入细致的钻研与分析，同时还可以参考其他版本的教材，更好地理解和把握教材的重点、难点，这样才能很好地完成教学任务。教师对教材的理解是教学准备的关键环节，教师只有知道上什么，怎么上，什么是重点，什么是难点，才能上好课。

三、做学生的大朋友，教学设计要适合学生、贴近生活

课堂上不是采用以教师讲解为主，而应是采用以生为本师生合作对话为主的学习方式。教师应重视学生活动的设计，让学生尽可能参与到学习过程之中，在体验参与与合作乐趣的同时收获知识，感悟生活和认识世界，学生活中的语文，在生活中用语文。

四、做研究型教师，教师要不断学习，拓宽知识面和拓专业知识水平

一名教师，应该是教学专家，更应是科研先锋，这样的教师，才可持续发展，才能更好地履行自己的职责。教师应该紧密结合教学实际、立足课堂，以研究者的眼光审视和分析教学理论和教学实践中的各种问题，进行积极探究，以形成规律性的认识。教师只要增强自己的科研意识，把自己的课堂、班级当成自己的"实验室""试验田"，并投入精力去做，就一定能使自己变科研的局外人为局内人，变可能性为现实性，实现经验型向科研型的转变。

总之，作为教师，我们要紧跟时代的步伐，努力做学习型、研究型、奉献型教师，成为领导放心、家长满意、学生爱戴的优秀教师。

情满山城花满渝　诗满课堂歌如画

感恩之季上渝州，
山水灵动之雾都。
主题阅读他先行，
莘莘学子乐融融。

学校领导真给力，
请来专家出创意。
眼前疑团慢散去，
展开翅膀奔主题。

重庆培训真适宜，
心中疑惑求解去。
语文课本为主题，
经典读写属两翼。

生生对读乐创意，
师生承接更有趣。
配乐诵读入佳境，
七彩课例显奇迹。

拓展阅读师生利，
兴趣培养放第一。
学法指导要牢记，
授人以渔生欢喜。

探究学习别心急，
成长路上勤努力。
课堂得法实操易，
课外应用显奇迹。

专家点评制导图，
三分互评乐参与。
送书赠阅心欢喜，
践于课堂更神奇。

第三辑

悦研善教

> 科学的探讨与研究,其本身就含有至美,其本身给人的愉快就是报酬。所以我在我的工作里面寻得了快乐。
> ——居里夫人

课题研究

小学中年级"生本习作"的实践研究

一、课题的提出

课题研究的背景

美国学者克莱默认为,促使儿童书面语言充分发展的主要因素是语言的创作,即创设一种情境,使儿童感到自己是真正的创作者。让儿童形成相应动机的一个方法是激励,让他们去写"能引起内心激动的题材"。

香港大学课程系谢锡金博士提出"创意写作"。国内小学生作文的普遍现状是:感到作文难。他们面临的首要问题是学会怎样作文,因为大部分小学生初学作文时通常都是无话可说,无事可写,无从下笔。2018年以前我校使用的北师大版语文教材中写作量大,但缺少相应的序列性,强调"想象"、强调"想什么写什么",造成教师在指导上的缺失,对学生写作上的指导弱化,学生缺乏作文的基本能力(认识事物的能力和表达事物的能力)。他们害怕作文,又不得不完成教材要求的作文,作文成为最大的学习负担和心理负担。所以,我们小语组语文教师为了做好学生的起步作文,以生为本指导,尝试对此课题的实践研究。

二、研究内容

(一)研究目的

1.通过"生本习作"教学的研究激发学生写作的浓厚兴趣,从而乐于作文。

2.使学生养成观察生活、体验生活、思考生活的习惯,能主动、及时记录自己的所见、所闻、所思、所感；能用规范的书面语正确表达自己的思想感情；能根据日常生活的需要，运用各种表达方式写作。

3. 总结灵活多样的作文批改方法，通过多元化的评价方式，更好地培养和激发学生的写作兴趣，提高写作能力。

4. 从教师的"批"，逐步做到教师"少批"或"不批"，使学生达到自己批、互改、互批交流的地步，培养学生自主修改作文的能力。

（二）研究内容

三年级：

1. 认真观察事物，能按一定的顺序语句通顺地写一段话，把意思表达清楚。

2. 学习观察生活，把所见所闻写清楚。

3. 正确使用逗号、句号、问号和感叹号。

4. 学习修改作文符号，练习修改。

四年级：

1. 仔细观察事物，把所见、所闻写具体。

2. 学习观察生活，能按要求选择适当的材料去习作，表达真情实感。

3. 语句通顺，学习正确使用省略号、破折号，能修改作文。

4. 逐步养成修改作文的习惯。

（三）研究重点、难点

1. 以生为本，多种途径激发学生对写作的浓厚兴趣，爱写习作，乐于表达。

2. 养成观察生活、体验生活、思考生活的良好习惯，学会评价习作，更好地培养和激发学生的写作兴趣，提高写作能力。

三、课题研究思路

（一）进行调查问卷，了解学校教师对现有的习作教学有什么想法，学生对习作教学有什么意见和建议。

（二）组织教师研究讨论科学化、模式化、实用化、具体化、多样化的生本习作教学操作规范。

（三）研究提高学生习作能力。

（四）收集、整理习作教学策略，并进行实践和总结，以便进行推广应用。

四、课题的研究方法

（一）研究方法

选题阶段采用文献法和调查法，在实施阶段采用行动反思法和案例引领法，在总结阶段采用经验总结法和调查法。

1. 行动反思法。

教师在教学情境中开展研究，探索和构建小学生"生本作文"的教学模式。按照"计划—调查—行动—观察—反思—再计划……"步骤进行行动研究。在这个过程中，教师反思作文教学过程中的心得和存在的困惑，共同研讨解决的方法，是行动研究的重要途径。

2. 案例引领法。

指研究开展之初，用典型案例引路，促进教师新行为的跟进，有效进行"生本习作"作文教学。

3. 文献资料法。

通过对国内外有关"生本习作"理论与经验的学习研究，对"生本习作"的内涵和外延有更加明确的认识，常上老百晓小学语文网站，参与论坛的讨论，主动向有关专家请教，加强理论学习，使课题组教师得到理论的提高。

4. 经验总结法。

在研究过程中，及时进行阶段性小结，撰写经验总结，积累材料。

（二）技术路线

1. 利用调查观察法，调查了解当前小学中年级习作教学中的优缺点，采用调查问卷的形式，对现在小学中年级习作教学的现状、问题形成调研报告。

2. 利用文献研究法，总结国内当前小学中年级习作教学方面的成功经验，为制定解决问题的对策提供理论上的依据和操作上的参考。

3. 利用行动研究法，验证和完善研究假设，不断调整和改进管理方法，寻找更有效的小学中年级习作教学的策略。

4. 利用经验总结法，搜集和分析实验过程中的各种数据、资料，形成有教学参考和推广价值的研究报告。

五、理论意义和实践意义

（一）理论意义

生本理念(又称生本教育理念)，是指"真正以学生为主人的，为学生好学而设计的教育"。生本教育的理念是一切为了学生、高度尊重学生、全面依靠学生。

追溯到我国古代，孔孟思想中"博爱""推己及人""授之以渔""因材施教"的理念，在新时代的今天也有重要的现实意义。作为小学语文教师我们如何"以生为本"进行灵活多样的作文教学，才能有效地引导学生关注现实、热爱生活、乐于表达真情实感，值得我们深入去研究。

2011年版《语文课程标准》中明确提出"以生为本，尊重学生独特体验，张扬学生个性"的课程理念，《语文课程标准》还在阶段目标中要求"能依据生活内容写出自己的感受和想法，能辨别是非善恶；有经常动笔的习惯"。

《语文课程标准》指出，写作教学应让学生易于动笔，喜欢表达。小学语文教学中，写作是运用语言文字进行表达和交流的重要方式，是学生认识世界、认识自我、进行创造性表述的过程。学生的习作能力高低是语文素养的综合体现；培养和提高学生的写作能力，是小学语文教学的主要目标和重要内容之一，在语文教学中占有极其重要的位置。"生本习作"是以学生的终身发展为目标，适合学生的外部特征，更适合于学生内部自然天性的潜能发挥，通过亲身实践，亲身参与到活动的过程中，给学生以钥匙，开启学生自身动力系统的教育。

（二）实践意义

课题组提出《小学生中年级"生本习作"的实践与研究》的研究，目的在于引导小学生写好起步作文，为学生写作提供有利条件和广阔空间，减少小学生对写作的畏难情绪，鼓励他们自由表达和有创意地表达，让学生自由地、自发地写，我笔写我心，在习作中展示生命活力，表现自我。开展《小学生中年级"生本习作"的实践与研究》，无论从理论上还是实践上，都具有非凡的意义。在理论上，通过本课题的研究与实践，真正做到以生为本，让习作教学富有人性美、自然美，促使学生开阔视野，饱读书籍，留心观察周围的事物，发现身边的真、善、美，抒发对事物的真实感受，培养学生的观察能力、想象能力、创造能力。在实践研究中，其意义在于拓宽小学生习作素材的获取途径，优化习作的指导方式及评价策略，解放学生的眼睛、耳朵、嘴巴、双手、双脚、大脑和心灵，有效地引导学生在广阔的阅读和生活空间里积累素材，鼓励学生写真实的生活，表达生动情感，能尽兴地、无拘无束地、自由而有创意地表达。"想写什么就写什么"，"想怎么写就怎么写"，"我手写我心"，充分发挥学生的自主性、能动性和创造性，张扬学生的个性，让学生在习作中尽情地展示自己的生命活动，充满生机和活力，富有童真童趣，表现自我，从而促进学生健康和谐地发展，提高学生表达生活和思想情感的能力。习作过程与生命活动过程实现和谐统一，培养兴趣，促使习作素质全面提高，提高作文教学的实效。

六、研究步骤

（一）研究准备阶段

A. 成立课题研究小组。

B. 分析小学作文教学的现状，确定研究课题。

C. 学习《语文课程标准》和购买来的关于习作教学的书籍，明确三、四年级写话、写片段和短文的要求，制订可行的研究计划、方案。

D. 申报课题。

（二）初步研究阶段

A. 召开课题组成员会，讨论修订实施方案。

B. 子课题组明确研究任务，制订子课题、研究计划。

C. 搜集有关资料，进行学习。

（三）深入研究阶段

第一阶段：

A. 开展行动研究和案例研究。

B. 聘请专家指导。

C. 开展研究阶段总结活动。

第二阶段：

A. 抓重点，用典型引路，逐步推开。

B. 积累"生本作文"教学的案例。

C. 在实施过程中，进行调查分析、实践反思、调整方案，更好地再实施研究。

D. 开展研究阶段总结活动。

第三阶段：

A. 各年级总结反思实验过程，调整方案，不断研究。

B. 撰写阶段研究论文，开展课题研究阶段成果交流活动。

C. 收集过程性资料。

第四阶段：总结验证阶段

A. 整理研究过程型材料和研究成果型材料。

B. 交流、总结，验证研究成果。

C. 撰写结题报告，接受评估，验收，成果鉴定。

七、实施过程

中共中央、国务院关于深化教育改革全面推进素质教育的决定指出："全面推进素质教育要坚持面向全体学生，为学生的全面发展创造相应的条件，尊重学生身心发展特点和教育规律，使学生生动活泼、积极主动得到发展。"随着素质教育的提出，《新课程》像那清新的春风吹遍了大江南北，《新课程》那崭新的理念犹如春风化雨，滋润了每位教师的心田，面对孩子们畏难的习作教学，我们更应以生为本，使学生能"我笔写我心"。

（一）教师勤于学习，更新观念，不断提高素养

常言道："教师要教给学生一滴水，教师必须拥有一桶水。"书是人类进步的阶梯，是人类的导师，是知识的海洋，是饥饿人的点心，是打开知识大门的金钥匙。教师作为教育教学工作的实施者，只有博览群书，拥有丰厚的现代教育理论，在教育教学过程中才能标新立异，才能成为导航的明灯。

1. 集体学习，认识"以生为本，快乐习作"理念。

为了使教师们对教育教学理论有更多的了解，课题组坚持学习制度，每月召开一次课题研究例会，每次学习做到有中心议题，有中心发言人。

课题例会中我们分别认真学习《新课程标准解读》《教育走向生本》等书籍，深刻领会其内在精神，加强全组教师对"生本"理念的认识，指导其教学行为。为了让教师们更清晰地了解生本习作的实质，我们还组织教师通过网络查找、观看相关介绍，让教师们更深刻地了解如何实践以生为本，让学生们快乐地习作。

2. 自主学习，内化理论知识。

苏霍姆林斯基《给教师的建议》中说："没有个人的思考，没有对自己的劳动寻根问底的研究精神，那么任何提高教法的工作都是不可思议的。"因此，要引导孩子们爱写习作、乐写习作，教师必须自己开阔视野、饱读书籍。

自主学习中，课题组成员主要学习了《守望作文教学的幸福时代》《儿童写作"教"还是"不教"》《创新习作教学的认识》《开放，小学习作教学的灵魂所在》《以生为本 激扬作文的生命内涵》等书籍，教师们在读书中，进一步更新观念，掌握方法，更能有效引领学生留心观察周围的事物，发现身边的真、善、美，从而引导孩子们抒发对事物的真实感受，培养学生的观察能力、想象能力、写作能力、创新能力。

3. 专家引领，提高理论水平。

马克思说："与其用华丽的外衣装饰自己，不如用知识武装自己。"高尔基说："没有任何力量比知识更强大，用知识武装起来的人是不可战胜的。"学校是一个狭小的范围，为了避免教师们做井底之蛙，为了让教师们有过硬的教育教学水平，课题组采取"走出去，请进来"的办法，组织课题组成员参加了陕西省"名师大篷车"送教送培活动，参加了于永正老师来渭南送教的"写人习作"培训活动。选派教师参加杭州"千课万人"培训，参加全国现代与经典观摩会，参加全国"名师之路"在陕西的送培活动，参加渭南市交互式白板教学培训活动，参加北师大教材回访教学培训等。教师们开阔了视野，教学理论水平得到了很大的提升。

4. 互动交流，充实理论知识。

俗话说：众人拾柴火焰高。课题组集全体教师的智慧于一炉，给成员们创设了交流的平台，"独学而无友，则孤陋而寡闻"，在学习中，成员们对"以生为本，快乐习作"的理念有了更加深入的理解，交流时各抒己见。

在互动交流中，每位教师的理论知识得到了充实。

通过各种形式的理论学习，教师们充分认识到学习的重要性，教育教学的观念也有了明显的转变。表现在：从教育实践者转变为教育实践的研究者，新的职业生存形态正在发生改变；课程意识进一步加强，具有校本课程开发的意识，积极投身到"生本习作"课程开发和利用工作中，并取得很大的成功；教师的专业化和教学的个性化更显特色，相得益彰。

（二）以生为本，立足教材，教会方法，学写习作

中年级是习作的起步阶段，学生往往因不会写，对习作产生畏难情绪，怎样能让学生易于动笔，乐于表达呢？教材就成了非常重要的作文教学资源。

1. 以生为本，立足教材，重视仿写。

《语文课程新探》关于写作教学的策略提出"爱护他们想说想写，敢说敢写的热情、冲动和愿望，保持这种热情、这种兴趣、这种自信"。要做到这一点，最好的方法就是进行仿写。

（1）以生为本，仿文章的结构方法。

中年级学生刚开始学作文，容易出现文章的结构不合理、层次不清等情况，这时就可以抓住教材结构明朗的文章引导学生们进行仿写。如：北师大版三年级语文《小镇的早晨》一课，整篇文章以"总—分—总"的方式展开，每一段又以一个中心句作为总起句，学生可明显感受每一段话中所讲的内容。教学中，教师及时引导学生勾画中心句并分析这样写的好处，以此为契机，进行习作教学，而这样的结构方式可用于写人、记事、状物的习作中，可谓是一举多得。

（2）以生为本，仿文章的表达方式。

语文教材中文章的表达方式多种多样，有的描写细腻，有的委婉抒情，有的鲜明深刻。如《我想》一课，这是一首抒情诗，小作者通过丰富的想象，表达自己对生活的喜爱和向往。教学中，让学生合作交流："你还想把身体的哪部分装在什么上？"因为有了课文的依托，学生能较容易将自己的想象通过文字的方式进行表达，教师只需引导学生适当修改，使之更加生动。于是，"我想把耳朵接在大自然里，听百灵鸟歌唱，听知了开演唱会，

听啊听——大自然的声音多么美妙！""我想把自己放在宇宙里，和星星捉迷藏，和嫦娥姐姐玩游戏，玩啊玩——宇宙是我的乐园……"孩子们在原文的基础上，发挥自己的想象，一篇篇优秀的习作也随之诞生。由此可见，只要有心，很多文章可以成为练笔的素材和范例。

2. 以生为本，立足教材，抓住留白。

教材的每篇课文都是丰富的作文资源，教师要善于抓住文中的留白，引导学生去感受，去想象，结合自己的情感体验和生活体验，从一个省略号、一个提示语中去发现文章背后深层的含义，并将它转化为自己的情感体验和语言表达。如：教学《马拉松》一课时，通过有感情朗读，交流探讨，让学生感受到当时菲利比斯的不顾伤痛、饥饿和极度的疲劳，此时，教师紧紧抓住"他跑啊，跑啊……"引导学生想象，他在跑的过程中可能遇到了哪些困难？学生联系当时的背景，抓住人物的心理及动作，进行了精彩的补白，不会觉得无从下手，反而是信手拈来，精彩纷呈。

3. 以生为本，立足教材，善用插图。

除了一篇篇优美的文章之外，一幅幅精美的插图也是非常有效的教学资源。中年级学生由于语言表达能力的有限，口头表达时或过于简单或错乱无序，写作时无话可说、无事可写。训练学生的语言表达和写作能力，教师充分利用插图，教师在指导学生仔细观察插图的同时，适时引导学生透过图画内容想象隐含在图画背后的事物体会作者想表达的情感。同时，使画面中的事物活动起来，让学生的头脑中有灵动的画面感，从而激发学生们的表达欲望，乐于写下来。

（三）以生为本，乐于交流，培养兴趣，乐于习作

孔子曰："知之者不如好之者，好之者不如乐之者。"可见，兴趣是最好的老师。习作教学更是如此。

1. 游戏之名，有话可说，有话可写。

用孩子喜闻乐见的方式，培养写作兴趣，潜移默化，化难为易。

课题组成员张雯老师有三十多年的教学经验，她认为"大抵童子之情，乐嬉游而惮拘检"。对于初学习作的孩子，当她以游戏的方式打开他们的话匣子时，一切显得那样亲切自然。在游戏中，孩子不仅表达出性情上的

率真，生活中的多姿多彩，而且不知不觉地掌握了许多语言形式。如我喜欢吃汉堡包，也喜欢吃薯条，更喜欢喝可乐。我喜欢唱歌、画画、下棋、游戏……兴趣很广泛。游戏开始向生活靠拢，话匣子打开了。此后及时引导孩子们把说的话写下来自然而然，水到渠成。说话游戏伴随着轻松欢快的脚步让孩子们踏上了认识生活、感受生活的征程，同时潜移默化地培养了写作兴趣，引导孩子们能写自己心中的话。

2. 以生为本，兴趣入手，吐露真情。

《语文课程标准》中在写作方面要求教师"引导学生关注现实，热爱生活，表达真情实感"，倡导学生放开手脚，自由表达，努力做到求真、求实。在执教口语交际课《做客》时，课题组成员李萍老师充分利用教材资源，上课的前一天，布置学生去朋友或亲戚家做客，第二天来校交流做客的过程。第二天，学生有话可说，都积极跟同学合作表演。于是，她抓住契机，让学生及时记录下自己的真情实感。在实践中，李老师从兴趣入手，培养了孩子们说话写话的自主性，真正做到"以生为本"。

3. 以生为本，办好小报，激趣写作。

做手抄报是学生喜爱的一种作业，学生将自己积累的词、句、段及自己写的优美段落，用手抄报的形式展现出来，并将优秀作品展示在文化墙上，大大激发了孩子们的积累、写作兴趣。

（四）以生为本，链接生活，实践体验，学会习作

南宋诗人朱熹在诗中写道："问渠哪得清如许，为有源头活水来。"多彩生活就是习作的源头活水，孩子们在生活中观察，在生活中感悟，自然表达内心情感。

1. 以生为本，观察生活，真情写作。

苏霍姆林斯基说："观察对于儿童之必不可少，正如阳光、空气、水分对于植物之必不可少一样。在这里，观察是智慧的最重要的能源。"课题组成员刘老师针对四年级学生，她认为作文教学首要的问题就是激发学生的表达欲望，树立其写作的自信心，而生活是作文的源泉，作文教学应努力生活化。依据这样的理念，她的习作教学设计着力于创设各种生活情境，精心设计参与过程，引导学生全身心地投入到活动中，利用各种感官

体验，从而为自主作文提供了有利的条件和广阔的空间。在一节习作课中，当刘老师兴致盎然地走进教室，看见一张张灿烂的笑脸，一双双略带成熟的眼睛，心中不由一动，风趣地在黑板上写下"家有少年初长成"，学生一脸疑惑，异口同声地念道"家——有——少——年——初——长——成"？她故作神秘地说："新学期到来了，同学们都升上了四年级，老师首先在这里祝贺你们，现在可是个性十足的大男孩和亭亭玉立的大姑娘了。"她边说边穿梭在孩子们之间，拍拍这个的肩膀，摸摸那个的脸蛋，一种无形的力量让他们的脸上多了几分成熟的自信。她接着说："你对自己了解有多少呢？"说着在黑板上板书了一个大大的"我"字，"说说自己的个性吧！"短短的几句话，给学生创设了轻松、和谐、自然的写作环境，激发了学生的遐想。于是她让学生以《我这个人》为题进行作文，学生的热情被调动起来了，迫不及待地写了起来，一篇篇精彩的文章随即产生。可见，只要用心去写，做到真实、具体、感人就是一篇好文章。

2. 以生为本，继承传统，个性习作。

中国是四大文明古国，节日文化丰富多彩，我们学校更是教育活动丰富，如：元宵节开展"做花灯、展花灯、赏花灯、评花灯"系列活动，在活动中学生们充分体验，首先找材料，设计花灯，亲自制作花灯，在班级中选花灯，校园中展花灯，同学、家长、自己评花灯系列活动早已感悟良多。此时，引导学生们自由表达：介绍自己的花灯的样子、设计缘由、如何制作……有了真实的体验，孩子们八仙过海，各显神通，众说纷纭，此时，以《我的××灯》为题的半命题作文，孩子们能补充题目，会选内容，乐于积极表达，文章写得具体生动，精彩纷呈，吸引读者。

农历的五月初五，是我国的传统节日端午节。为了让小学生了解中华民族的传统节日习俗，传承中华民族优秀文化传统，弘扬和培养以爱国主义为核心的民族精神。节日前一天，课题组教师在实验班级中开展了"小小香包寄真情"活动，引导学生了解传统节日。活动中学生通过动手制作香包，了解端午节的起源习俗、爱国诗人屈原的事迹传说、古今节日风俗的演变等内容，学习了丰富多彩的端午节知识。通过班队会由同学们送至班级的各科教师，观察老师收到时的表情、动作、语言回来在班级分享自己送香包的过程，孩子们描述得淋漓尽致，生动形象，这时再写习作已水到渠成了，自然而然了。

俗话说"家有一老胜有一宝"。九月初九，重阳节，为了弘扬中华民族的传统美德，我们带孩子们来到老年公寓举行"关爱老人"活动，孩子们有的表演节目，有的为老人叠被子、擦桌子，有的陪老人聊天，给爷爷奶奶们捶背、揉腿……给老人们带来一份欢欣，老人也为孩子们讲述了自己的经历和听到、看到的一些感人故事，同时还教育孩子们要珍惜现在来之不易的幸福生活，一定要听党的话，要听老师的话，做一个新时代的好学生。孩子们在传统节日中体验，在传统节日中受益，在传统节日中学会个性写作。

中国的传统节日不少，只要以生为本，清明节、中秋节、春节……孩子们总能写出自己的只言片语，表达内心世界，记录真情感悟。既锻炼和发展了学生的各种能力，又增进了学生对中国传统节日更深层次的了解，极大地激发他们热爱中华民族的情感，还学会个性表达，我们何乐而不为呢？

3. 以生为本，实践体验，学会习作。

草长莺飞，丝绦拂堤；千树琼花，碧波涟漪；兰馨蕙草，润物如酥。春日，我们课题组领着孩子们出外踏青。孩子们兴奋地吟唱道："碧玉妆成一树高，万条垂下绿丝绦……"沿着田野小道往前走，一大片紫色的花吸引住了孩子们，他们欢快地奔跑了起来，迫不及待去观赏。观赏完美丽的花朵，孩子们开始挖野菜。这个是荠菜，那个是蒲公英……在老师的指点下，孩子们挖得不亦乐乎。挖完野菜，开始野炊，你尝我带来的美食，我吃你做的美味，孩子们在相互分享美食中，感受着同学间的真挚友谊。有的同学兴致所及载歌载舞，有的和老师做游戏……孩子们玩得可开心啦！回校后，孩子们情绪高涨，纷纷执笔写下自己这次愉快的踏青之行，真实感人，情真意切。

美丽七月，夏季瓜果飘香，正是葡萄成熟的时节，我们课题组带领孩子们来到下邽镇渭北葡萄产业园，孩子们在文化长廊听取讲解员的介绍，了解葡萄的栽种、培育、生长过程以及食用价值，吟诵关于葡萄的诗句，品尝紫玫瑰、维多利亚等不同品种的葡萄，参观"三贤酒庄"，回来时有的孩子还用自己的零花钱为家长采购了些葡萄，感悟葡萄种植的魅力，受到良好的感恩教育。归来后，孩子们由说到写，笔走如飞，写下了一篇篇佳作。

快乐暑假里，孩子们在课题组老师的带领下走进电视台，了解电视节目的录制、制作、播出过程；走进渭南日报社学习报纸从采稿、编排、制版、印刷的系列劳动，感受记者的不易，从而爱看报纸，珍惜别人的劳动成果。在实践中写成了许多属于自己的个性佳作。白雪皑皑的冬日，我们课题组成员带领孩子们来到滑雪场，穿上色彩艳丽的滑雪服，孩子们学滑雪，打雪仗，掷雪球，体验着滑雪的乐趣，享受着冬日的欢乐。当引导孩子们谈滑雪体验时，孩子们乐此不疲，愉悦中写完了自己的习作。

4. 以生为本，活动成长，学会习作。

（1）了解科技——参观3D打印。

大科学家居里夫人说："科学本身就具有伟大的美。"著名作家高尔基说："科学是我们时代的神经系统。"孩子们来到渭南市高新区3D打印产业培训基地，看着屏幕上灵动有趣的画面，听着吴叔叔亲切、生动、详尽的解说，知道了3D打印是快速成型技术的一种。它以数字模型为基础，用粉末状金属或塑料等材料通过逐层打印的方法，来构造物体的技术，现在已应用于不少领域，如：珠宝、建筑、医学、教育、航空等。一台机器正用巧克力为今天过生日的主人制作人体模型，还制作水晶立体真人造型，孩子们看得津津有味，有的还在不断问工作人员制作的奥秘，他们不时瞪大了双眼，感慨："太神奇啦！"这次体验不仅增长了知识，开阔了视野，而且还培养了孩子们探索科技奥秘的兴趣，一篇篇佳作令家长朋友赞叹不已。

（2）走进水厂——珍惜生命之源。

"水是生命之源。"我们课题组带领孩子们来到饮料厂参观，参观纯净水、矿物质水及饮料的制作过程，在实践体验的过程中，明白"珍惜水源，节约用水"的深刻道理，一篇篇珍惜用水的习作应运而生，妙笔天成。

（3）参观兵马俑——进行爱国教育。

艳阳高照、秋高气爽的日子，我们课题组带领孩子们来到世界第八大奇迹——秦兵马俑馆。观赏在临潼出土，规模宏大，举世无双的世界第八大奇迹。了解工匠秦始皇修建陵墓的过程，了解千古一帝的残暴，感悟这中国古代辉煌文明的金字名片。

（4）走进消防支队——学习消防知识。

消防日之际，在我们课题组老师的带领下，学生们来到渭南开发区公安消防支队，参观了泡沫消防车、高喷消防车、登高平台消防车、云梯消防车、通信指挥消防车等。观看了消防战士们整理内务，看着他们叠得像豆腐块儿的被子和整齐的衣柜，学生们的敬佩之情油然而生；还看了消防战士的英勇事迹和救火现场视频，他们深深地体会到了生命安全的重要性；看到消防员叔叔一幅幅为了人民的生命财产安全，奋不顾身，投入火海的感人场面记录，他们深深地被震撼了，为心目中的英雄写下一篇篇赞歌。

（5）走进气象局——增强环保意识。

雾霾是怎样形成的？天气预报是怎么回事？人们是怎样了解天气变化的？为了探寻气象"风云变幻"的奥秘，我们课题组领着同学们来到了渭南市气象局进行参观。在参观中孩子们大开眼界，不仅了解了气象知识，感受天气变化与人类生活的紧密关系，体会到天气预测的重要性，同时，进一步了解了雾霾的形成及雾霾天气对人们生活的危害，学会自觉保护环境，低碳出行，远离雾霾，共创我们的绿色家园，在体验中孩子们学会表达自己内心的感悟，我笔写我心，我笔乐表达。

（五）读书积累，运用成果，妙笔生花，爱上习作

1.结合学校的"读书漂流"活动，让学生在阅读的同时，坚持写读书笔记，将自己阅读中积累的好词、好句写下来。每天朗读、坚持摘抄，长此以往，学生的词汇量丰富了，有助于表达的准确性。

2.课内外结合阅读，养成写读书笔记的良好习惯，每天积累5—10个好词，2个佳句，教师负责检查督促，引导孩子们在阅读中积累，在积累中运用，写出自己的心声。

（六）以生为本，作文接力，无拘无束，勤于习作

因为胸中有了"积蓄"（即在生活实践中产生的思想感情或某种看法），

而且不吐不快，于是才有了写作的动机和欲望。结合中年级段学生的特点，他们在语言文字上有了一定的积累，在学习生活中也有自己烦恼与快乐的生活体验，因此在作文实践中尝试"作文接力"，引导每天分小组轮流写自己所见、所闻，不受内容、形式的限制，心之所想，兴之所至，形诸文字，形成习作集。

自开展课题研究以来，学生坚持作文接力。平时所写内容不限，篇幅随意；节假日所写内容不限，篇幅在400字以上。从篇幅上看，有长有短，长到几百上千字，短到只有一两句话；从内容上看，包罗万象，有写人的，有记事的，有写景的，有状物的，有议论的，也有写读书心得、影视观感的……学生喜欢习作接力这种表达方式，因为随心随意，亲切自然，能让他们感受到表达的快乐。学生们更喜欢老师评讲作文。每次接力本一交上来就催老师快点批阅，早点评讲。为了写习作，学生自觉地关注起身边的人和事、景和物来。因此，让学生写习作的同时也培养了学生的观察能力。

（七）以生为本，多种评价，个性成长，快乐习作

《语文课程标准》中指出："不仅要注意考查学生修改作文的情况，而且要关注学生修改作文的态度、过程、内容、方法。"在日常的工作中，常常听到有的语文教师慨叹"作文真难批改啊"。为此，我们悉心地进行了一番作文评价改革的学习与实践探索。

1. 激发兴趣，学会自改。

（1）要让学生明白好的文章是修改出来的。

（2）知改其理，激发兴趣。

（3）读中自改，乐在其中。

A. 先默读，引导孩子们检查内容是否真实新颖，条理是否清晰。

B. 再次进行轻声朗读，找出文中的错别字和读不通的句子。

C. 进行有感情朗读，看看哪里要改动、要删减或添加。

2. 合作探究，学会互改。

（1）优困结合，一对互改。

（2）小组合作，讨论共改。

（3）同伴点评，一起进步。

（4）佳作品评，激发热情。

3.家校合作，乐于评改。

（1）沟通交流，养好习惯。

（2）方法得当，引好路子。

（3）潜移默化，不断提高。

通过一年的实践，孩子们的习作进步特别大，看来，以生为本，有效评改，不仅激发了写作兴趣，而且培养了作文能力。

八、凸显成效

（一）根据研究成果形成经验论文

《改出作文的精彩》

《指导学生修改作文》

《立足教材以生为本，会写乐写促进提高》

《让学生爱上习作》

《作文评价的艺术》

《在激励中培养学生写作能力》

《回归本源 呼唤生本作文》

课题主持人所撰写论文《改出习作的精彩——作文评改的实践与研究》《小学习作常态化的实践与研究》《以生为本 有效习作》在省级刊物《新课程》《新校园》上发表。

（二）多名学生文章在国家、省、市、区级作文竞赛中获奖

序　号	题　　目	级　别	获奖或发表
1	《插上梦想的翅膀》	国　家	一等奖
2	《我的飞天梦》	国　家	二等奖
3	《爱在身边》	省　级	二等奖
4	《爱在行动》	市　级	二等奖
5	《我心有爱》	市　级	二等奖
6	《因为有爱》	市　级	二等奖
7	《爱的行动》	区　级	二等奖
8	《美丽的大脚》影评	区　级	一等奖
9	《怪兽大学》影评	区　级	一等奖
10	《美丽的大脚》影评	区　级	二等奖
……	……	……	……

共有 69 名学生的文章在国家、省、市、区级作文竞赛中获奖。

还有很多孩子的习作在公众平台发表。

如：习作《童年趣事》《我喜欢的小狗"西西"》《美丽的渭富大桥》《游麦积山》《我爱家乡的葡萄》《樱花漫天飞》《青春因足球而精彩》在《渭南日报》《渭南教育周刊》发表……

（三）将生本理念应用于课堂，形成优质课、示范课

课题组成员每学期都会至少上一节生本习作公开课，在全校进行示范，其中习作课《写人习作 评改教学》赴华县进行送教，《家乡的特产》一课参加渭南市"名师大篷车"送教活动。

（四）形成了师生优秀作品集

1. 手写生本习作集——《小荷初露尖尖角》（6册）

2. 学生作文集（4册）

3. 生本接力集（10册）

4. 学生优秀作品集——《太阳帆》（学生版3册）

　　教师优秀论文集——《太阳帆》（教师版3册）

5. 形成校本教材——《小记者在行动》

九、存在的问题与展望

《小学中年级"生本习作"的实践与研究》课题虽然即将结题，但是我们的习作教学与研究工作还将继续。在研究工作中我们取得一些喜人的成绩，最大的受益是孩子们进步了，老师们成长了，还寻找到了习作教学的许多宝贵经验，但是，我们也有困惑：

（一）"以生为本"的习作研究还亟待进一步深入，关注学困生培养，寻求更好的途径引导孩子们学好写作。

（二）如何帮助师生，为作品提供发表渠道，获得成功的体验，享受课题研究的快乐。

（三）课题研究是辛苦的，但老师们有种使命感与成就感，愿为之，乐为之。

（四）在研究过程之中如何保证老师们有充分的时间进行研究工作，如何收集数据进行横向与纵向的比较，如何保证课题开展时对老师们实实在在的关心与鼓励，这些都需要有力的支持。

小学生吟诵古诗词的实践研究

一、课题研究的背景

生本理念（又称生本教育理念），是指"真正以学生为主人的，为学生好学而设计的教育"。生本教育的理念是一切为了学生、高度尊重学生、全面依靠学生。

"吟诵"从词性上说，是个并列词组，从意思上讲，有吟唱、吟咏、吟哦多种说法。吟诵，是中国传统的读书方式，按照古代格律，最大限度地表达原文意韵。是中国人学习文化时高效的教育和学习方法，有着两千年以上的历史，代代相传，人人皆能，在历史上起到过极其重要的社会作用，有着重大的文化价值。

随着统编版小学语文教材的全面使用，小学生诗词诵读尤为重要，教材选取了很多适合于小学生诵读的经典诗词。因此，教师应采用学生感兴趣的诵读方式方法，使学生口诵心念、熟读成诵、咏唱传承。引导小学在学语文诵诗词读，双线结合，有效延伸中感受诗词经典，传唱经典，了解文化，提升素养，从小热爱古诗词，学习古诗词，传承中华民族的优秀文化。因此，我们特定《小学生吟诵古诗词的实践研究》课题，希望研究中激发兴趣，让孩子们文化素养得以提升，让古诗词伴孩子们快乐成长。

二、课题研究意义、价值

1.中国是一个诗的国度，有着五千年的灿烂文化，需要小学生从小学习、传承。但是在小学古诗词吟诵教学实践中教师分析得比较多，占了课堂很多时间，有感情地诵读存在一些问题：

（1）教师文言文基本功不扎实，教师的艺术视野限制了学生对古诗词内涵的发掘。

（2）课堂形式单一，"串讲法"把古诗逐字对译，严重稀释了诗歌的意境和神韵，将古诗歌学习等同于机械背诵。

（3）学生在课堂上的主体地位不够明显，课堂形式限制了学生的思维发散，导致学生对古诗词的机械背诵。

2. 研究目标：

（1）形成"小学生经典诵读"系列生本教材，含诵读教材和选读教材。

（2）学生能够掌握诵读教材内容，了解选读教材内容，对经典文化有兴趣、有了解，语文素养得到一定程度提高。

（3）教师的古诗词教学改革，由传统的讲解成为以生为本的"三读"—吟咏唱，教得轻松学得喜欢，愉悦成长。

3. 通过研究小学古诗词吟诵教学实践方法。

（1）激发兴趣，弘扬文化。

针对实际情况，参考杜威"从做中学"的理论，引进古诗词吟诵进入课堂，组织学生综合运用多种感官实践激发学习兴趣，并获取古诗词的情感体验，以达到激发学生学习古诗词的兴趣及培养学生古诗词审美和情感体验能力的目的。

（2）课程需要，吟诵经典。

2011年版的《语文课程标准》指出："语文课程还应通过优秀文化的熏陶感染，促进学生和谐发展，使他们提高思想道德修养和审美情趣，逐步形成良好的个性和健全的人格。"课程的"总目标与内容"要求学生"认识中华文化的丰厚博大，汲取民族文化智慧。关心当代文化生活，尊重多样文化，吸收人类优秀文化的营养，提高文化品位"。明确提出诵读古诗文的要求：第一学段背诵优秀诗文50篇（低段），第二学段为50篇（中段），第三学段为60篇（高段）。并且后面附录的"关于优秀诗文背诵推荐篇目的建议"给出了一部分具体的篇目。

（3）咏唱经典，愉悦身心。

我们中华民族有着五千年的悠久历史，祖先给我们留下了灿烂的文化。古典诗文是我国传统文化的精髓，也是世界文化艺术宝库中的一颗灿烂的明珠。汉语的诗词文赋，大部分是使用吟诵的方式创作的，所以也只有通过吟诵的方式，才能深刻体会其精神内涵和审美韵味，咏唱中，愉悦身心，让古诗词伴孩子们快乐成长。能够培养学生对祖国语言文字的喜爱，让其养成良好的学习汉语的习惯。能够培养学生语感，激发其爱母语，爱国家的情感。

（4）能够培养学生感知美、发现美、创造美的能力，陶冶情操。

（5）通过对古诗文的吟诵，潜移默化地影响学生性格，形成其完整、完美人格。

三、课题研究内容和创新之处

1. 研究内容：

（1）以生为本，开展丰富多彩的活动，落实"晨读经典"培养诵读兴趣，研究诵读策略。

（2）以生为本，各班根据学生的基础水平、心理和年龄特点，充分利用课内外的阅读时间，结合统编版语文教材"双线"教学，根据本校学生实际自编校本教材及新课标推荐的阅读书目，增加学校图书室的藏书，倡导学生自己购买好书，引导学生读"最有价值的书"。

（3）以生为本，以课堂为主阵地，课内课外诵读两条线教学，及时交流经验，提出问题、探讨，总结提升课堂诵读经典诗词的有效途径与方法。

（4）以生为本，开发、设计、编写"小学生经典诵读"系列古诗词诵读校本教材，包括《古诗百首》《古语百句》《古文百篇》

（5）以生为本，归纳、提炼行之有效的诵读模式、方法、途径等操作策略。

2. 研究重点：

以生为本，开发"小学生经典诵读"系列校本教材，通过课堂检查其效能。

3. 创新之处：

（1）以生为本，课内课外两条线。

（2）以生为本，提炼行之有效的诵读模式、方法、途径等操作策略。

（3）以生为本，编写生本诵读校本课程。

（4）以生为本，改革古诗词课堂教学方式、方法。

（5）以生为本，我手绘我诗，吟唱古诗。

四、课题研究思路、研究方法、技术路线和实施步骤

1. 研究思路、研究方法、技术路线。

（1）研究思路。

A. 读"厚"读"薄"。

"厚"读诗词，了解作者，读通字句，理解诗意；"薄"读诗词，抓住诗眼，创设情境，想象画面，吟咏成诵。

古诗语言精练，但简约而不简单。因此，我们要将诗词读"厚"。所谓"厚"读是指让学生在反复诵读的基础上，通过了解作者及写作背景，运用自己的语言来理解诗意词意，丰富古诗词的语言。而"薄"读诗词，是指在学生理解诗意的基础上，抓住诗眼，展开想象，理解诗歌意境，体会诗人所表达的思想感情。

B. 研究古诗教学思路。

以生为本，借拼音读通、读顺；

以生为本，借注释，读明白；

以生为本，借图画熟读成诵；

以生为本，吟唱感悟诗情；

以生为本，延伸课外，吟诵积累。

（2）研究方法。

A. 调查研究法；

B. 文献研究法；

C. 行动研究法；

D. 课例研究法；

E. 叙事研究法。

（3）技术路线。

课题组研究周期定为1年，主要打破以往"教师讲解，学生识记，最后背诵"的传统教学方法，树立让学生在自主学习探究中深切体会古诗词的意境美、语言美、音韵美和形象美的新的课内外结合教学方法。探讨出古诗词教学策略，并在此基础上探索出古诗教学"以生为本的四步教学法"：

A. 借拼音读通、读顺；

B. 以生为本，借注释，读明白；

C. 以生为本，借图画熟读成诵、吟唱感悟诗情；

D. 以生为本，延伸课外，吟诵积累。

形成这一教学策略，引领着孩子们在本真的古诗文课堂里，直面经典、直面诗词，通过朗读、品味等方式，在诗词的国度中感其声韵，观其色彩，从而悟其真谛。

课内我们这样吟诵古诗：

2011年版《语文新课标》明确提出："语文课程还应通过优秀文化的熏陶感染，促进学生和谐发展，使他们提高思想道德修养和审美情趣，逐步形成良好的个性和健全的人格。"

为了传承中华优秀文化，使孩子们具有人文底蕴，改革古诗词课堂教学策略，实现古诗词课堂教学有趣、有效、乐学、延伸，培养学生学会学古诗词，吟诵古诗词，吟唱古诗词，爱上古诗词，乐学古诗词，我在课堂教学中实践着、探究着、思索着、成长着……

2. 学习理念，提炼策略。

新时代、新征程，赋予教师新的任务。作为基础教育践行者，我们树立终生学习的理念，不断学习专业知识，更新自己的教学理念，真正成为学生的良师益友，只有这样，才能适应新时代，为教育教学服好务，育好人。

为了传承经典文化，统编版语文教材在小学一年级已经编入《论语》、古诗词方面的内容，为此，作为一线小学语文教师我在古诗词教学中做了大胆的课堂实践尝试，运用"双线四读"的方法，引导孩子们轻松学古诗，传承国学经典。

【双线】指课内、课外两条线。古诗词教学不应以背会一首古诗为终结任务，而应在此基础上，以"课内带课外"，引导小学生轻松愉悦的完成一首古诗学习，课内得法、以诗带诗，课内课外有效结合，易学古诗，传承中华经典文化。

【四读】指在古诗词课堂教学中，按照"核心素养"的理念，一线教师摒弃以往古诗词死记硬背教法，不做过多的讲解和牵引，而是顺应学生的认知规律，引导和组织学生由浅入深地经历四个轮次的学习过程。

一读：借助拼音，读准读顺。
二读：合作交流，自能明白。
三读：诗画融合，读出韵味。
四读：以诗带诗，积累拓展。

【生本诗词】指按照"双轨四步"的思路，学生在教师的组织和引导下，愉悦身心，课内得法，实现充分的自我吟诵古诗，传承中华经典文化。

"双线四读，生本诗词"提倡以课内古诗为契机，实现"课内带课外"，在课堂古诗词实践结束后，教师要引导学生进入有效的课外古诗词学习之中。在这样的教学中，学生是学习古诗词的主人，教师只是组织者和指导者。实现由课内到课外，诗词材料，从课本诗词学习到各种古诗词文化的陶冶、传承、运用。

小学语文"双线四读"古诗词教学流程及要求：

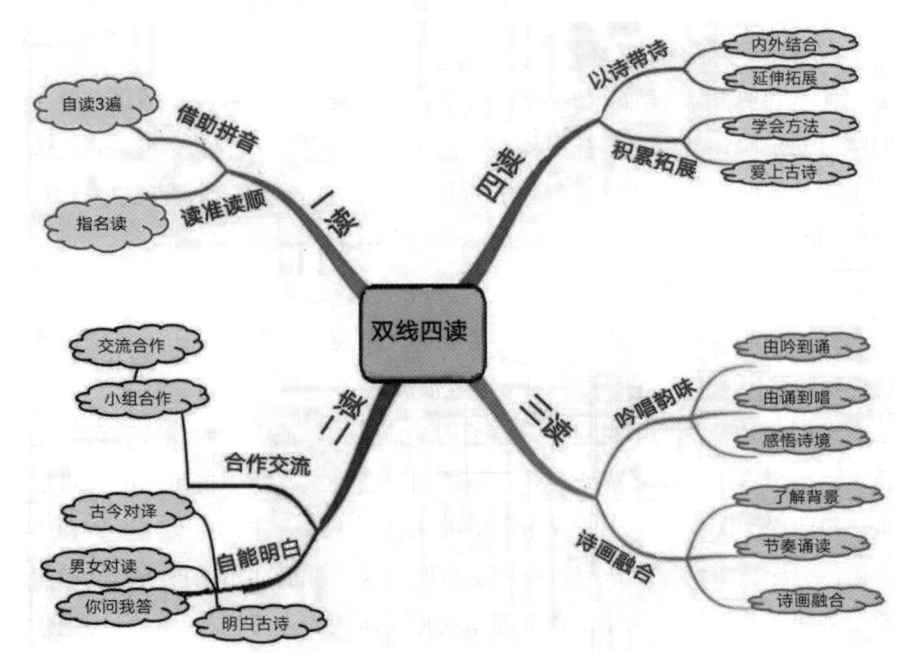

一读：借助拼音，自己读要学的古诗，达到能读准读顺的目的。具体要求：（1）借助拼音，能通顺地把新授古诗读下来。（2）自主读诗，识字一类、二类生字，随机指导难写的字。（初读）

二读：合作交流，学生自己能读明白。学生自己读古诗，小组合作、古今对译、男女对读、你问我答，合作、交流古诗，明白诗意。（精读）

三读：诗画融合，吟唱韵味。为古诗配以适合的画面，创设情境，男女竞赛，填空引背，在有感情地吟诵中，自然而然地背会古诗，有吟到诵，由诵而唱，传承经典文化。（赏读）

四读：以诗带诗，积累拓展。以所学的古诗带出同一作者创作的不同风格、不同体裁的古诗词，或推荐不同作者同一主题的古诗词，延伸课外传承经典文化，爱上古诗词。（延读）

2011年版《语文课程标准》的"总目标与内容"要求学生"认识中华文化的丰厚博大，汲取民族文化智慧"。明确提出诵读古诗文的要求：第一学段背诵优秀诗文50篇（低段）。因此，我们要分层次朗读、吟诵、咏唱，突破难点，拓展延伸，引导孩子们学诗、吟诵，爱上古诗词，从而实现"学生发展核心素养"，适应终身发展和社会发展需要的必备品格和关键能力。

3. 课堂尝试，爱上诗词。

实践出真知。课堂是教学的主阵地，课堂是实践的殿堂，课堂是孩子们学习的乐园，教师只有扎根课堂，关注学情，以生为本，立足课堂，关注生成，才能适时地调整课堂教学的方法，灵活地教学，使课堂成为孩子们学习的乐园，于是，古诗词教学，我从以下做起：

（1）激发兴趣，走近诗词。

爱因斯坦说："兴趣是最好的老师。"古诗词课堂教学中，当我们把这位教师请出来时，课堂就活了，学生很快乐。

开课伊始，我采用游戏引导孩子们，猜诗人，或看图画，吟古诗，或利用已积累古诗词开展赛诗会……孩子们兴趣盎然，学习古诗词的畏难情绪一扫而光。课堂教学中，我采用借助注释，小组合作，男女比赛，师生合作，引导孩子们保持学习古诗词的浓厚兴趣。课后，拓展孩子们已积累的古诗词基础上及时延伸作者所创作或相同体裁的古诗词，让孩子们把学习古诗词的兴趣课内得法应用于课外，学习致用，兴趣不减，乐此不疲。

（2）读中入境，爱学诗词。

俗语说：熟读唐诗三百首，不能作诗也能吟。古圣先贤也早就指出了读在语文教学中的重要性。我们都知道，古代私塾的教学方式再简单不过了，熟读成诵，积少成多然后融会贯通，化为己有。一味地读，一味地背，在硬性读背的戒尺下不也培养出了大量儒者。由此可见朗读在学习语文中是具有相当重要的作用的。

2011年版《语文课程标准》指出："语文课程还应通过优秀文化的熏陶感染，促进学生和谐发展，使他们提高思想道德修养和审美情趣，逐步形成良好的个性和健全的人格。"因此，分层次朗读、吟诵、咏唱，突破难点，拓展延伸，引导孩子们赏诗、吟诵、咏唱，爱上古诗词。

在执教《池上》古诗中试着以读为先，读中识字、读中明意、读中悟境、读中延伸。

一读：借助拼音，我能将古诗读准、读顺。

①出示，一读，生自读。

②生练读古诗。

③生观察生字，自主识字、写字（范写：采）。

（设计意图：培养学生观察能力、自主识字能力。）

二读：合作交流，明白诗意。

①借助注释，学生自学理解。

②你问我答，合作交流。

师问：大和九年，时任太子少傅的白居易住在洛阳。一日，他外出游览，在一片池塘边看见了怎样的画面呢？

女答：小娃撑小艇，偷采白莲回。

师问：糟糕，他早已忘记自己是瞒着大人悄悄去的，会被发现吗？

男答：不解藏踪迹，浮萍一道开。

③出示：古今对译。

古文（诵）	现代文（读）
小娃撑小艇，	一个小孩撑着小船，
偷采白莲回。	偷偷采了白莲回来赏玩。
不解藏踪迹，	他还不知道怎样掩藏踪迹，
浮萍一道开。	那小船轻轻划过，荡开了池面上的浮萍，留下了一条清清楚楚的水路。

④赏读文本，男女交替。

男：小娃撑小艇，

女：撑——小——艇。

男：偷采白莲回。

女：白——莲——回。

男：不解藏踪迹，

女：藏——踪——迹。

男：浮萍一道开。

女：一——道——开。

此时，你看到一个怎样的孩童？

师：是迷人的风光让小童——

生：偷采白莲回。

师：是孩童天真烂漫的个性让小童——

生：偷采白莲回。

师：是无忧无虑的生活让小童——

生：偷采白莲回。

三读：图诗融合，吟诵咏唱。

①出示：全诗配图。

②看着图画，我能读出韵味来。

A. 生练读。

B. 男、女赛读。

C. 听故事，了解写作背景。

D. 指名吟诵。

E. 填空引背，填写诗的内容。

F. 看图吟诵　超链接：古诗新唱。

就这样分层次朗读、吟诵、咏唱，突破难点，引导孩子们会学诗、练吟诵，乐咏唱，爱上古诗词。

（3）延读积累，乐学诗词。

学以致用，教会方法，以诗带诗，积累拓展。以所学的古诗带出同一作者创作的不同风格、不同体裁的古诗词，或推荐不同作者相同主题的古诗词，不仅拓展了课外知识面积累古诗词，还传承经典文化，使学生接触更多的古诗词。例如：《早发白帝城》一诗学后，推荐李白和其他诗人远行的诗句；《暮江吟》一诗学后推荐关于月亮的古诗；《池上》学后，推荐儿童趣事的古诗；《晓出净慈寺送林子方》学后，推荐送别的古诗……引导学生有课内走向课外，学会方法，真正走向古诗词深处。

4. 反思成长，回归本真。

教学反思是教师教学认知活动的重要组成部分，是指教师为了成功实现教学目标对已经发生或正在发生的教学活动以及支持这些教学活动的观念、假设，进行积极、持续、周密、深入、自我调节性的思考。教师的教学反思是一个能动的、审慎的认知加工过程，也是一个与情感和认知密切相关并相互作用的过程。作为教师，我们只有在实践中研究，在教学中反思，才能常教常新，不断成长。为此，我反思自己的古诗词教学实践。

（1）以生为本，反思预设。

作为新时代的教师，我们必须站在学生的立场，反思我们的教学实践过程，统观教学过程，反思自己的教学。看看在备课时，预设的教学目标是否达成，对于课前教学设计中预设的重点、难点问题，学生是否已经掌握。古诗词中写作背景，表达的思想感情往往比较难，学生不易理解，教师必须预设，同时创设情境，引导孩子们借助插图，借助课前搜集资料，更好地突破，在讲故事中感悟。

例如：执教《晓出净慈寺送林子方》时，及时创设作者送林子方情境，抓住这一主线，利用插图，读中填诗体会：子方弟＿＿＿＿＿＿，你怎舍得离开杭州去福建呢？孩子们一边填诗句，一边看图画，吟诵中，明白诗句表面再送好朋友，实则在留，留情别意，尽在诗中。

在回头看，静静的反思中，我们明白古诗词的教学更应大胆尝试，及时改进教学方法，学会站在学生的立场，课前合理地预设，真正引导孩子们在多种形式的读中，明白作者的写作意图及表达的思想，感悟古诗词的精髓。

（2）以生为本，反思实践。

叶圣陶先生曾说："教是为了不教。"作为教师，我们要学会授之以渔。在课堂教学实践中，努力做到以学生为中心，以教师为主导，灵活的点拨引导，使孩子们掌握学古诗的方法，以诗带诗。

如：一读环节中，①先出示一读要求，学生自读，明白要求。

②学生练读几遍古诗，努力读准、读顺。

③学生再读中观察、发现要认的字，用不同方法自主识字。

④学生再读古诗，在读中发现字的变化，找出要写的生字，生观察，说字形、写法，师再范写，生再练写，生生评价。

教师利用字理识字 🌱 采 采 采 采（田字格范写：采）。

在反思这样实践过程中，我们会发现引导孩子们借助拼音，能将古诗读准、读顺，孩子们是否落实到位，同时学生观察能力、自主识字能力、规范书写能力是否培养了，良好的学习习惯是否很好地养成。

在实践反思中，我们才能明白发现古诗词教学的优劣所在，在学生们二读初步明白的基础上，创设情境读，师生对译读，生生合作读，在多种读的实践活动中，孩子们不待师教，自能明白，达到教与不教的美好境界。

（3）以生为本，反思改进。

学生是课堂的主人，课堂学习应以他们的学习活动为主，教师做好点拨引导，真正发挥主导作用。在以往的古诗教学中，我们牵得太多，给得太多，致使学生们认为古诗难懂，只要把老师给的意思抄下来，背会即可，至于作者在何种情况下而做此诗，借此表达什么心情、何种境界，不求甚解。

大胆地尝试"双线四读"法，在读中学字，在读中明意，在读中悟诗境，唱着古诗走向课外，从而乐学古诗词，爱上传统文化，传承中华经典。

课外我们这样吟古诗：

课外开展丰富多彩的活动，培养兴趣，开发"小学生经典诵读"系列校本教材，通过每周一诵、经典诵读比赛、吟诗会、我是小诗人等形式多样的活动让学生们吟诵古诗词，爱上古诗词，传承经典文化。

课题研究子成果报告

子成果报告（一）

课题主持人从《小学生有感情地吟诵古诗词的实践与研究》的背景、意义、价值，理论依据与实践依据，主要研究方法，引导学生：1.以生为本，借拼音读通、读顺；2.以生为本，借注释，读明白；3.以生为本，借图画熟读成诵；4.以生为本，吟唱感悟诗情；5.以生为本，延伸课外，吟诵积累。

理清古诗教学方法，提出解决古诗词教学问题的对策与建议等。在六个子成果里将研究过程中，课题组成员将古诗课例教学脉络图，撰写的教学设计、课例、教学论文、教学反思、古诗词吟诵课程呈现出来，以供大家借鉴使用，提出修正建议意见。

子成果报告（二）

《古诗课例教学脉络图》是课题组全体成员通过实践研究，在实践的过程中摸索，不断探究，理清古诗教学的流程：

（1）读"厚"读"薄"。

"厚"读诗词，了解作者，读通字句，理解诗意；"薄"读诗词，抓住诗眼，创设情境，想象画面，吟咏成诵。

（2）古诗教学基本策略。

A. 以生为本，借拼音读通、读顺。

B. 以生为本，借注释，读明白。

C. 以生为本，借图画熟读成诵、吟唱感悟诗情。

D. 以生为本，延伸课外，吟诵积累。

子成果报告（三）

《论文、反思集》是《小学生有感情地吟诵古诗词的实践与研究》课题实践研究的成果三，是课题组所有成员在古诗词教学实践中，将自己教学古诗的一些心得、体会、感悟记录下来，不断提升，形成论文。同时，在古诗、古文教学过程中不断反思自己教学中每个环节，真正地以读为主，吟诵古诗词，通过不同形式的吟诵，读通读准古诗，明白诗句的意思，感悟作者所表达的思想感情，吟唱中升华，学会学古诗的方法，拓展课外，授之以渔，学以致用。

同时，鼓励课题组成员投稿发表，供更多的教师实践应用，主持人王院丽老师的论文《赏读 学会图题诗》在《教师报》发表，教学设计《小池》获省级一等奖，《早发白帝城》课例获深圳立言教育研究院展示一等奖。

子成果报告（四）

《经典诗词生本教学设计集》是《小学生有感情地吟诵古诗词的实践与研究》课题实践研究的成果四，是课题组成员依托此课题，经过以下几个环节设计出来不同古诗教学设计。具体分为以下几步：

1. 教师详细地研读教材。
2. 利用平台，查阅各类资料，自我经验地备课。
3. 依据课标，以教研组为单位进行集体研讨，实施有效修改教学设计。

我们所呈现的《经典诗词生本教学设计集》是课题组每位教师结合统编版教材，通过实践，以诗带诗，实践编写的校本诵读课程，以供参考，批评指正。

子成果报告（五）

《古诗教学课例集》是《小学生有感情地吟诵古诗词的实践研究》课题实践研究的成果五，课题组成员依托此课题，经过"6331"集体备课（"6"六个研修平台：牵手帮扶、网络教研、专家引领、自主学习、读书提升、青蓝结对；"3"实施组内三个层次的备课：研读教材，以标解读，研讨修改；"3"三个不同层次的磨课：自主试课、组内研磨、自我反思；"1"

形成课例录像）。

我们所呈现的课例就是经过"6331"这样的集体备课而得来的成果，是全体课题组的结晶，希望对以后的研究者有所借鉴和思考。

同时，我们还开展了别开生面的古诗吟诵大赛，刻录的一些片段，丰富孩子们的课余生活，激发孩子们乐学古诗，吟诵古诗词的兴趣。

子成果报告（六）

古诗词生本课程：《古诗吟诵课程》（1—6年级）《古语百句》《古文百篇》是《小学生有感情地吟诵古诗词的实践研究》课题实践研究的成果六。

根据2011年版的《语文新课程标准》的要求："语文课程还应通过优秀文化的熏陶感染，促进学生和谐发展，使他们提高思想道德修养和审美情趣，逐步形成良好的个性和健全的人格。"《语文新课程标准》的"总目标与内容"要求学生"认识中华文化的丰厚博大，汲取民族文化智慧"。明确提出诵读古诗文的要求：第一学段背诵优秀诗文50篇（低段），第二学段为50篇（中段），第三学段为60篇（高段）。

并且后面《课标》附录的"关于优秀诗文背诵推荐篇目的建议"给出了一部分具体的篇目。

课题组根据实验班级的学情，根据自己班级的教情，在一年的实践中，每两周引导孩子们吟诵三首古诗，学生们的古诗不仅积累多，而且课内得法，课外应用，乐在其中。

课题研究存在问题：

1.课内吟诵落实比较扎实，课外吟诵活动还有待于进一步开展。

2.课内和课外如何有机结合，是进一步研究的主题。

基于学科素养小学古诗文立德树人的教学价值实践研究

党的十八大以来，以习近平同志为核心的党中央，要求全面贯彻党的教育方针，坚持教育为社会主义现代化建设服务，为人民服务，把"立德树人"作为教育的根本任务，培养德智体美劳全面发展的社会主义建设者和接班人。那么，中华民族是一个诗的国度，有着五千年的灿烂文化，中国教育要扎根中华优秀文化的传承，必须从古诗文教学起步。古诗文历来是小学语文教学的重要组成部分，特别是我们全国目前正在使用的统编版小学语文教材中的重要内容，小学统编教材6年12册共选优秀古诗文124篇，占所有选篇的30%；比原有人教版增加55篇，增幅达80%，平均每年20篇左右。那么，作为小学语文的一线教师，在古诗文教学中，我们应该如何培养人，培养什么人，我们必须在古诗文教学的目标、教学策略、课程资源、评价等方面进行了改革，用有效的策略引导学生们传承中华民族的经典文化，逐步发展、完善、实现小学古诗文的立德树人的教学价值，为培养中华民族伟大复兴的接班人奠基。

一、问题的提出

在长期的教学过程中，项目组发现小学古诗文教学的主要问题集中在以下三方面：

第一，小学语文古诗文教学就教材教教材，难以激发学生学习古诗文的兴趣。

依据人教版小学语文、北师大版小学语文和最近两年全国实施的统编版小学语文教材，基于《义务教育语文课程标准(2011年版)》，立足学生学情，项目组通过调查研究，发现统编教材中小学6年12册共选优秀古诗文124篇，占所有选篇的30%；比原有人教版增加55篇，增幅达80%，平均每年20篇左右。初中古诗文选篇也是124篇，占所有选篇的51.7%；高中古代诗文67篇（首），占全部选文数（136篇/首）的49.3%。其中古诗词33首，古文34篇。为了传承经典，实现古诗文立德树人的教学价值，项目组要改革教学方式，激发学生学习古诗词的兴趣。

第二，课堂形式单一，难以体现古诗文立德树人的教学价值。

在传统的小学古诗文教学中，教师基本上以讲授为主，要求学生机械背诵，严重稀释了诗歌的意境和神韵，难以让学生感知古诗词画面感、意境美，不能在教学过程中，体现古诗文立德树人的教学价值。

第三，评价方法单一，难以培养学生自主学习古诗文的能力。

长期以来，小学生缺乏课内、课外诵读古诗文展示的平台，不能培养自主学习古诗文的能力，不能很好地弘扬传统文化，没有使小学生认识中华文化的丰厚博大，吸收中华文化智慧，提高文化品位和审美情趣，不能更好地培养热爱祖国语言文字的情感，受到高尚情操与趣味的熏陶，没有全面发展，丰富学生的精神世界，没有实现立德树人的教学价值。

二、解决问题的过程与方法

第一阶段：立足学生终身发展，教师学习更新理念，实践应用提升。

1.项目组成员通过网络研究、文献研究、实际深入一线调查研究，通过走访（7所中小学30余名分管教学副校长和一线语文教师，100余名学生）、语文教育专家访谈等渠道开展深入调研，形成第一手调查报告。

2.项目组成员深入研读《义务教育语文课程标准（2011年版）》，以《义务教育语文课程标准》为指引，立足每个学生终身发展。

3.参考杜威"从做中学"理论，引进郭思乐教授"生本理念"，教师不断更新教育教学理念，树立以生为本、以学定教、立德树人的思想，使每个孩子健康快乐的成长为祖国有用之才。

4.项目邀请陕西省名师杨晓蓉主任进行专题培训，陕西省名师郗莉进行专题指导。

第二阶段：践行以生为本理念，梳理课堂教学思路，学生乐学古诗。

课堂是教学实践的主阵地，我们只有立足学情，以生为本，以学定教，才能在教学过程中培养自主学习古诗文的能力，实现立德树人的教学价值。

1. 以生为本，激发兴趣。

华南师范大学教授郭思乐在《教育走向生本》一书中写道："生本教育就是相信孩子们，尊重孩子们，依靠孩子们。让孩子们在一定的环境中学会学习。"生本教育区别于其他教育的不仅是因为它重视学生，为学习者说话，更在于它接触了基本事实，就是人生命中有一种机能、本领或能力，使人能够言语、思维和行动。项目组"以生为本"理念为指导，针对实际情况，参考杜威"从做中学"的理论，课堂伊始，基于学情，生活积累，游戏导入、赛诗会导入、飞花令导入等等，很好地走入诗文，与作者、与文本、与编者对话，组织学生运用多种感官实践激发学习兴趣，获取乐于学习古诗文词的情感体验，达到激发学生学习古诗词的兴趣。

2. 以读为本，提炼策略。

《语文新课标》课程的"总目标与内容"要求学生"认识中华文化的丰厚博大，汲取民族文化智慧"。明确提出诵读古诗文的要求：第一学段背诵优秀诗文50篇（低段）。为了传承经典文化，统编教材中小学6年12册共选优秀古诗文124篇，占所有选篇的30%，因此，作为一线小学语文教师，在杨晓蓉主任回归性阅读教学策略的基础上，项目组在古诗文教学实践中做了大胆的课堂实践尝试，运用"双线四读"的方法，引导孩子们轻松学古诗，传承国学经典，实现立德树人的教学价值。

"双线"指课内、课外两条线。古诗文教学不应以背会一首古诗文为终结任务，而应在此基础上，以"课内带课外"，引导小学生轻松愉悦地完成一首古诗文学习，课内得法、以诗带诗，课内课外有效结合，易学古诗，传承中华经典文化。

"四读"指在古诗文课堂教学中，基于小学语文"学科素养"，一线教师摒弃以往古诗词死记硬背教法，不做过多的讲解和牵引，而是顺应学生的认知规律，引导和组织学生由浅入深地经历四个轮次的学习过程。

一读：借助拼音，自己读要学的古诗文，达到能读准读顺的目的。具

体要求：（1）借助拼音，能通顺地把新授古诗文读下来。（2）自主读诗，识字一类、二类生字，随机指导难写的字。（初读）

二读：合作交流，自能明白。学生自己读古诗文，小组合作、借助注释、插图、扩词等方法，男女对读、你问我答，合作交流，明白古诗文内容。（精读）

三读：诗画融合，吟唱韵味。为古诗配以适合的画面，创设情境，男女竞赛，填空引背，在有感情的吟诵中，自然而然地背会古诗文，由吟到诵，由诵而唱，传承经典文化，走进文本深处，实现育人价值。（赏读，重在由读向诵，深悟诗文，立德树人。）

四读：以诗带诗，积累拓展。基于所学的古诗文带出同一作者创作的不同风格、不同体裁的古诗文，或推荐不同作者同一主题思想的古诗文，延伸课外传承经典文化，爱上古诗词，实现立德树人的教学价值。（延读，走向课外。）

旨在遵循"以生为本"的理念，践行"双线四读"的策略，学生在教师的组织和引导下，愉悦身心，课内习得方法，课外运用方法，逐渐养成习惯，培养自主学习古诗文的能力，传承中华经典文化，领悟作者思想，从而实现立德树人的教学价值。

3. 课堂践行，有效延伸。

实践出真知。课堂是教学的主阵地，课堂是实践的殿堂。在"以生为本"理念为指导，突出学生主体地位，构建4人学习共同体，在实践中达成自主的、协同的、深度的学习。教师通过激趣导入、任务导引、探究解惑、点拨引导、延伸拓展等思路适时设计，实施"双线四读"古诗文学习。从而深化学生自主学习模式改革，优化课堂教学活动，创新古诗文教学策略，打造生本、探究、协作的古诗文简约课堂。

（1）激发兴趣，走近诗词。

孔子曰："知之者不如好之者，好之者不如乐之者。"兴趣可以促使学生更好地进行学习。古诗文内容和学生的实际生活是存在很远的距离，因此，教师在开展教学活动的时候，就必须注重给学生创设和古诗词相和谐的教学情境，如同带领学生进行时空穿越一般，带给学生如临其境般的感受。古诗文课堂教学中，当我们把兴趣这位教师请出来时，课堂就活了，学生就乐了。

开课伊始，基于学情、生活积淀，项目组采用游戏引导孩子们猜诗人，或看图画，吟古诗，或利用已积累的古诗词开展赛诗会……孩子们兴趣盎然地入情入境。

（2）以读为本，爱学诗文。

现代教育家叶圣陶曾说："诗歌的讲授，重在陶冶性情，扩展想象。"统编教材主编温儒敏教授在《语文讲习录》一书中写道："部编版语文教材的古诗文篇目增加了，小学一年级就有了古诗，整个小学6个年级12册共有古诗文124篇，平均每个年级20篇左右，占课文总数的30%左右，比原来增加了很多，增幅达到80%左右。那么，怎样教好古诗文的课？最好的办法就是反复诵读，读得滚瓜烂熟，不用有过多的阐释，也不要太多的活动，宁可多读几遍，多读几篇。古诗文教学要注重让学生感受诗词音韵之美、汉语之美，也许一时说不清美在哪里，总之是积淀下来有所感觉了。"从不同方面为我们阐释了，古诗文教学在于读。

执教小学语文统编版三年级下册《古诗三首》时，采用"双线四读"教学思路，但是第一首《绝句》学生以任务为导引，在读通、读懂的基础上赏读积累，由读到诵、由诵到唱，涵咏中体悟大诗人杜甫眼中的咏诵有机地组合为一体，构成一幅明丽和谐的春日景色，并在句尾以"丽""香"突出诗人对春天强烈的喜爱之情。有了第一首使得教学铺垫。执教第二首诗由扶到放，以读为本，四个层次的朗读，"三两只""鸭先知""芦芽短""河豚欲上"再现了画中的江南早春美景，"暖""欲"两字借想象和联想点活画面，灵动鲜活，清新自然，诵读中孩子们不由自主地咏叹祖国山河之美，热爱大自然之情油然而生。执教第三首诗，引导孩子们用前两首的方法，先自学，再小组探究，合作交流，展示分享，教师精要点拨，诵读中体会诗人游三衢的见闻感受，感悟晴空、舟行、绿荫、鸟鸣，构成的清新明丽的画面。适时延伸，引导孩子们在生活中积累赞美祖国山河美景的诗句，孩子们课内习得方法，课外用方法，感悟作者表达的思想感情。不仅循序渐进，培养了学生自主学习古诗文的能力，而且体现的古诗文立德树人的教学价值。

执教统编版五年级下册古诗《秋夜将晓出篱门迎凉有感》时联系五年级上册学习的陆游的古诗《示儿》，在适时调整四个层次的朗读中感悟诗人以遗民"泪尽"的视角表达自己失望而尚未绝望的心情，从而在两首诗的比较中吟诵"南望王师又一年""家祭无忘告乃翁"深层次的赏读中感悟诗人所表达的厚重、深沉爱国之情，此时，延伸到其他诗人的爱国诗文，此情此景中，小学生诵读古诗词立德树人教学价值不言而喻。

执教文言文《囊萤夜读》《铁杵成针》小古文时，及时调整"双线四读"的教学思路，在激趣导入、探究解惑、合作交流，展示分享延读拓展教学环节中，四个层次读中感悟古人读书、学习的刻苦用功。适时引导，课下，搜集更多人刻苦学习的古诗、古文、现代文，受到良好的思想教育，不仅提高了学生自主学习古诗文的能力，而且古诗文立德树人的教学价值潜移默化地渗透在学生们学习的点点滴滴中。

执教《示儿》一诗学完推荐：陆游和其他诗人的爱国诗文；执教《四时田园杂兴》（其二十五）一诗学完推荐：范成大的《四时田园杂兴》（其三十一）和其他诗人的田园诗，体会诗人创作的思想感情，从而学会在生活中创作，表达自己的思想感情；执教《晓出净慈寺送林子方》一诗学完推荐：其他诗人送别的古诗或作者相关的古诗，体会诗人在什么情况下送别友人，深度体会送别的情感，深度理解古诗文，实现"课外阅读课内化，课内阅读课程化"。

学以致用，教会方法，以诗带诗，以文带文，积累拓展。基于所学的古诗文带出同一作者创作的不同风格、不同体裁的古诗文，或推荐不同作者相同主题思想的古诗文，不仅拓展了课外知识面，积累古诗词，而且引导学生由课内走向课外，习得方法，用好方法，真正走向古诗文词深处，深层次体会古诗文，传承经典文化，爱上古诗词，实现了古诗文教学立德树人的教学价值。

第三阶段：基于现代信息技术，家校融合育人平台，落实立德树人。

走进新时代，基于小学生身心特点，为了学生的终身发展奠基，构建了课内课外的古诗文育人平台，引导学生学古诗文，做时代新人。

（1）课内构建2—4人的古诗文学习共同体，在共同体中诵读，实行小组长负责制（小组长由组员每周轮流担任），依托"班级优化大师""荔枝FM"等小助手搭建线上诵读分享平台，由自我打分、组员互评、组长登记；赋分分为三级：一星级、二星级、三星级，最后由老师加分，实行"三三"评价体系。

（2）学校以班级开展"你读我诵""每日诵读"等古诗文诵读活动实行班级微信群打卡，语文教师点评，按3，2，1，赋分制，计入个人成绩，在小组、班级评优选先，班级予以表彰奖励。

（3）课内外，线上线下结合，讲课内所学的一首古诗文和线下自己搜集的同一主题或同一作者古诗文进行诵读，形成"1+x主题诵读"模式，鼓励学生们自主学习古诗文，倡导家长和孩子一起诵读，形成"1+x主题诵读"模式，每背会一首或一篇为学生个人，赋2分。

（4）制定了诵读习惯（养成教育）、诵读广度（视野拓展）和诵读效度（知识构建）三维度的评价标准，开展师生、生生、亲子多元评价。

（5）基于统编版小学语文教材，培养怎样的人，初步形成了1—6年"诵读古诗文课程"，使课内外古诗文学习实现无缝链接。

（6）开展全校性的"经典诵读比赛"，为学生搭建展示自我的舞台。

（7）创设情境，吟诵诗文，学做小诗人。

实现亲子同诵读，平台分享，线上线下结合，家校同诵。

（8）实现个个会诵读，人人爱诗文，陶冶情操，传承经典文化，落实立德树人的教学价值。

学习催人奋进，在学习中教师的信息化技术不断增强，为学生搭建了更好的诵读古诗文的评价体系，在适时、激励、协作的平台中，学生们一定会传承经典，徜徉在古诗文的美好意境中，陶冶身心，快乐成长，成为祖国栋梁之材。

三、课题研修内容

自2015年以来，项目组做了大量的实践研究，陕西省规划课题《小学语文阅读教学"生本课程"教学策略及实践研究》，渭南市市级重点课题《小学生有感情地吟诵古诗词的实践与研究》，区级课题《小学统编版古诗词生本课堂的实践研究》均已结题，初步形成古诗文教学的策略，为古诗文立德树人的教学价值奠定了坚实基础。

1. 以生为本，构建了学习古诗文的新策略。

在深入调研和理论政策研究的基础上，依据学情，厘清了小学语文古诗文的教学目标，构建了"双线四读"无缝链接式教学策略，适时微调，分低段、中段、高段，依托统编教材编制小学语文古诗文课外诵读生本课程，由课内走向课外，实现无缝链接，诵读古诗文，传承经典文化，培养自主学习古诗文的能力，实现古诗文立德树人的教学价值。

2. 读为核心，培养了学生自主学习古诗文的能力。

基于语文学科素养，依据课标，古诗文课堂中践行"初读读通、精读读懂、赏读积累、延读拓展"的多元化朗读原则，引导学生课内习方法，课外用方法，以一篇带多篇古诗文，从而在读中感悟古诗文的画面美、意境美，深度体悟诗人的思想感情。

如：在《竹石》的诵读中，我们尝试这样做：

师：为了百姓，不顾自己的前途命运，多么体恤民情、爱民如子的郑板桥啊，生读——衙斋卧听萧萧竹，疑是民间疾苦声。

师：为饥民，白天劳顿奔波，晚上夜不能寐，听着竹子的萧萧声还以为是百姓啼饥号寒的哭声，多么关心百姓疾苦的郑板桥啊，生再读——衙斋卧听萧萧竹，疑是民间疾苦声。

师：百姓的苦就是他的苦，百姓的愁就是他的愁。他怎能坐视不管呢？生读——些小吾曹州县吏，一枝一叶总关情。

师：是啊，老百姓的一举一动都牵动着他的感情，他绝不会坐视不管，生再读——些小吾曹州县吏，一枝一叶总关情。

师：郑板桥体恤百姓、爱民如子的情怀令我们感动，让我们再深情地读读这首诗。（齐吟诵）

赏读中孩子们品味着郑燮的爱民如子、体恤民情；赏读中，孩子们品味着图与诗的浑然天成；赏读中，古诗的韵味跃然纸上，令人回味。诗是画的写照，画是诗的缩影，在诗画共赏中孩子们感悟中华语言的魅力所在，古诗文教学价值跃然心中，久久记忆。

在《墨梅》的诵读中学生体会王冕借墨梅表达自己高洁的人生态度。在文言文《守株待兔》的朗读中，引导学生抓住人物行为，体会其愚昧可笑之处，从而明白故事所蕴含的道理。在《杨氏之子》的分角色朗读，想象中体会杨氏之子的聪慧、风趣。古诗文是孩子们读会的，诵明白的，体悟在心中的，在诵读经典中，传承优秀文化，培养自主学习能力，学会做人做事，落实古诗文立德树人的教学价值。

3.融合发展，拓宽了学生学习古诗文纵深性。

迈进新的时代，各个学科之间相互依存，因此，我们实行项目式大单元融合学习，古诗文学习和美术，音乐有机融合，画中有诗，诗中有画，如：学习统编版三年级下册《古诗词三首》中《元日》《清明》《九月九忆山东兄弟》学生了解我国传统节日春节、清明、重阳节的不同习俗，诵读古诗文后画一画，诗中有画，画中有诗，伴着音乐情景诵读，深度理解，体悟情感，走进诗创作的源头，使语文学科与美术、音乐有机融合，让古诗文的学习情境化、视觉化、纵深化。

4.多元评价，激发了学生诵读古诗文的趣味性。

从诵读习惯、诵读广度和诵读效度三维度制定评价标准，开展线上线下各类诵读活动，生生、师生、亲子多元评价，激发学生诵读古诗文的趣味性。

学校评价：

根据课程设置，每个年级根据语文教材、校本课程内容，每2周背会3首古诗，学校抽选优秀教师根据背诵情况检查赋分（每个班级每次抽取10名学生，每首古诗词背会的1分，每次班级总分30分），每首表情、语气、节奏、韵律，视吟诵的情况扣分0.1—0.3分不等（具体根据吟诵情形而定），每学期平均检查4次，学期底累加，总分95分以上为书香班级。

吟诵经典大型比赛一次，根据学校、年级的不同主题，选择合适的古诗词吟诵，服装、道具、内容、表情、动作、队形，选专业评委打分，计入班级量化，一等奖10分，二等奖8分，三等奖6分，优秀奖4分，没有得上奖项但参加的班级赋2分。作为评选优秀班级的依据。此外，一等奖获得班级在国旗下展演、校际展演、社区展演，从而鼓励师生们诵读古诗词，传承和弘扬中华民族经典文化。

　　课堂教学中，诵读古诗文采用生生、师生评价，及时在"班级优化大师"App中为学生赋分，表扬一次1分。

　　亲子共同中，诵读古诗文在班级微信群中每展示一次赋1分，同时及时和家长沟通，让家长在家中奖励图书，激发读书兴趣。

四、效果与反思

1.试点覆盖面稳步扩大，学生语文素养显著提升。

　　成果坚持"边研边教、边教边改、边改边延"的思路，以每个年级四班为试点班。试点班学生的自主学古诗文能力、诵读水平及课外诵读古诗文兴趣明显高于其他班，语文平均分比试点前提高3.67分，教师教学的专业素养提升。

　　成果推广后，全校开展"你读我诵""经典浸润人生"活动，掀起古诗词朗诵的学风，每周规定背会一首古诗文，学生多背的给予加分奖励，学生养成诵读的好习惯，并在班级微信群中进行交流分享，老师及时给予评价和反馈。优秀作品推荐参加陕西省诵读大赛喜获佳绩，学校受邀为颁奖晚会现场朗诵展示。

　　每天一次"亲子诵读——我读你评"让每一个孩子和家长参与其中，形成了"家校共育"静心诵读的良好氛围，诵读摘录的经典诗句，不仅丰富着学生的语言积累、传承经典，更潜移默化中提升了学生的语文素养。期间，学生参加"第三届陕西省朗诵大赛"的数量较之前明显增加，获奖人数增加37%。

2."双线四读"教学方法扎实推进，教师教学能力显著提高。

　　"双线四读"教学方法在课堂实践中扎实推进，使教师们克服了古诗文难教的畏难情绪，在实践中不断突破自己，提高教学水平，让自己的课堂更有活力和张力。教师获全国小学语文"主题阅读"大赛一等奖等奖励32项，培育"陕西省名师大篷车"送教专家1名，陕西省教学能手高级研修班指导专家1名，省教学能手指导教师2名，省教学能手2名，市级教学能手4名，临渭区教学新秀3名。

3. 成果辐射圈有效延伸，坊室、校际交流日趋频繁。

成果产生了良好的示范效应，吸引了高新区第一小学等13余所兄弟学校前来交流学习。杨晓蓉名师工作室、郗莉名师工作室、雷亚宁名师工作室、王院丽学带工作坊等围绕古诗文教学多次开展交流活动，引领教师注重统编版各个学段古诗文教学的衔接，成果辐射带动作用得到进一步彰显。

团队先后赴兰州、重庆、西安等省内外送教送培20余次，培训2000余人次。成果相关内容被渭南市电视台、渭南日报等媒体报道10余次。

大教育家叶圣陶曾说："教师并非教书，而是教育学生。"在古诗文教学研究的路上，让我们采撷一缕诗意的阳光，伴着一路花香，陪着孩子们一路在古诗文的王国里远行……

以生为本 小学民主化管理班级的实践研究

一、课题的提出

生本理念（又称生本教育理念）是指"真正以学生为主人的，为学生好学而设计的教育"。生本教育的理念是一切为了学生、高度尊重学生、全面依靠学生。

民主管理，是指学生自己管理自己的班级，整个班级的群体管理，班集体建设，亦即班级的一切事情，全班学生说了算。民主管理，是指学生学会自己管理自己，是作为班级成员的每个学生自身的个体管理。班级的以生为本、民主管理与学生自我管理的结合就是现代的班级管理。在素质教育的今天，培养学生的创新意识被摆在了重要地位，班主任在管理班级方面，也应该有所创。因此，我们顺应时代的发展，提出了"以生为本 小学民主化管理班级实践与研究"这一研究课题。

二、课题提出的意义

理论意义：陶行知认为，民主管理是学生结起团体来，共同学习自己管理自己的能力，利于良好集体的建设。

现实意义：

1. 以生为本，创造民主化管理班集体的氛围，可以提高学生自我教育的能力。

2. 以生为本，引导小学生民主化管理班集体，促其内部因素发挥积极作用，使他们在良好的班级环境中接受教育。

3. 以生为本，引导小学生民主化管理班集体，可以培养儿童独立的个性，有利于儿童认识自我，了解他人，明确人与人之间的合作关系。

4. 课题的研究可以为班级管理提供实践基础和可借鉴的经验，丰富和发展班级管理的理论，减轻班主任的繁重劳动，以便腾出更多的时间用于教育教学。

三、课题研究的内容

1. 调查我校目前班级管理的现状。

2. 了解影响学生在班级管理中发挥主体性作用的因素。

3. 进行学生班级民主管理能力测评。

4. 学生学会管理自己，主要指小学生的自我约束行为。

5. 学生学会对他人的管理，主要指小学生对他人的行为干预。

6. 民主，自由，尊重别人对集体的管理，如：班干部对小组、班级活动的协调作用，培养自主管理能力。

7. 集体对个人的管理，如：通过集体舆论转变后进生，纠正学生的不良行为和品质。

四、课题研究的方法

1. 研究对象和研究方法。

课题的研究对象主要是实验班级学生。教师（尤其是班主任）利用各种教育机会，开展丰富多彩的活动，打破保姆式的班级管理，让"小皇帝""小公主"们民主、自理、自立、自制，克服以我为中心的缺点，学会合作，做班级的小主人。

2. 研究对象：本校1—6年级各选三个班为研究对象。

3. 研究方法：文献资料法——查阅资料提供理论依据。

调查法——通过对实验班学生的访谈，了解学生自主管理意识的强弱；通过问卷搜集学生自主管理的能力资料。

观察法——建立学生个人档案，对研究前后学生自主管理的能力发展进行观察、跟踪记录，采用描述性观察法。

行动研究法——包括"计划—实施—反思与评价"三个环节的实践。

经验总结法——对积累的经验进行分析概括，全面深入地揭示实质，找出具有推广价值的材料，形成理论性的资料。

五、研究计划

课题研究的过程设计和实施步骤：

1. 准备阶段

完成课题研究方案，对课题成员进行培训，明确分工。

2. 实施阶段

（1）针对班主任和学生分别设计调查问卷，通过调查，分析现有管理模式的利弊，了解学生自主教育的愿望与实效。通过调查，了解学生在班级管理中想做什么，能做什么，能做好什么，影响学生在班级管理中发挥主体作用的因素有哪些；班主任在班级管理中做了什么，做的效果如何，对学生管理能力的认知怎样，在引导学生自主管理班级方面存在哪些问题。

（2）以学生身心发展特点为基础，分年级段，科学制定民主化管理活动的操作办法：

①低年级：教师可将班务工作进行分解，每个同学承包一项或两项，以培养责任心，逐步培养一批能起带头作用的小骨干。到一年级下学期可尝试班长竞选制，然后培养他们对工作有困难的班干部进行帮助。二年级开始学会制定简单的班级管理公约，实行主要班干部竞选制，明确职责，渗透民主评议思想。

②中年级：逐步完善民主化管理各项常规管理制度，实行小组目标管理，完善班干部竞选制度，建立班务工作评价机制。照章办事，责任明确，做到"人人有事做，事事有人做"。

③高年级：完善"以规治班"的管理思想。构建"星级评价"小组竞赛自主管理体系，即"科学分组—设定目标—人人争优—小组反思—评价激励"。根据每组自主管理得分情况，每日、每周、每月、每学期对每个小组进行评价表扬奖励，使班干部在工作中能较好地实现竞争与合作、民主与责任。

（3）以活动为载体培养小学生民主管理班集体的能力。

丰富多彩的活动是培养民主管理能力的重要渠道。活动中要有严密的活动计划，充分调动学生活动的积极性，为学生提供更多的自主管理的机会，加强对活动的后效管理。以民主和谐为原则，师生共同开展民主管理班集体的活动研究工作。

3.总结阶段

在前两个阶段工作的基础上，反思研究过程，总结研究成果，初步形成以学生民主化管理为核心的班级管理模式。

请专家鉴定之后，总结课题研究工作，民主化管理教育论文结集，撰写研究报告，完成结题工作。

六、主要研究成果和结论

我们课题组按原定计划操作，不断地修改，完善课题研究方案，在实际操作中，注重边学习边实践，以理论指导实践，以实践促进认识，取得了一定成效，现总结如下：

1.以生为本，营造班级文化，调动兴趣。

班级文化建设是教育者通过创设班级的精神氛围、文化制度、文化关系、文化环境等来熏陶和培养学生文化人格的影响活动。良好的班级文化不仅给学生带来知识，还创造了一个适合每位学生身心发展、陶冶精神的环境。班主任在班级文化建设过程中，坚持把学生看作有具体需要、情感和潜力的人，从尊重每个学生出发，通过让孩子们自己营造优雅舒适的班级环境，建立班级制度，创设和谐的班级氛围等手段，使班级文化建设既富有教育意义又充满生气。

（1）营造优雅环境——班级环境文化建设。

班级文化建设是从班级环境的创设开始的，它能以生动活泼的形式、积极健康的内容，把对学生的思想教育寓于可感知的情景之中，潜移默化地影响学生的日常思想行为。

①以班级公布栏体现班级管理状态。

A. 在公布栏张贴班规班训、班级管理制度、小学生行为规范、一日常规等，使学生感受到集体的纪律和秩序的约束。

B. 张贴班级岗位负责人一览表、班干职责表，使学生明白在集体中要承担责任。

C. 张贴班级活动计划，使学生感受自我展示和自我发展的生命价值。

②以展示栏激发学生民主管理兴趣。

A. "争章台"激发学生民主管理积极性。教师对学生的学习、纪律、卫生等表现进行及时评价，通过"争章台"的展示提高了学生的民主管理兴趣。

B. 多姿多彩的作品展示栏，展示了学生的书画、手工、科技等作品，给学生提供了展示的平台，增加了学生的自信心。

C. 竞赛栏展示了学生风采、特长，开发了学生智力，树立了环保意识。小制作、摄影作品、"优秀作业栏"、"露一手"、"小小书法家"等让学生作品得到充分展示。

D. 荣誉角体现了班级民主生活。如"班级之星""每周之星""班级日志""红旗榜""班级小主人"等。

班级环境的创设体现了教师"由扶到放"的过程，充分发挥了学生的创造性，让学生全方位地参与环境创设，培养学生动脑、动手的能力，增强了学生"小主人"的意识。

（2）用制度指引行动——班级制度文化建设。

良好的班级文化建设不仅表现在物质层面上，而且表现在精神层面上。"没有规矩，不成方圆"，一个优秀的班集体，必然有着一整套班级制度文化。

①自主制定班规。学期初在制定班规时，为了使学生从思想上重视规则，班主任让学生民主制定，并以此作为教育的突破口。

②民主调整班规。班规的具体内容每学期都根据班级的实际和学校的要求，及时地做出适当的调整，使班规跟上学生、班级的变化和学校的中心工作。

③完善自查机制。根据班规，我们建立起了一整套学生自查自纠、值日班干部督促机制，把外在的强化、监督和学生自觉的自我教育有机地结合了起来，从制度上保证了学生民主管理、自我教育能真正落到实处。班主任定期或不定期地对自主管理的执行情况进行必要的检查，并做出恰当的讲评，帮助学生、班干部不断完善自己的工作，提高民主管理、自我教育的水平。

（3）创造和谐的家园——班级人际关系建设。

心理学研究证明：人际关系对人们的生活、学习、工作、劳动乃至身心健康，都具有重要的影响，人际关系的好坏不但影响人与人之间的交往效果，而且对群体的社会实践效果也发生重大作用。因此，一个班集体内人际关系的好坏，不但影响着师生之间、同学之间的交往效果，而且也影响着班集体的巩固和发展，影响着良好班集体的形成和建设。构建和谐班级是时代发展的呼唤，社会进步的需要，家长殷切的期盼，学生热烈的向往，也是我们每一位教师的神圣追求。在班级人际关系建设中我们课题组主要做好以下几点：

①利用班会、道德与法制课教育学生建立起人与人之间真诚友好的人际关系。

魏书生曾说："民主管理在某种意义上就是多数人参与政治，参与决策，参与比较复杂的工作。实施民主管理的前提是要尊重学生，与学生平等相待，既做老师又做朋友，建立新型的师生关系。"因此我们利用晨会、班会、道德与法制课教育学生建立起人与人之间真诚友好的人际关系，同时采取一些措施，如共同制定班级公约、实施班组长轮值制等，增强学生班级的主人翁意识。另一方面，爱护学生自我管理的积极性，经常进行激励。少年儿童的心灵是纯洁无瑕的，他们乐于遵守纪律，乐于配合教师的工作，也乐于为集体服务。只要教育得法，每个孩子都会成为班级管理的积极参与者，使学生不断体验到成功的快乐，增强了自我管理的意识。

②优化班级的组织管理措施。

实行干部轮换制度，让每一位班集体成员都有机会担任班干部，熟悉班级管理的事务，从而增强管理者与被管理之间的相互理解和信任，加强班集体成员之间的意见交流，从而增进班集体的民主、和谐氛围，形成融洽、良好的人际关系。

③加强学生人格的锻炼。

良好的人格，能改善与增进人际关系；而不良的人格，却会使人际关系比较紧张。一个人如果心胸开阔，富有同情心，能够严格要求自己，宽以待人，那么他就必然具有人际吸引力，容易与他人沟通，建立起良好的人际关系。相反，一个人如果心胸狭窄，缺乏修养，性格古怪，就难以维持与他人的关系。因此，无论是班主任，还是学生，都应自觉加强人格的锻炼，努力改造不良人格，加强自身修养，培养良好、高尚的人格。

④积极开展班集体活动。

A. 抓好外部诱因，引发民主管理动机。

在晨会、少先队活动中宣传"自己的事自己做"，并举行各类小竞赛活动，强化意识。课外，主动与家长联系，召开家长会，举行"家长开放日"活动，使学校、家庭、社会的教育有机结合。运用情感激励、榜样激励、奖励激励等手段，把民主管理渗透到各科教学、班级活动的每一个环节，多层次、全方位激发学生参与管理的动机，使学生置身于民主管理的客观环境中，产生参与管理的需要。

B. 抓好读书活动，激发民主管理动机。

通过开展"小小图书吧""好书推荐""读书漂流""经典古诗词背诵"等活动，使学生在民主管理图书的过程中，自主阅读书籍、分享阅读心得、激发读书兴趣，为学生创造了一个以书会友、以书交友、互通感情的平台。让书漂流，书香流淌，整个学校成为一个流动的图书馆，拓展了阅读途径，开辟了阅读第二课堂，同时激发学生读书热情、管理兴趣，在活动中快乐阅读，在与同学分享中获取知识，感受快乐，体现了好读书、读好书的活动宗旨。

C. 抓好护绿活动，培养民主管理动机。

以"学雷锋"系列活动为抓手，大队部以宣传海报的形式宣传"绿色环保"的理念，号召全校少先队员争当护绿志愿者，学校开展形式多样的植绿、护绿活动和植物养护实践体验活动，班级进行轮流制的形式，保护自己班级的绿色区域，既增强了学生保护环保意识、生态意识，也使学生民主管理兴趣得到提高。

D. 抓好队建设，巩固自主管理机制。

为了促进学生民主管理，少先队工作向着规范加特色的方向发展，通过班级自选、学校竞选的方式，选出最优秀的少先队员担任大队委职务。为了提高我校少先队组织的整体素质，增强队员们的竞争意识，使少先队组织更具有活力，为队员们创造充分展示聪明才干的机会，给每一位有上进心的少先队员提供展示的舞台、成长的空间，促进学校少先队工作向着有特色的方向发展，形成"自己的活动自己搞、自己的阵地自己建、自己的事情自己管"的少先队工作新局面。

E. 开展班队会活动，培养民主管理能力。

课题组实验班级每星期都有两节文体活动课，在开展活动的过程中，班主任改变了以往自己定主题、自己找材料，然后让学生读一读、演一演的形式，而是与学生一起商量活动主题，选择材料，组织工作都让学生一起参与或让他们自己策划、组织，收集"金点子"。由各班学生干部组织学生开展主题班会、诗歌朗诵比赛、小品表演、讲故事比赛、拔河比赛，通过这些活动让每一个学生有机会发挥自己的才能，在活动中提高班级的向心力，融洽了师生、生生间的关系，让同学们相处得更团结，自主管理班级的能力得到进一步提升。

F. 开展实践活动，提高民主管理能力。

利用课余时间,组织学生亲近自然,体验生活。开展"公园公益帮扶""社区垃圾清理""葡萄园基地参观"等活动，使学生在民主呼吁、自发宣传中增强了环保意识，提高了民主管理能力。开展"同在蓝天下"活动，走进特殊学校，与特殊学校的孩子们欢聚一堂，给他们赠送礼物，让孩子们真正理解了"赠人玫瑰，手留余香"的深刻含义，并将活动延续到日常学习、生活中，使关爱成为自然。

G. 开展大型活动，提升学生自主管理能力。

每一年我校都要举行两次大型的体育活动，即春季的田径运动会和冬季的三跳运动会。在活动中，学生从运动员的选拔，到比赛前的训练，各班级都学习自主管理训练。在运动员的选拔中，落选的孩子自行组织管理，成立训练陪练组，协助参赛的学生数数、计时，甚至有些跟着训练，充分地体现了班级成绩人人抓、班级荣誉人人管的民主现象，解放了老师。

2. 以生为本，创建新型制度，班级我做主。

在课题研究中，我们坚定地树立"学生是班级的主人，班级属于每个学生"的指导思想，真正做到人人都能参与各种班级管理的活动，让每个学生都能在原有基础上得到发展。

（1）实行班干部任期制。

为培养学生"能上能下 能官能民"的美德，增强学生的耐挫力和自信心，班级实行班干部任期制，每一学期进行一次换届选举。班干部选举前进行竞聘演讲，让每位学生都有参与竞选班干部的机会，由他们自我介绍学习情况、取得的成绩、个人特长、爱好等，再民主选举产生班干部。这体现了班主任对学生的尊重，也使同学间增进了解，相互沟通，有利于今后的互助合作。学生民主选举班干部后，还须设置监督系统，由学生来评价班干部的工作。在班内实行"班干部考评制度"，对班干部班级工作、学业状况、人际关系等方面，设计一定的目标和考核指标，每届任期满后由学生来考核，汇总情况后班主任再与班干部谈话，肯定成绩，指出不足。这样做，对班干部有很大的促进作用，对其他同学也起到相应的教育作用。班干部任期为一个月，任职期满后再行选举。

①建立功能小组，确保人人有事做。

班委建制历来是班主任启动班级管理中最重要的一环，但以往的班委，仅仅是少数人得到较充分的发展，学生参与面不广。因此我们做了如下尝试：

事务分类	组长（1人）	功能小组（5人）
在校活动	班长（正）	及时督促监督各委员的工作
在校安全	班长（副）	课堂安全 课间安全 体育课安全 活动安全
语文活动	学习委员	收发作业 检查家作 班内比拼 帮困工作
数学活动	学习委员	收发作业 检查家作 班内比拼 帮困工作
宣传活动	文娱委员	十分钟晨会 组织班会成立文艺小组 树文明新风
体育活动	体育委员	路队纪律 小型体育活动 课间操秩序 饮水秩序
卫生活动	劳动委员	卫生检查 校内外活动 零食检查 清理黑板
制作活动	组织委员	发动参与 黑板报 举办展览 展品保护

功能小组成立之后，在自愿报名的基础上，进行班委竞选，然后在平时的活动中，再吸纳其他人自由组合，这样，该小组成员是本小组功能发

挥的精兵强将，自主帮助，带动其他人共同提高本项活动能力。

②设立"九长九员"，确保事事有人做。

功能小组的划分受学生能力和人数的限制，不可能人人参与。同时班级管理中还有其他事务，可开展"九长九员"岗位责任制以增加岗位，如设置花长、帘长、门长、桌长、凳长、灯长、水长、队长、窗长等，以及图书管理员、墙面保洁员、地面保洁员、仪器保洁员、镜框保洁员、卫生工具整理员、纪律检查员、红领巾检查员等。这样，班内初步形成了"人人有事做，事事有人做"的班级管理格局，层层落实职责，赋予相关权限，互不交叉，充分发挥每个学生的主体性和积极性。

③落实值日班长检查制。

由班委成员负责班级事务检查，形成"每日制度化"管理（出勤、卫生、晨会、两操、队会）。重点对教室内环境加强督查，认真记录，发现问题，及时整改。每个岗位每周进行加分，反之，对责任心不强或忘记值日的同学进行扣分，并对造成在班级考核中失分的同学进行扣分。

（2）实行班干部轮换制。

改变过去班干部每学期或每学年更换一次的做法，实行班干部自愿组合、定期轮换的制度，让每一位学生尝试管理与被管理的滋味，让每一位学生得到锻炼的机会，在民主管理中不断认识自我，形成自己独立的道德判断，学会自律，学会合作，学会取人之长，学会展现自我特色。

班干部轮换制，在实施的过程中，根据不同年级和班级的实际情况，逐步形成以下的基本操作程序和模式：

①学生在班主任的协助下，根据班级学生的性别、个性特长和能力等具体情况进行自我组织，把全班学生分成若干组，每组成员担任班干部任期一般为一个月左右，保证班级每个学生在一年内至少担任一期班干部的工作。每组成员在担任班委之前，根据班级的总体目标，拿出简单的班集体建设的方案和措施，在担任班干部工作两周之后，要在班上进行班级工作情况汇报，听取同学的意见，任职期满，每个班委成员要进行口头述职，并由班级师生对班委工作进行评议打分。

②班干部轮换的几种模式。

A. 全体干部定期轮换，即班长和班委全部定期轮换，每次轮换的班干部都是全新的。

B. 部分班干部轮换，即班级固定为2—3名基本骨干，其余班干部定期轮换。

C. 一半班干部转岗，另任其他职务，以培养多方面能力，一半班干部"下岗"，缺额由其他学生填补上。这里"下岗"的，往往是能力较强的学生。这样做的目的就是有意识地让他们当好"普通一兵"，得到锻炼和磨炼，同时给其他同学提供锻炼的机会。

（3）实行班主任助理或值日班长制。

在保留原有干部的基础上，让每一位学生都有当一天或者一段时间的班级管理人员的机会。

①实行班主任助理制：

A. 明确条件，民主选拔，择优录用。每学期开学初，开始在同学中进行班主任助理的竞选，为保证质量，我们把"品行端正，工作认真负责，有一定工作能力，能团结同学"作为基本条件。由学生自愿报名参加。班主任对参加竞选的同学进行面试，请他们谈谈对班主任助理这一工作的认识以及自己的优势、工作打算等，然后经过演讲，公开选拔，确定班主任助理，班主任助理每届任期为两个月至一个学期。

B. 明确任务，制订工作计划。班主任助理这项工作对学生来说既感到新鲜又感到陌生，他们头一次担任这项工作，缺乏这方面的工作经验，不知从何做起。因此班主任首先明确任务：要求做好班级的日常管理，如早读、课间操、教室卫生等，要求制订出每月简单的工作计划，同时要求成为班主任与学生之间的桥梁，成为广大同学的知心朋友，任期满后要进行总结和考核。

C. 明确方法，加强工作能力锻炼。由于班主任助理本身也是一名学生，负责全班的工作还是头一次，缺乏工作经验，这就需要对其工作进行指导和帮助。先熟悉班级工作程序，熟悉全班每个学生的学习情况、性格特点，对他们既充分信任，鼓励他们大胆地工作，敢于创新，又对他们的工作加强指导，帮助他们不断地改进和提高工作方法。

D. 明确目标，争做先进。没有具体的奋斗目标，工作就没有方向，就难以收到良好的效果。作为班主任助理，首要的目标是带领全班同学争创"星级文明班"，在班级中建立一种健康向上的良好风气，使班级各项工作走在全校的前列。

②值日班长制：

设值日班长，旨在让每一位同学都有一个锻炼的机会，让每一位同学都有一种服务意识，让每一位同学都能在实践中尝试与同学沟通，最终达到培养他们的自我管理的能力。值日班长采取日轮换制，每天轮流由一位学生担任"值日班长"，并公布在黑板的左上角。值日班长的工作职责是严格公正地做好班级每天的常规管理工作。如记录好每天的"班务日志"，记载好每一天的学生纪律、出勤、卫生、学习等情况，任课教师的上课情况，同时允许和鼓励值日班长创造性地发挥和开展工作，提出和采取一些符合本班实际，并且切实可行的"金点子"。值日班长每天一任，每任一天，实现人人可做、人人能做、人人都做，让我们的每一个可爱的学生都有机会成为一个管理者。

改革班委建制，设立功能小组，建立"九长九员"，进行岗位轮换，丰富了班级管理的角色，带来了积极效应，不仅能增强学生的集体意识和班级的凝聚力，而且能使学生获得班级管理主人的积极体验，从而激发主动参与班级管理的积极性，并从管理者的角色中学会管理他人，学会自我管理。

3. 以生为本，丰富实践活动，彰显管理能力。

引导自我管理，根本上在于培养民主管理的能力。在班集体创建活动过程中，开展丰富多彩的活动，是培养学生民主管理能力的重要渠道。

（1）十分钟晨会特色化。

晨会课由班主任的"一言堂"，改变为晨会课成立学生的一道"精美可口的早餐"。晨会由学生自主组织，对10分钟晨会进行承包制，专人负责，全员参与，形成特色。比如内容有：周一新闻综述，周二小小音乐会，周三综艺活动，周四人与人，周五本周要事等。

（2）班队会民主化。

主题班会活动也做了相应的改变，尽可能让多一些学生参与到活动的设计、准备和组织中来。班主任提前将活动的时间、主题、范围告诉学生，让同学们自己去收集材料，自己去设计方案，自己去分工准备，班主任则是同学们的顾问和教练。活动结束后，让学生对活动的主题、内容、形式、主持等进行评议，促使下次活动搞得更好。

（3）尝试实行学生民主评价。

以往我们的评价体系，往往是教师一锤定音，新的班级管理理念告诉我们，这样的评价对学生是不公平的，因为教师的评价，往往带有成人化的要求倾向，往往容易求全责备，当然也不利于学生自我管理约束、民主评价、民主管理能力的培养。

因此，在目标管理的评价考核中，我们尝试着以学生自评与学生互评相结合的形式来进行，学生通过自评、互评，小组评，把自己所取得的进步记录下来，在评价中学生从他人的肯定中得到了满足，获得了自信；在自我批评中，学会反省，逐步完善自己。

在学生自我评价的过程中，教师不失时机地帮助一些学生找出实现目标过程中存在的差距和努力的方向。整个评价过程教师充分放心、放手，使学生在参与评价的过程中充分感受到了班级民主管理的气氛，也感受到了参与管理评价需要的责任心。

（4）开拓民主实践活动的时间和空间。

为了把民主管理的时间、空间进一步延伸，班级内还组织课余收藏小组、读书小组、环保小队等等，定期汇报交流。把班务管理提高到学校管理，学校的红领巾广播站、红领巾监督岗、美术剪纸社团、鼓号队社团、百灵鸟合唱社团都是在教师的指导下，由学生自主组织活动。

在实践活动的开展中，我们尽量体现这样一个理念，在热热闹闹中让学生的个性得到张扬，学生的主体意识得到更好地确立，学生的民主管理能力得到提高。像低年级班级学生开展的"整理我的小书包""我的书包我自己背"等活动，是对学生进行生活学习的独立性教育，中高年级开展的"我是班级小主人""我爱我班""我为班级献一计"等班队活动，则告诉了学生自己是班级的主人，培养学生的主体意识，为学生的民主管理打下扎实的基础。

七、实施的结果

1.通过课题研究，更新了教师的教育管理理念。

通过课题研究，教师首先转变了观念：学生是可以通过自身的努力去管理好自己，同时参与班级管理。但是注重能力是需要我们通过有效的途径进行培养。我们可以通过创建班集体这一形式，通过开展各种活动，训练学生通过自己的主动努力，参与班级管理，控制和协调好个人、小组与班集体，与周围环境等之间的关系，提高学生的自我管理能力。班主任对班级管理有了新的认识，而教师的教育管理理念转变，为学生的自主发展提供了更多、更广阔的空间。

2.通过课题研究，提高了学生民主管理意识和能力。

我们的课题研究，通过创建良好的班集体实施，在班集体创建过程中，我们注重目标的建设，在目标建设中，特别重视的首先是学生的民主管理意识和能力的培养，学生民主管理意识的提高，有效地促进了学生自我服务、行为自律、协调关系等方面能力的培养。通过这样的努力，我们发现学生在班级中的主人翁意识增强了，学生的集体意识增强了，管理能力和协调能力增强了。

前、后测对比如下：

时间 \ 项目 比例	民主管理兴趣	民主管理参与度	民主管理能力的提高	民主管理对学生自身的作用
2018年	40.3%	42.6%	37.1%	50.3%认为作用大
2019年	97.6%	96.8%	90.7%	96.4%认为对自己有作用
2020年	98.7%	99.1%	95.8%	98.7%认为对自己及他人都有作用

八、研究后的思考

在整个课题研究过程中，我们取得了一些成绩，但是也存在着不少的问题和困惑，像班级管理过程中如何恰当地把握好一个"度"；在学生参与班级民主管理过程中,如何持久地调动学生的积极性等,这还有待于我们进行进一步的探索和实践。作为教育工作者,要全面实施素质教育,任重道远。新形势对人才培养赋予了新的内涵,对学校教育管理提出了新的挑战。今天,我们通过创建优秀班集体,让学生参与班级管理,进而学会民主管理,培养了其自主性、能动性、创造性,真正给予了孩子们一片属于自己的天空。

课堂实践

小学语文"双轨四步"生本阅读课堂解读

一、什么是语文"双轨四步"生本阅读课堂教学

【双轨】指课内、课外两条轨迹。阅读教学不应以完成一篇课文的阅读为终结任务,而应在此基础上,以"课内带课外",引导学生完成一篇到多篇有效课外阅读。

【四步】指阅读课堂教学中,按照"生本教育"理念,教师不做过多的讲解和牵引,而是顺应学生的认知规律,引导和组织学生由浅入深地经历四个轮次的学习过程。第一步:初读,读通。第二步:精读,读懂。第三步:赏读,积累。第四步:延读,拓展。

【生本阅读】指按照"双轨四步"的思路,学生在教师的组织和引导下,实现充分的自我阅读。"生本阅读"是"双轨四步"要实现的目标。

"双轨四步,生本阅读"以课内阅读为契机,实现"课内带课外",在课堂阅读实践结束后,教师要引导学生进入有效的课外阅读之中。在这样的教学中,学生是阅读和学习的主人,教师只是组织者和指导者。时间:由课内到课外。阅读材料:从课本到各种读物。

二、语文"双轨四步"生本阅读课堂教学基本理念

南塘小学生本课堂教学体系所依据的基本理念基于以下四点:

1.建构主义学习理论。学习是学生主动建构的过程。学生不是简单被动地接受,而是对外部信息进行主动选择、加工和处理,从而获得知识。学习的过程是学生自我生成的过程,这种生成是他人无法替代的,是由内

向外生长，而不是由外向内灌输。

现代课程理论认为，课程是一个过程，但不是教师向学生传递其所知道的过程，而是师生一起探索其所不知道的过程；教育改革所倡导的不仅是文本课程，更是一个侧重学生内在体验的过程，是学生获取知识的自我建构过程。

2. 叶圣陶先生的"学生本位论""生活本源论""实践本体论"是我校生本教育实践研究的哲学依据。叶圣陶先生强调"群体本位"，所有学生应该是一切教育工作者的着眼点与落脚点，强调"学生要自觉做学习的主人"，强调教师"要站在学生的立场为学生着想"。

3. 郭思乐教授的"生本教育"理念认为"学生是自己生产自己"，"教学是学生在老师的组织引导下的自主学习"，强调"比基本知识和基本技能更为基础的是发展人的情感和悟感"。小学语文阅读教学当然也不例外，应该是学生在老师的组织引导下自主阅读的过程，在这个过程中，学生是阅读的主人，教师只是组织者和引导者。

4. 全日制义务教育《语文课程标准》（2011年版）所倡导的关于阅读教学的基本理念是："阅读是学生的个性化行为，不应以教师的分析来代替学生的阅读实践。应让学生在主动积极的思维和情感活动中，加深理解与体验，有所感悟与思考，受到情感熏陶，获得思想启迪，享受审美乐趣。要珍视学生独特的感受、体验与理解。""逐步培养学生探究性阅读和创造性阅读的能力，提倡多角度的有创意的阅读，利用阅读期待、阅读放肆和批判等环节，拓展思维空间，提高阅读质量。"

这些理念要求阅读教学必须尊重学生已有知识与经验，注重培养学生自主学习的意识和习惯，为学生创设良好的自主阅读的情境，尊重学生的个性差异，鼓励学生选择适合自己的学习方式。

三、小学语文"双轨四步"生本阅读课堂教学思路

学生自读课文两到三遍，能正确流利朗读课文，知道课文主要内容。	再次组织学生自己读课文，读懂内容，领会思想，读出感情。	由读向写迁移，学习语言运用，品读和积累精当的词句段篇。	推荐读物，指导进行课外阅读，将阅读拓展到课外。

在这一基本思路规范下,教学的思路如下:

阅读教学基本教学思路

第一步:自己读课文,能读下来。具体要求:(1)能通顺地把课文读下来。(2)识字、写字。(3)大概知道课文写了什么。(初读)

第二步:再自己读课文,读懂意思。任务:读懂内容,领会思想,读出感情。(深读,也可叫精读)

第三步:回顾课文,对精当的词或句或段或篇进行品读和积累,并完成写作迁移。(赏读,重在由读向写迁移,学习语言运用)

第四步:激发兴趣,推荐课外阅读。(延读,将阅读引向课外)

《麻雀》教学设计

【教材分析】

《麻雀》一文是统编版小学语文四年级上册第七单元的第一篇课文。文章主要叙述了一只老麻雀在庞大的猎狗面前，奋不顾身地保护小麻雀，使小麻雀免受伤害的故事，赞扬了母爱的无私、伟大，抒发了作者对老麻雀的敬佩之情。

【教学目标】

1. 正确、流利地朗读课文，会认"嗅、奈"等6个生字，会写"嗅、呆、奈"等13个生字，联系上下文理解"无可奈何、扎煞、掩护"等词语。

2. 抓住重点词句，能够找出文中描写小麻雀、猎狗、老麻雀的神态、动作的句子，学习作者通过神态、动作描写来表现人物形象的方法。

3. 明白这件事的起因、经过和结果，感悟老麻雀为保护小麻雀而表现出的那种强大的力量，感悟"母爱"的力量，从而感悟亲情的伟大。

【学情分析】

小学四年级学生已初步掌握抓住重点词句，读中理解课文所表达的思想感情，《麻雀》一课在北师大版小学语文三年级下册中孩子们已学过，所以在本课教学中，应根据学情及时调整教学设计，及时拓展，做到课内课外两条线，引导孩子们学会、会学语文。

【教学重、难点】

教学重点

1. 正确、流利地朗读课文，说说课文围绕麻雀写了一件什么事，这件事的起因、经过和结果是怎样的。

2.感悟老麻雀为保护小麻雀而表现出的那种强大的力量，感悟"母爱"的力量。

教学难点

抓住重点词句，能够找出文中描写小麻雀、猎狗、老麻雀的神态、动作的句子，学习作者通过神态、动作描写来表现人物形象的方法。

【资源利用】

教学PPT

【教学过程】

第一课时

【教学目标】

1.正确、流利地朗读课文，会认"嗅、奈"等6个生字，会写"嗅、呆、奈"等13个生字，联系上下文理解"无可奈何、扎煞、掩护"等词语。

2.说说课文围绕麻雀写了一件什么事，这件事的起因、经过和结果是怎样的。

【教学重、难点】

正确、流利地朗读课文，会认"嗅、奈"等6个生字，会写"嗅、呆、奈"等13个生字，联系上下文理解"无可奈何、扎煞、掩护"等词语。

【教学过程】

一、**激发兴趣，导入新课**

1.（出示麻雀、狗的图片）同学们认识它吗？你们知道哪些与麻雀、狗有关的成语或俗语呢？

预设：

麻雀　鸦雀无声；门可罗雀；燕雀安知鸿鹄之志；麻雀虽小，五脏俱全……

狗　鸡飞狗跳、鸡鸣狗盗、狼心狗肺、狗仗人势、画虎不成反类犬……

2. 对比麻雀与狗，从图片中我们可以看出什么？

预设：麻雀小而弱，猎狗大而强。

3. 那么当这两者相遇的时候，会发生什么？接下来就让我们走进俄国作家屠格涅夫的《麻雀》。

（设计意图：通过图片对比，让学生整体感知猎狗与麻雀的巨大差异，从而更好地理解课文内容。）

二、初读课文，识字学词

任务一：请同学们按照自己喜欢的方式读课文，注意圈画出不懂的生字词，通过工具书或联系上下文，理解不懂的词语。

1. 学生自主读文，识记生字词。

2. 同桌交流本课"我会认"中的生字。

师适时点拨："拯"是翘舌音，"嘶"是平舌音。

3. 小组合作学习本课"我会写"中的生字，指导记忆、书写。

（1）让学生观察生字，找出适合自己记忆的方法。

（2）小组交流。

师适时点拨：区分形近字"躯"与"驱"，"搏"与"博"。可以从偏旁入手，"躯"与身体相关，所以是身字旁；"搏"是用手搏斗，所以是提手旁。

（3）指导书写。

教师适时指导："嗅"注意右部下面有一点；"齿"上宽下窄；"幼"字的偏旁不是"纟"，而是"幺"。

4. 联系上下文，学生交流理解词语的意思。

5. 概括文章的主要内容。

请同学们自由读课文，根据课件提示，概括课文内容。

三、再读课文，理清脉络

任务二：看一看课文一共有几个自然段，哪几个自然段是描述老麻雀奋不顾身保护小麻雀的。

默读课文，试着给课文分层，归纳出各部分的内容，教师引导学生用不同的方法进行归纳。

第一部分（1—3自然段）："我"打猎归来途中，看到一只从巢里掉下来的小麻雀。

第二部分（4—5自然段）：老麻雀在庞然大物——猎狗面前，奋不顾身地保护小麻雀。

第三部分（6—7自然段）：小麻雀得救了，"我"带走了猎狗。

（设计意图：教师适时归纳分段常用的方法，一方面划分段落层次可以帮助学生理清文章层次，使学生可以更好地掌握课文的主要内容；另一方面，可以根据段意理解段中的关键词句，明确文章中心。）

四、归纳小结，延伸拓展

1. 归纳小结：学生小组内说一说，在班级分享。

2. 同学们，小麻雀为什么会得救，我们下节课再来探究，相信你会有别样的感动。

3. 作业设计。

（1）规范书写本课生词。

（2）有感情地朗读课文。

第二课时

【教学目标】

1. 理解课文的内容，体会老麻雀为了保护小麻雀而表现出的那种强大的力量。

2. 重点学习第4、5自然段，进一步学习、掌握具体记叙和表达真实思想感情的方法。

【教学重、难点】

抓住重点词句，能够找出文中描写小麻雀、猎狗、老麻雀的神态、动作的句子，学习作者通过神态、动作描写来表现人物形象的方法。

【教学过程】

一、复习导入，走进文本

1. 听写词语，及时纠错。

2. 指名学生有感情地朗读课文，其他学生回忆课文围绕麻雀写了一件什么事。

（设计意图：回顾上节课学习的内容，防止学习断层，帮助学生更好地进入到新课的学习，温故而知新。）

二、精读感悟，学习方法

1. 任务一：

边读边思考："我"看到了一只什么样的小麻雀，它有危险吗？在读中画出描写小麻雀动作、外形的句子。

（1）学生自读课文，找句子。

（2）小组内交流找到的句子，说说自己的感悟。

（3）小组展示，教师点拨。

反复朗读，体会：猎狗慢慢地走近小麻雀，嗅了嗅，张开大嘴，露出锋利的牙齿。

点拨：从猎狗"张开大嘴，露出锋利的牙齿"的动作看，小麻雀遇到了一个凶狠、比自身强大百倍的敌人。

（设计意图："书读百遍，其义自见。"把书多读几遍，反复咀嚼文中的关键词语，教师适时给予指引，使得学生读起来有明确的方向。掌握了学习的方法比直接告诉学习的结果更好。）

（4）评价激励，掀起学文高潮。

2. 任务二：

当猎狗走近小麻雀的时候，谁出现了？结局如何？找句子读中感悟。

（1）学生自读课文，找句子。

（2）小组内交流找到的句子，说说自己的感悟。

（3）全班交流。

课件出示：

突然，一只老麻雀从一棵树上飞下来，像一块石头似的落在猎狗面前。它扎煞起全身的羽毛，绝望地尖叫着。

课件出示：

它浑身发抖，发出嘶哑的声音，准备着一场搏斗。

课件出示：

可是它不能安然地站在高高的没有危险的树枝上，一种强大的力量使它飞了下来。

"一种强大的力量"多么伟大无私的母爱啊！多么感人的画面，多么果敢、坚定的行动，不要说猎狗，连我们都深深地感动。所以"我"急忙唤回猎狗，带着它走开了。

（设计意图：这一环节旨在让学生在读中体会文中用词的精妙，正如叶圣陶先生所强调的那样：阅读是"吸收"，写作是"倾吐"，"倾吐"能否合于法度，显然与"吸收"有密切的关系。）

三、总结全文，拓展延伸

1. 正是这种强大的爱，拯救了小麻雀；正是这种无私的爱，吓退了猎狗；正是这种伟大的爱，感动了充满爱心的作者——屠格涅夫。

2. 《麻雀》选自屠格涅夫的小说《猎人笔记》，在原文的结尾，还有这样一段话：

课件出示：

是的，请不要见笑。对那只小小的、英勇的鸟儿，对它的爱的激情，我是怀着虔敬之情的。我想，爱比死和死的恐惧更强大——只有它，只有爱，才维系着生命，并使它充满活力。

3. 因为爱，小麻雀得救了，我相信，这只小麻雀将沐浴着老麻雀那浓浓的爱而健康成长。

（1）"谁言寸草心，报得三春晖。"同学们也是沐浴着父母之爱在一天天长大，在你们的成长道路上，也会有许许多多感人至深的爱的故事。谁来说说发生在你身上的爱的故事？

（2）学生自由畅谈故事。

可怜天下父母心，此时此刻的你们肯定有千言万语想对你们的父母说，就让我们怀着一颗感恩的心，用行动来表达你们对父母养育的感激之情吧。

（设计意图：引用"原文"资料补充课内，体现大语文教学观，让学生更加明确文章所蕴含的深刻道理：爱，维系着生命，使生命充满活力。引出父母之爱的话题，即使文中的爱得到了升华，同时又将这种爱迁移到现实生活中来，勾起学生回想父母对他们的点点滴滴的爱，使他们明白要对父母的爱怀着感恩之心。）

四、作业设计，迁移课外

1. 有感情地朗读课文，摘录好词佳句。
2. 阅读屠格涅夫的小说《猎人笔记》。

【板书设计】

$$麻\quad 雀$$

起因　打猎归来遇麻雀

经过　老麻雀救小麻雀

结果　唤回猎狗

【教学反思】

《王冕学画》第二课时教学设计

【教材简析】

《王冕学画》是北师大版小学语文二年级上册第七单元《画》中的第二篇主体课文。这篇课文以生动的笔法写了古代画家王冕小时候学画荷花的故事，表现了他认真执着、一丝不苟、刻苦实践的精神。教学中充分利用信息技术手段辅助教学，让学生了解与课文相关的知识，对王冕有一定的认识，培养学生做事认真执着、一丝不苟的精神。

【学情分析】

二年级的学生，正处于儿童期。故事性的文章易于引起学生的阅读兴趣，使学生迅速进入角色，主动地参与到学习中去，并且学生已具备了一定的阅读能力、理解能力、感悟能力、想象能力，能在阅读、理解的基础上体会文章所蕴含的浅显道理。

【教学目标】

1.正确、流利、有感情地朗读课文，理解满湖生辉、鲜艳、清水滴滴等词语。读懂写王冕观察荷花和刻苦学习的句子，知道王冕的画画得好，是他勤学苦练的结果。

2.用"边读边想"的方法，课外阅读课内教，课外阅读课程化。

3.理解课文内容，使学生了解王冕小时候刻苦学画的事。懂得无论做什么事，都要有恒心，肯下苦功夫。

【教学重点】

抓住重点词句，帮助学生理解课文的内容，延伸课外，延伸生活。

【教学难点】

感受大自然的美，激发学生对艺术的热爱。

【教学过程】

一、激趣导入，走进文本

1. 激趣导入：

（1）引导学生观察周围，细心发现大屏（写荷花的诗句）、黑板、周围事物。

（2）引导学生说一说自己的发现。

2. 板书课题：

让我们再次走进课文，齐读：王冕学画

3. 拿门票：读生词，看看王冕小时候是如何学画的。

二、精读感悟，想象表达

1. 生自读全文，找一找王冕学画的段落（2—4 段）。

2. 细细品读（2—4 段），边读边想：王冕是怎样把荷花画好的？

（1）同座合作读（2—4 段）。

（2）同座交流：王冕是怎样把荷花画好的？

（3）全班交流。

预设：

生：大雨过后，夕阳照得满湖生辉。湖里的荷花更鲜艳了，花瓣上清水滴滴，荷叶上水珠滚来滚去。

师：（让学生看图片）夏日的一阵雷雨过后，晴朗的天空，通红的湖水，映衬着湖里鲜艳的荷花。这真是一幅极为奇妙的图画。让我们一起来欣赏这美丽的景色。

（出示荷花的图片，练读、赛读、展示读）

（教学生字：鲜艳，板写，生描红）

生：王冕看得出神，心想，要是能把它画下来，那多好啊！_____，心想，要是_____，那多好啊!

（出神——说明他对自然的美景的喜爱。）

生：开始怎么也画不好，可是他不灰心。

师：什么叫不灰心？

小结：这说明王冕开始学画，也画不好，但他不怕失败，画不好继续。

学生的学习内容：

（他喜爱荷花，把荷花当朋友，感情深厚。）

生：他仔细观察荷叶和荷花的形状，观察清晨傍晚、雨前雨后荷花的变化。

生："他天天跟荷花在一起，＿＿＿＿＿＿＿＿＿＿好朋友。"

生：这样练习画了很长时间

师：书中哪句话写王冕想要把荷花画下来？

生：那纸上的荷花就像刚从湖里采来的一样。

三、拓展延伸，立德树人

1. 出示文段：

2. 比较文段：

文段一：

他仔细观察荷叶和荷花的形状，观察清晨傍晚、雨前雨后荷花的变化。他天天跟荷花在一起，把荷花当成了好朋友。这样练习画了很长时间，那纸上的荷花就像刚从湖里采来的一样。

文段二：

怀素写字非常认真。他总是先看清字的形状，记住字的笔顺，再一笔一画照着写。这样，怀素的字进步很快。传说当时纸贵，怀素就找来一块木板当纸用。他写呀写呀，日子一长，木板竟被写穿了。

文段三：

为了画好竹子，文与可在自家房屋的周围种了许多青竹。一年四季，不管风吹雨打，还是烈日当空，他每天都仔细观察竹子，看竹子在不同生长期是什么样，看竹子枝叶在不同季节和不同天气里有什么变化。

3. 说发现：

热爱　　刻苦

小结：大自然和美，生活很幸福，从古至今有很多这样的艺术家，孜孜以求、刻苦练习、终究成为名家。

4. 观赏王冕的诗画《墨梅图题诗》和其他画作。

四、作业设计，走向生活（选做一题即可）

1. 选择课文中喜欢的句子，摘抄在读书笔记中并背诵。

2. 搜集荷花的诗句背一背。

3. 观察生活中的一处美景画一画。

【板书设计】

　　　　　　　　王冕学画

　　　　看　　荷花鲜艳（写 鲜艳）

　　　　学　　不灰心

　　　　画　　采来一样

　　　　热爱　刻苦　成功

　　　　　　（板画荷花）

【教学反思】

《刷子李》第二课时教学设计

【教材分析】

《刷子李》是统编版小学语文五年级下册第五单元的第二课。作者冯骥才描写了学徒曹小三观察师傅刷子李刷墙的故事，在朗读中体会刷子李技艺高超刷墙技艺，学习作者在写人时运用细节描写和正面描写的方法。

【教学目标】

1. 结合课文内容，在朗读中体会课文是怎么写出刷子李的特点的。

2. 学习作者在写人时运用细节描写和正面描写的方法，开展长文短教，学生小组学习《泥人张》，由读到写，读写结合。

3. 激发学生阅读《俗世奇人》的兴趣。

【学情分析】

温儒敏教授在《语文讲习录》提出："学习语文必须注重读书，注重积累和语感培养，注重品位、感受和体验，注重语言文字的运用的实践。"五年级学生已经学过一些描写人物的方法，但在运用中还应加以指导，使其更好地应用于阅读实践。

【教学重、难点】

重点：结合课文内容，说说刷子李这个人物的特点。

难点：体会课文是怎么写出刷子李的特点的，学习作者的写作方法。

【教学准备】

多媒体课件，小说《俗世奇人》。

【教学课时】两课时

【教学过程】

一、复习导入，走进文本

上节课，我们初步了解了刷子李，你能用关键词概括他的特点吗？

（设计意图：让学生从进文本，激发学生阅读课文的兴趣。）

二、探究解惑，精读感悟

1. 出示

任务一：画出描写刷子李和曹小三的语句，体会课文是怎么写出刷子李的特点的？

（1）学生自主读文；

（2）小组交流你找到的句子，读中体会人物特点。

①学生自主读文。

②交流汇报，学生品读句段。

预设：学生归类、交流表现刷子李技艺高超的三个方面。（板书：规矩奇　效果奇　动作奇）

（设计意图：通过品读直接描写刷子李技艺高超的句子，了解作者在写人的文章中运用细节描写和正面描写的方法。）

预设：找出描写曹小三心理活动的关键词，小组交流填空。

小组交流汇报：半信半疑→不可侵犯→轰然倒去→发怔发傻。

③曹小三的心理活动（侧面烘托刷子李的技艺高超）。

④教师小结：作者从规矩奇、效果奇、动作奇三个方面直接描写了刷子李技艺的高超，这种表达方法叫正面描写。写一位人物我们不仅可以通过外貌、动作、神态、心理活动进行正面描写，还可以通过周围的人进行侧面描写的表达方法，突出人物特点。

（设计意图：这个教学环节既抓住了刷子李技艺高超这根明线，又抓住了曹小三一波三折的心理变化这条暗线，让学生更能深刻感受作家笔下人物形象的鲜活，体会作家描写人物方法的奇妙。）

2. 推荐阅读

任务二：默读《泥人张》，想想文章那些句段写出泥人张的特点。

（1）把最能体现泥人张的句段用笔画上横线。

（2）小组讨论交流泥人张有什么过人之处。

①学生自主读《泥人张》。

②小组讨论交流泥人张有什么过人之处。

③全班交流汇报。

三、拓展延伸，读写结合

1. 出示

同学们，文章读到这里你们一定发现了文学家写人物的法宝了。现在请大家选取自己生活中遇到的特点鲜明的人物，仿照写法进行描写一段（外貌、语言、动作、神态），突出人物特点。

爱干净的妈妈　喜欢读书的老师　爱踢球的哥哥

爱画画的妹妹　调皮鬼弟弟　　　爱唠叨的奶奶

……

2. 学生先说，再自主仿写一段。

3. 全班交流，师相机评价。

（设计意图：教学生运用阅读《刷子李》的方法读《泥人张》，长文阅读给学生一个"快乐的课堂"，把阅读的自主权还给学生。又相机引导学生选取自己生活中遇到的特点鲜明的人物，仿照写法进行描写一段。）

四、迁移课外，整本阅读

1. 请同学们大声读这副对联，课件出示。

上联：白壁光滑，刷板显功底；

下联：黑衣无瑕，绝活传真谛。横批：俗世奇人。

2.《俗世奇人》是冯骥才先生写的一本民间奇人小说。有兴趣的同学课后可以去读一读。（课件出示《俗世奇人》简介。）

（设计意图：激发兴趣，让学生因爱读《刷子李》《泥人张》《快手刘》，进而爱读《俗世奇人》这本小说，推荐学生阅读《俗世奇人》。）

【板书设计】

刷子李 { 规矩奇
效果奇　正面描写
动作奇 }

曹小三：心理活动　侧面描写

【教学反思】

"双线四读" 以诗带诗

学生发展核心素养，是指学生应具备的、能够适应终身发展和社会发展需要的必备品格和关键能力，综合表现为九大素养，具体为社会责任、国家认同、国际理解；人文底蕴、科学精神、审美情趣；身心健康、学会学习、实践创新。其中，人文底蕴主要是个体在学习、理解、运用人文领域知识和技能等方面表现的情感态度和价值取向。

语文素养，是指学生在语文方面表现出的"比较稳定的、最基本的、适应时代发展要求的学识、能力、技艺和情感态度价值观"，具有工具性和人文性统一的丰富内涵，是《全日制义务教育语文课程标准（实验稿）》和《普通高中语文课程标准（实验）》中的一个核心概念。

2011年版的《语文课程标准》指出："语文课程还应通过优秀文化的熏陶感染，促进学生和谐发展，使他们提高思想道德修养和审美情趣，逐步形成良好的个性和健全的人格。"

为了传承中华优秀文化，使孩子们具有人文底蕴，改革古诗词课堂教学，实现古诗词课堂教学有趣、有效、乐学，培养学生学会学习，爱上古诗词，特提炼古诗词课堂教学策略。

【双线】指课内、课外两条线。古诗词教学不应以背会一首古诗为终结任务，而应在此基础上，以"课内带课外"，引导学生以诗带诗，课内课外有效结合，学会更多古诗，传承中华经典文化。

【四读】指在古诗词课堂教学中，按照"核心素养"的理念，教师摒弃以往古诗词死记硬背教法，不做过多的讲解和牵引，而是顺应学生的认知规律，引导和组织学生由浅入深地经历四个轮次的学习过程。

一读：借助拼音，读准读顺；二读：合作交流，自能明白；三读：诗画融合，韵味自；第四步：以诗带诗，积累拓展。

【生本诗词】指按照"双线四步"的思路，学生在教师的组织和引导下，实现充分的自我吟诵古诗，传承中华经典文化。

"双线四读，生本诗词"提倡以课内古诗为契机，实现"课内带课外"，在课堂古诗词学习结束后，教师要引导学生进入有效的课外古诗词学习之中。在这样的教学中，学生是学习的主人，教师只是组织者和指导者。

小学语文"双线四读"古诗文教学流程及要求：

不同层次、自读古诗，两到三遍，能正确流利朗读古诗。	小组合作、古今对译、男女对读、你问我答合作读古诗，明白诗意。	诗画融合、了解创作背景，由吟到诵，由诵到唱，情景交融，感悟诗境。	以诗带诗，内外结合，延伸经典爱上古诗词。

一读：借助拼音，自己读要学的古诗，达到能读准读顺的目的。具体要求：

（1）借助拼音，能通顺地把新授古诗读下来。

（2）自主读诗，识字一类、二类生字，随机指导难写的字。（初读）

二读：合作交流，自能明白。学生自己读古诗，小组合作、古今对译、男女对读、你问我答，合作、交流古诗诗意。（精读）

三读：诗画融合，吟唱韵味。

为古诗配以适合的画面，创设情境，男女竞赛，填空引背，在有感情的吟诵中，自然而然地背会古诗，又由吟到诵，由诵而唱，传承经典文化。（赏读）

四读：以诗带诗，积累拓展。

以所学的古诗带出同一作者创作的不同风格、不同体裁的古诗词，或推荐不同作者形同主题的古诗，延伸课外传承经典文化。（延读）

《语文课程标准》的"总目标与内容"要求学生"认识中华文化的丰厚博大，汲取民族文化智慧"。明确提出诵读古诗文的要求：第一学段背诵优秀诗文 50 篇。因此，我们要分层次朗读、吟诵、咏唱，突破难点，拓展延伸，引导孩子们在学诗、吟诵中爱上古诗词，从而实现"学生发展核心素养"，适应终身发展和社会发展需要的必备品格和关键能力。

《早发白帝城》教学设计

【教材分析】

《早发白帝城》是北师版小学语文二年级下册第七单元的一篇主题课文，是唐代诗人李白写的一首千古名诗，全诗共四行两句，写诗人乘船从白帝城返回江陵时的愉悦心情，整首诗写得轻灵飞动，生动地传达了诗人的喜悦心情。

【学情分析】

二年级学生能自主识字，学生在熟读的基础上，能够背诵古诗、吟唱古诗，进而理解诗人的愉悦心情。在学习本课时，让学生看拼音、借注释、看插图、播视频、配乐反复吟诵课文，体会诗人的心情。

【教学目标】

1. 理解诗意，体会作者遇赦后乘船东归的愉快心情，激发学生学习古诗的兴趣和对祖国大好河山的热爱。

2. 利用多种认字方法认本课 3 个生字，会写 5 个生字。

3. 通过反复诵读、背诵、吟唱古诗，激发小学生学习古诗词的兴趣，传承中华民族的优秀文化。

【教学重点】

有感情地朗读、吟唱感受诗的意境美。

【教学难点】

1. 体会作者乘船东归的愉快心情。

2. "发、朝、还、重"四个字是多音字，可以通过组词区别字音。

【教学课时】一课时

【资源利用】多媒体课件

【教学过程】

一、激趣导入，学习古诗

1. 猜诗人。

2. 生背自己积累的李白的诗（及时评价）。

3. 你们喜欢×××同学背的《早发白帝城》吗？

板书课题时，指导书写生字："帝"。

（设计意图：猜诗人激趣，了解诗人李白，走进李白的诗，拉近学生与文本的距离，引导学生走入诗词的氛围。）

二、探究解惑，诵读古诗

1. 一读：借助拼音，我能将古诗读准、读顺。

（1）出示　一读　生自读。

（2）生练读古诗。

（3）生观察、发现自主识字、写字。

A. 自主记字（多种方法）。

B. 再观察　多音字：发　还　朝　重。

C. 哪个字最难写？"啼""朝"（小老师说）范写。

（设计意图：培养学生观察能力、自主识字能力。）

2. 二读：借助注释，我们能读明白。

（1）出示　二读　生自读。

A. 同桌合作，读前两行、交流。

B. 指名同座，互为补充。

C. 鼓励，及时评价。

（2）学习三、四两行（合作、交流、补充）。

（设计意图：以读代讲，培养学生学习古诗的能力。）

3. 三读：看着图画，我能读出韵味来。

出示　全诗配图。

A. 生练读。

B. 男、女赛读。

C. 听故事。

D. 指名吟诵。

E. 填空引背。

F. 看图吟诵：超链接咏唱古诗。

（设计意图：分层次朗读、吟诵、咏唱突破难点，引导孩子们学诗、吟诵，爱上古诗词。）

三、你吟我诵，拓展延伸

1. 推荐：李白远行的诗。

2. 推荐：其他诗人远行的诗。

3. 师：此时此刻，对于这么优美的古诗词你有什么话想说吗？（指名说一说。）

（设计意图：2011年版的《语文课程标准》指出："语文课程还应通过优秀文化的熏陶感染，促进学生和谐发展，使他们提高思想道德修养和审美情趣，逐步形成良好的个性和健全的人格。"课程的"总目标与内容"要求学生"认识中华文化的丰厚博大，汲取民族文化智慧"。因此，分层次朗读、吟诵、咏唱，突破难点，拓展延伸，引导孩子们学诗、吟诵，爱上古诗词。）

四、作业设计，爱上经典

1. 搜集读背李白诗。

2. 看一看《经典咏流传》《诗词大会》节目。

（设计意图：设计多元、开放性的作业，引导学生更好地通过优秀文化的熏陶感染，促进学生和谐发展，使他们提高思想道德修养和审美情趣，逐步形成良好的个性和健全的人格，传承中华民族的优秀文化。）

【板书设计】

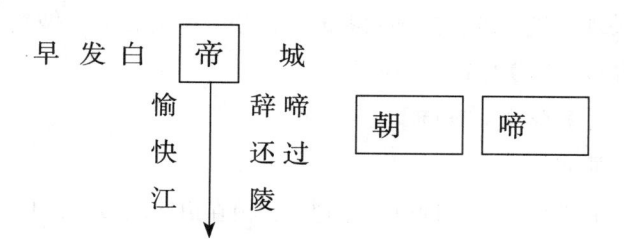

早 发 白 帝 城

愉　辞 啼　　朝　　啼
快　还 过
江　陵

《王戎不取道旁李》教学设计

【教材分析】

《王戎不取道旁李》是统编版小学语文四年级上册的一篇文言文，讲述的是一个善于观察、分析的机智少年的故事，全文仅四句话，表现出了王戎观察仔细，善于动脑，能根据有关现象进行理智推理判断的好品质。

【教学目标】

1. 会写"戎、尝"等5个生字，会认"戎、诸"等3个生字。正确、流利地朗读课文，背诵课文。

2. 理解重点句子"树在道边而多子，此必苦李"。能够用自己的话讲讲这个故事，并理解课文所表达的含义。

3. 养成细心观察、冷静分析的好习惯。

【学情分析】

小学四年级学生已接触过小古文，读中借助注释理解小古文所表达的内容，感悟作者所写的道理。《王戎不取道旁李》是一篇非常好的小古文，教师应充分引导孩子们读，在读中明白王戎观察仔细，善于动脑，能根据有关现象进行理智推理判断的好品质。及时拓展，做到课内课外两条线，引导孩子们学懂这篇小古文。

【教学重、难点】

重点

1. 背诵全文。理解重点句子"树在道边而多子，此必苦李"。

2. 能用自己的话讲讲这个故事。

难点

了解古代聪颖机智少年的故事，学习他们的智慧及美德，养成细心观察、冷静分析的好习惯。

【资源利用】教学 PPT

【教学过程】

第一课时

【教学目标】

1. 正确、流利地朗读课文。会认"戎、诸"等3个生字，会写"戎、尝"等5个生字，重点指导"戎"和"诸"的书写。

2. 理解"尝""竞走""唯""信然"等字词的意思。

【教学过程】

一、激发兴趣，走进文本

1. 教师谈话导入：同学们，你们一定听过"曹冲称象""司马光砸缸""孔融让梨""凿壁偷光"这些故事吧，哪位同学能给大家讲讲这些故事呢？

2. 这些故事都选自《世说新语》，学生介绍课前搜集的有关《世说新语》的资料。

3. 板书课题，学生质疑。

（设计意图：通过讲故事引入课题，学生很好地、快速地了解了《世说新语》这本书的主要内容是写名人言行与轶事，为理解课文内容奠定基础。）

二、初读课文，识字学词

1. 学生自读课文，读准停顿。

（1）自读课文。

（2）指导朗读：要读好文言文，在哪里停顿是非常重要的，用铅笔在课本上画出停顿。

课件出示：

王戎/七岁，尝/与诸小儿/游。看道边/李树多子折枝，诸儿/竞走取之，唯/戎不动。人问之，答曰："树在道边/而多子，此必/苦李。"取之，信然。

（3）学生采用各种形式读课文，请四位同学来展示读，每人读一句。其他同学仔细听，看他们读得是否准确。

（4）评价正音：注意多音字"折"的读音是"zhé"，不要读错。

2. 理解字词的意思。

（1）文中有些字词意思需要重点掌握，同学们，我们一起来尝试理解这些字词吧。

课件出示：

尝：曾经。　诸：众，许多。　竞走：争着跑过去。　唯：只有。

信然：的确如此。

（2）同桌交换做游戏：你说我答。

（设计意图：正确朗读，注意停顿，根据课后注释，自读自悟，初步理解课文，加强学生自主学习的能力。）

三、再读课文，书写生字

1. 学生自主学字，然后分小组汇报识字方法，教师适时指导。

2. 学生在田字格里练习书写，教师巡视指导，提醒学生写字姿势，让学生养成良好的写字习惯。

3. 优秀作品展。

4. 相互评价。

（设计意图：学生自主认读汉字，通过小组合作，然后说出自己认识汉字的方法，在全班汇报，集思广益，学生提升了识字能力，激发了探究的愿望。）

四、归纳小结，延续下节课程

在不同层次的读中我们学字学词，写好生字，下节课我们再理解文言文。

第二课时

【教学目标】

1. 能够用自己的话讲讲这个故事，并理解课文所表达的含义。

2.学习王戎聪明机智、细心观察的品质，养成细心观察、冷静分析的好习惯。

【教学过程】

一、复习导入，走进文本

1.听写生词，及时纠正。

2.指名朗读古文，要求读准、读顺。

（设计意图：巩固所学内容，为很好地理解文言文打下基础。）

二、精读感悟，学习方法

1.任务一：借助注释，理解课文。

（1）借助注释，学生自读课文，联系上下文理解。

（2）小组交流。

（3）展示分享。

教师点拨：同学们，在这一课中有三个"之"，它们的意思有区别吗？

理解"之"的意思。"诸儿竞走取之"中的"之"代表"李子"，"人问之"中的"之"代表"王戎"，"取之，信然"中的"之"代表"李子"。

2.任务二：为什么"树在道边而多子，此必苦李"？

讨论：你觉得王戎是个怎样的孩子？

（1）再读课文。

（2）小组交流。

（3）展示分享。

预设：因为李子树在路边，如果李子是甜的，早就被别人摘光了。

生1：王戎是一个善于观察、善于动脑的孩子。

生2：王戎是一个聪明机智、冷静理智的孩子。

（设计意图：引导学生在读课文中，借助注释，理解文言文，体会作者的情感。）

三、品读积累，学会做人

1.王戎观察仔细，善于动脑，能根据有关现象进行理智的推理判断，文章最后讲"取之，信然"，说明王戎的推理是正确的，他是一个聪明、机智、善于动脑的孩子。

（板书：观察仔细　聪明机智　善于动脑）

2. 有感情地品读。

看道边/李树多子折枝，诸儿/竞走取之，唯/戎不动。

人问之，答曰："树在道边/而多子，此必/苦李。"取之，信然。

（1）自己练读。

（2）同桌互读。

（3）小组赛读。

3. 谁能用自己的话讲讲这个故事？请同学们先和同桌互相讲一讲，然后再给全班同学讲一讲。

4. 填一填：同学们把课文读了这么多遍，让我们试着来填一填吧。

课件出示：

王戎_____，尝与_____游。看道边李树_____，诸儿_____，唯戎_____。人问之，答曰："树在道边而_____，此必_____。"取之，_____。

5. 背一背：谁能把课文背下来？我们可以按照"游玩——伙伴摘李——王戎说出理由"的顺序背诵。（学生尝试背诵课文。）

6. 演一演，想一想：这个故事中至少应有几个角色？他们会说什么话？做什么动作？（指名回答，并请几位同学上台表演这个故事。）

7. 从这篇文章中我们学到了什么呢？

生：我学到了遇到事情要沉着冷静，善于观察，仔细思考。

（设计意图：反复诵读，激发学生的阅读热情，把王戎和其他小伙伴的行为进行对比。这样的对比，容易使我们感受到王戎的聪明机智。同时，开展丰富多彩的阅读活动，多方位、多角度激发学生的阅读热情，感受人物形象。）

四、总结全文，拓展延伸

《世说新语》故事会

（设计意图：拓展性阅读，会让学生的阅读激情长时间保持，会让学生更好地了解祖国的传统文化。）

【板书设计】

　　　　　　　王戎不取道旁李

　　起因　王戎与诸小儿/游
　　经过　道边/李树多子折枝，　　善于观察
　　　　　诸儿/竞走取之，唯/戎不动。　勤于思考
　　结果　取之，信然。

【教学反思】

教学案例

以生为本　深度阅读

——《王冕学画》主题阅读教学案例

　　《语文课程标准》（阅读方面）指出："第一学段（1—2年级）背诵优秀诗文50篇（段）。课外阅读总量不少于5万字。第二学段（3—4年级）背诵优秀诗文50篇（段），课外阅读总量不少于40万字。第三学段（5—6年级）要扩展阅读面，课外阅读总量不少于100万字。小学生课外阅读量不少于145万字，增加阅读量，扩大阅读面，让学生多读书，好读书，读好书，读整本的书……"在教学实践中"以文带文"正好填补了这一不足，让阅读走向深入。

　　片段一：
　　出示古诗：

晓出净慈寺送林子方
宋　杨万里

毕竟西湖六月中，风光不与四时同。
接天莲叶无穷碧，映日荷花别样红。

小　池
宋　杨万里

泉眼无声惜细流，树阴照水爱晴柔。
小荷才露尖尖角，早有蜻蜓立上头。

生自主吟诵。

师：同学们，谁能说说课前诵读的两首诗赞美的是什么花？

生：荷花。

师：让我们一起来读出赞美之情吧！

配图生吟诵：接天莲叶无穷碧，映日荷花别样红。

小荷才露尖尖角，早有蜻蜓立上头。

师：同学们，想去看荷花吗？

生：想。

师：让我们再次走进文本，和王冕一起去看荷花。

师：看荷花可是要有门票的，看看你能否拥有这张门票？

生：开火车读词语，赛读词语，巩固练习。

师：拥有了门票，让我们捧起书用自己喜欢的方式读文，边读边想。

出示：王冕看到的荷花美吗？在文中找一找。

吟诵古诗，以诗带文，图文结合，愉悦身心地走进文本，有效激发孩子们学习文本的兴趣，同时，游戏巩固识记，带着门票满心期待，阅读文本兴趣盎然。

片段二：

师：同学们，让我们边读边想，王冕美好的愿望实现了吗？

边读边想，王冕是怎样把荷花画好的？在文中找一找。

生：默读课文，勾画句子。

出示：

他仔细观察荷叶和荷花的形状，观察清晨傍晚、雨前雨后荷花的变化。他天天跟荷花在一起，把荷花当成了好朋友。这样练习画了很长时间，那纸上的荷花就像刚从湖里采来的一样。

师：读文后，通过那些词，你看出王冕怎样把荷花画好的？

生：同座交流，随机回答。

师：及时、适时评价学生。

生：赛读、指名读。

师：同学们，此时此刻，你觉得王冕是个怎样的孩子？

生：齐读课文。

师：是的，从古到今，有很多艺术家都如此，让我们走近他们。

学以致用　拓展阅读

文段一：

怀素写字非常认真。他总是先看清字的形状，记住字的笔顺，再一笔一画照着写。这样，怀素的字进步很快。传说当时纸贵，怀素就找来一块木板当纸用。他写呀写呀，日子一长，写的字和印的一样。

文段二：

为了画好竹子，文与可在自家房屋的周围种了许多青竹。一年四季，不管风吹雨打，还是烈日当空，他每天都仔细观察竹子，看竹子在不同生长期是什么样，看竹子枝叶在不同季节和不同天气里有什么变化。

1. 自读课文，抓住重点词阅读、理解文本。

2. 同桌交流，怀素、文与可给自己留下的印象。

3. 有感情地朗读文本。

以文带文，以段带段，以生为本，学习阅读方法，学会阅读；以读为本，爱上阅读，培养阅读能力。提升学生文学素质，发展学生核心素养，传承中华文化。

阅读教学读最妙

——《不愿长大的小姑娘》教学案例

《语文课程标准》指出:"学生是学习和发展的主体。语文学习必须根据学生身心发展和语文学习特点,关注学生的个体差异和不同的学习需求。"在教学设计中,我着力体现"以读为主",突出学生在学习过程中的主体地位,把课堂变为学堂,相信学生的学习能力,让学生成为课堂的主角。

教学背景分析:

《不愿长大的小姑娘》是北师大版三年级上册的一篇文章。讲述了一个小姑娘由不愿长大到看到妈妈工作辛苦、生病卧床休息需要人关心照顾而渴望长大的过程,是一篇通俗易懂的小故事。三年级学生年龄尚小,对教材的体会还不太深刻。因此在上课过程中我没有强调让学生说自己的体会,而是抓住重点段落,让学生读出自己感悟。如在教学第8自然段时,我对学生说:"自己读一读,看看你能感受到什么?"教学第9自然段时,让学生自己体会小姑娘的心情变化,读出体会。一句过渡"自己读一读10—11自然段,把你感触最深的一段或一句读好,一会儿读给大家听(自由读配乐指名读)"。简简单单几句话,既训练了学生的朗读能力、发挥学生主体性,又尊重了学生的阅读个性。

片段一:读中理解文本。

朗读1—7段,了解小姑娘不愿长大的原因。

1.师:课文的哪一段写小姑娘不愿意长大?请同学们默读课文,快速找出来。

2. 分角色朗读，老师读旁白，女同学当小姑娘，男同学当妈妈。（轮到谁读就起立读）

（1）学生自己练读。

（2）同桌分角色直接读对话，不读旁白。

（3）指名展示读文。（请两对同桌读。）

（4）老师，男、女生分角色读课文。

3. 出示课文 1—7 段，齐读。（根据老师的提示，读出不同的语气）

评析与反思：

课标指出："阅读是学生的个性化行为，不应以教师的分析代替学生的阅读实践。应让学生在主动积极的思维和情感活动中，加深理解和体验，有所感悟和思考，受到情感熏陶，获得思想启迪，享受审美乐趣。"为此，我在此处教学中让孩子在多种方式读中理解文本，感悟人物思想和情感，以读代替老师的过多讲解，孩子读明白了小姑娘不愿长大原因，教师教学变得轻松自然。

片段二：读出个性感悟。

学习 9—12 自然段

出示句子：

"要是我能长大一点就好了！"

"要是我能再长大一点就好了！"

"唉！没有办法，我还得再长大一些，这不是为了我，而是为了妈妈。"

"长大的感觉也不错！"

师：她为什么一次又一次地盼望自己长大呢？

学生自读体会小姑娘的心情变化。

师：你能边读边说吗？

生：读"要是我能长大一点就好了"，我体会到小姑娘有一点想长大。

生：读"要是我能再长大一点就好了"，我感觉小姑娘希望长大。

生：读"唉！没有办法，我还得再长大一些，这不是为了我，而是为了妈妈"。我觉得小姑娘为了妈妈她已经渴望长大了。

生：读"长大的感觉也不错",小姑娘感到长大很快乐,她彻底变了。

师：多能干的小姑娘,她在关心照顾妈妈,帮助妈妈做事情中不仅身体长高了,而且学会了做许多事情,她——(生接)长大了!

评析与反思：

《语文课程标准》在阶段目标的阅读部分提出："各个学段的阅读教学都要重视朗读和默读。"小学语文教学法专家张田若说："一课书教完后,成败的第一个标准应该是学生是否熟读了课文。"国家特级教师于永正主张,把学生朗读课文作为语文课堂教学的主旋律。全国小语会秘书长陈先云指出："朗读是阅读教学的基本任务和主要方法。"可见,"以读为本"是阅读教学的重要目标,读应贯穿阅读教学的始终,它是阅读教学的根本任务和主要方法。所以在阅读教学中,我要贯彻"以读为本"的基本理念,多处设计朗读,引导学生在读中体会人物感情的变化,读出自己的理解,读出自己的体会,充分尊重孩子们阅读的个性行为,努力做到"珍视学生独特的感受、体验和理解"。

片段三：读出人生哲理。

引读最后一节：

不知不觉,小姑娘长成了一个高个子的漂亮姑娘,人们赞美她善良能干,她微笑着心里想：(生)长大的感觉也不错!

师：此时此刻,你觉得这是个怎样的小姑娘?

生：她是能干的小姑娘。

师：你来读出表达她的能干的句子。

生：她是个能帮妈妈做事情的好孩子。

师：你用夸奖的语气读一读句子……

师：你觉得自己过去哪些方面做得不够,今后应该怎样做?说说自己。

同座交流,班级分享。

评析与反思：

教学中教师及时把课文内容与学生实际紧密联系,使学生受到了深刻的思想教育,从而懂得了不但要自立自强,而且还要学会关心别人、体谅大人,进行了很好的思想教育。

总之，通过这节课的教学，我深深明白作为教师我们应该寻求最适合学生的教学方法，因材施教，因人施教，从而充分发挥每个学生的主体作用，让读贯穿阅读教学的全过程，让学生在读中理解，积累，模仿，创造，全面提升学生的综合语文素养。

教学反思

"生本"相随 且行且思

崔峦老师曾说:"语文教学一定要删繁就简,要返璞归真,简单实用,提倡简简单单教语文,本本分分为学生,扎扎实实求发展。"对这一观点我深有感触,老师教给学生的不仅仅是知识,更重要的应是获取知识的方法,教是为了少教甚至不教。在这一课的教学中,我努力遵循这一理念,课堂上注重实实在在的学法引导及扎扎实实的读写训练,在自己的课堂上践行"以生为本"这一教学理念。

一、激趣导入,分散识字

《语文课程标准》中指出:识字、写字是第一学段的教学重点,在教学过程中要"多认少写"。北师大版语文教材识字量大,所以,我在教学中采用分散识字的方法,在板书课题时就指导学生学习生字"写"。我带着学生自读课文后,通过自读、指名读、带读、开火车读、游戏等形式认读词语,通过字卡抽字检测学生对生字的认读情况,扫清字词障碍,为读文做好了铺垫。

二、方法引路,读写结合

在识字教学中,教师要重视引导学生在阅读、运用中巩固识字。采用多种形式的识字方式,易于学生认识生字、巩固识字。通过多种形式的读,激发学生读书的欲望,让学生感受阅读的乐趣,了解课文的大意。我给孩子们留足读的时间,通过孩子们的自读、指名读、开火车读、同桌互读的方法让孩子们与文本对话。以文章的主要内容为铺垫,以《语文天地》中的"金钥匙"为衔接，进行写字教学，让学生明白写字前一定要学会观察。教给学生写好字的方法：观察字形（结构、偏旁），通过组词了解字义，然后通过讨论交流如何把字写美观（注意字在田字格的位置、主笔位置、难写笔画等），教师范写起到正面引导的作用，让学生伸出小手指，加强对汉字笔顺、基本笔画的记忆。

"授之以鱼，不如授之以渔"。我注重学法指导，让学生运用老师所教的学字方法学习"笔"字，教师在旁加以引导。学生描红、练写达到对生字的记忆，通过教师点评、学生互评等形式进行写字评价，带给学生美的熏陶。欣赏了硬笔书法作品，更能激发起学生写好字的欲望，为下节课做好铺垫。

三、以生为本，内外结合

学习要不断延伸，生活中有更广阔的天地，课文的学习所得也应指引着生活的方向。课后，我让学生去读一读怀素、王羲之等书法家写字的故事。我相信，丁丁写字、怀素种芭蕉学书、王羲之潜心苦学墨当饭的故事定会激发他们爱写字、写好字的欲望。

在这节课中，我也深深地感到一些不足之处，对学生的评价语言太单一，自己的教学语言不太准确、精炼等。在以后的教学实践中我会不断努力、完善自己，与"生本"相随，且行且思。

以读促读　学文悟道

　　《活见鬼》是一篇文言文笑话，这篇文章是明代的作家冯梦龙所写，内容讲两个赶夜路的人，因为途中遇雨，其中一个打起了伞，冒雨急走，猛一抬头，他看见一个人立在别人的屋檐下避雨。那个人恰好也看见了他，于是跑过来钻到了他的伞下，他们共用一把伞，走了很远的路，可是这个人一句话都不说，于是打伞者心底嘀咕：这个人会不会是传说中的鬼呢？想到这里，他抬起自己的脚试探了一下，没有想到，他的脚试了空。这下他更觉得这个人一定是鬼无疑，这样想着他的心里更加恐惧不安了。这样并肩走了一段路，来到一座桥下，打伞者奋力把那个人挤下桥去。于是他一路狂奔，一直走到一家糕饼店，他惊恐万状地说：天哪，我遇到鬼了。这时一个浑身湿漉漉的人也跟跟跄跄地跑了起来，失声大喊：天哪，我遇到鬼了。这时他们发现了彼此，两人非常愕然，相视大笑了起来。

　　《活见鬼》的执教，在新课程理念的指导下，根据语文学科的特点，深入地研究了教材和了解了学生，精心地备课，较为成功地组织了本堂课的教学，取得了较好的教学效果。

　　一、寻找教学的优点，为文言文教学奠基

　　（一）以生为本，读中理解

　　本节课教学中成功地运用了"三读"的教学方法，引导孩子结合译文，读通文言文、读懂文言文、读明白作者要告诉我们的道理，有效地组织了课堂教学，让孩子成为学习的主体，真正做到教师主导，以生为本。

（二）古译结合，图文结合

在读通句子的基础上充分利用课本文中的译文，读懂课文。然后结合图片读（古译结合学生读明白，小组合作，展示交流……）充分理解人物当时的心理，体会人物的心情，抓住重点进行点拨、指导，相机进行朗读指导训练和语言文字训练。如："赴饮夜归者"因"久之，不语"而"疑为鬼"，随后"撩之，不值"而"愈益恐"，乃"奋力挤之桥下而趋"，这其中作者虽用几个字便把"赴饮夜归者"心理发生的巨大变化淋漓尽致地表现出来了。引导学生抓住"疑""恐"等词语，通过对关键词的咀嚼，并引导学生对情景进行想象，（久之，不语，撑伞者想：＿＿＿＿＿＿＿＿＿＿；以足撩之，偶不相值，撑伞者想：＿＿＿＿＿＿＿＿＿＿；奋力挤之桥下而趋，撑伞者想：＿＿＿＿＿＿＿＿＿＿。）在反复的研读中体验感悟人物的心理，在感悟人物的心理后朗读能力得到了提升，重视了学习方法的指导。

（三）总结学法，明白道理

"教是为了不教"，我引导孩子们总结了学习文言文的方法，并且，按照总结的学习方法开展自主学习活动。在学生自主学习的基础上，组织汇报交流，教师适时引导，为学生以后自主学习文言文打下基础。组织学生围绕为什么"疑为鬼也"？为什么要"因奋力挤之桥下而趋"？为什么"两人相视愕然，不觉大笑"？三个问题的探究，最后得到结论：要相信科学，反对迷信。

（四）重视资源，合理应用

如引导学生读懂"笑"字的教学，让学生明白这笑声中有笑自己傻，为什么没有多加考究就断定对方是鬼；笑自己闹出笑话，疑心太重，疑神疑鬼，这世界哪有鬼啊；这笑声中有对封建迷信的讥讽。再如，对"活见鬼"这个词语的意思的理解，要求学生运用"活见鬼"说一句话……深刻明白这个笑话的内涵。

二、发现教学中的不足，不断改进教学方法

《活见鬼》的教学，虽然有成功的地方，但是也存在着以下不足：

（一）以生为本，关注生成

课堂教学中没有更好地关注课中生成，应及时调整教学时间，更好地

做到以生为本。

（二）夯实字词基础

在这篇文章中有几个多音字，应通过注音和组词让学生读，通过写字训练，扎实掌握会更好！

在实践中成长，在课堂教学中前行，相信只有不断反思，我们的课堂教学会不断提升，真正达到"教师为了不教"的目的，一起努力吧！

学会放手　真正让学生读会

2011年版《新课标》指出："学生是学习和发展的主体。语文学习必须根据学生身心发展和语文学习特点，关注学生的个体差异和不同的学习需求……"《不愿长大的小姑娘》这篇课文与学生生活联系紧密，叙述了一位不愿长大的小姑娘在自己的事情自己做、帮助妈妈做事的过程中渐渐长大，变成了一个善良、能干的漂亮姑娘的故事，赞扬了小姑娘独立自理的好品质，教育学生要学习小姑娘，养成独立自理的好习惯。

在执教第二课时中，教师着力体现的基本理念是，突出学生在学习过程中的主体地位，把课堂变为学堂，相信学生的学习能力，让学生成为课堂的主角。让学生在语文学习中受到良好的思想教育。

一、以生为本，读中感悟

教师遵循以生为本，以读为主的理念，抓住重点段落，让学生品读小姑娘的动作、语言，通过充分朗读来体会她心理活动的发展变化，从而理解她正在长成一个懂事、善良的小姑娘。

二、言语训练，学语致用

学语文，练言语。通过言语训练让学生真正学习小姑娘独立自理的精神，拓宽到学生思维，引导学生们明白在现实中他们应该怎么做。整个教学过程中，以学生朗读代替教师的讲解，在朗读理解各个环节中渗透良好的德育教育；教师分析少，学生自主阅读多，在言语训练中学会做事，学会做人。

三、课外拓展，培养能力

常言道："兴趣是最好的老师。"于是我在学本文后及时推荐作者罗大里的作品，意在引导孩子爱读书，乐读书。又设计了让孩子以《我长大了》为题目写下自己成长的点点滴滴，意在让孩子们学会关心别人，照顾别人，不断长大。同时，拓展课外，激发阅读兴趣，培养阅读能力。

1. 读一读：意大利作家罗大里作品《洋葱头历险记》《假话国历险记》《电话里的故事》《有三个结尾的童话》……

2. 写一写：以《我长大了》为题，把刚才的发言写下来。

总之，教师力求改变学习方式，来充分发挥学生的主体作用，让学生读中悟、悟中读，从而感悟作者所表达的思想感情，明白做人做事的道理，受到良好的思想教育。

改进措施：

1. 教师的过渡语再简洁，鼓励语再充分，有激情。
2. 敢于放手，让孩子个性学文，大胆探究，培养阅读能力。

美美的语文淡淡地教

五月榴花照眼明，枝间时见子初成。在这美好的季节，我有幸参加了渭南市2021年"城乡教师学习共同体——名师引领行动"小学语文学科的活动，在听课中学人之长，在送教中实践感悟，在反思中提升自我，收获颇丰，但对我感悟最深切的是"教是为了不教"，让我们教师学会先学后教，强化学生的学。教师淡淡地教，让孩子们真正站在课堂中央，成为课堂的主人，快乐地成长。下面我仅仅交流自己送教的点滴体会，以抛砖引玉。

一、生本理念，教学环节设计追求简洁。

迈步新时代，我们最根本的是要全面贯彻党的教育方针，解决好培养什么人、怎样培养人、为谁培养人这个根本问题，小学语文任重而道远。华南师范大学郭思乐教授曾提出：生本教育的理念是一切为了学生、高度尊重学生、全面依靠学生，是真正以学生为主人的，为学生好学而设计的教育。因此，我们的课堂教学更应以学生为中心，尊重学生，以学定教。于是，针对我送教的统编版小学语文五年级下册第五单元《刷子李》第二课时教学设计，我确立了三个教学目标：

1.结合课文内容，在朗读中体会课文是怎么写出刷子李的特点的。

2.学习作者在写人时运用动作、语言、神态等细节描写和正面、侧面描写的方法，开展长文短教，学生小组学习《泥人张》，由读到写，读写结合。

3.激发学生阅读《俗世奇人》的兴趣。

四个教学环节：

读文导入、探究解惑、读写结合、课外延读。

两个任务：

任务一：用自己喜欢的方式再读课文，读好描写刷子李特点的句段，体会课文是怎么写出刷子李的特点的。

任务二：默读《泥人张》，想想文章哪些句段写出泥人张的特点。

串起一节语文课，在简洁的教学环节设计中真正体现以学生为中心，先学后教，由读到写，迁移课外，变讲堂为学堂，让孩子们站在课堂中央。

二、立足学情，课堂教学实践达成目标

温儒敏教授曾提出："学习语文必须注重读书，注重积累和语感培养，注重品位、感受和体验，注重语言文字的运用的实践。"因此，在执教《刷子李》第二课时教学时，我课前及时了解学生们第一课时的学习情况，针对学过的课文及时调整，由激趣导入调整为比赛读最能体会人物特点的句段，导入环节的调整让课堂书声琅琅，孩子们自然而然地走入文本之中，兴趣盎然，有效地达成第一个目标。

课堂是由不同的任务组成的。因此，两个读的任务贯穿全课，引导孩子们在一层次读中学习大作家冯骥才抓住人物的动作、语言、神态等细节描写，通过正面描写、侧面描写突出人物的特点，在读中刷子李仿佛站在读者面前，学习作者的写作方法；第二层次的读是引导孩子们默读大作家冯骥才的《泥人张》，用方法读，找最能体现泥人张的特点动作、语言、神态，在读中、交流中，孩子们很快找到了句段，学会用方法，于是巧妙地迁移到生活中的有鲜明特点的人仿写一段，或能体现任务特点的外貌，或能体现任务特点的动作，或能体现任务特点的语言，或能体现任务特点的神态等，写完后迅速交流，读写结合，为习作的整篇完成打下基础，有效地完成了任务二。此时，作为奖励读对联，迁移到《俗世奇人》的阅读，全课任务完成，浑然一体，悦然天成，轻松结课，达成教学目标，孩子们读在课中，乐哉课堂，语文味蔓延课外，孩子们乐此不疲。

三、思之成长，课堂朴素学着淡教有味

孔子曰："学而不思则罔，思而不学则殆。"作为新时代的教师，我们要常教常思，常思常新，在思考中前行，在反思中成长。针对这节课的

教学，我反思有三：1.课堂中的趣味还略有欠缺；2.引导孩子们说身边有突出特点的人物，然后来写一段体现人物特点的外貌、动作、语言、神态等的文字；3.关注每一位学生，关注每一次课堂中的生成。

在不断反思中我深切明白，教师必须做读书的种子，不断提升个人素养，只有这样才能依据课标设计出适合学生学习的简洁课堂环节；只有这样，才能灵动地引导孩子们学会，巧妙地点拨引导；只有这样，孩子们才能爱上读书，爱上语文。

大教育家叶圣陶曾说："凡为教者必期于达到不须教。"让我们在课堂教学中不断尝试，努力实践，教方法，引导孩子们用方法；让我们教师引导孩子们学语言，练言语；让我们教师，转变角色教会孩子们学会而不是教会，努力着淡淡地教，让美美的语文浸润孩子们的心田。

评课分享

别情留意　你吟我诵

萧伯纳曾经说过:"如果你有一个苹果,我有一个苹果,彼此交换,我们每个人仍然只有一个苹果;如果你有一种思想,我有一种思想,彼此交换,我们每个人就有了两种思想,甚至多于两种思想。"这句话告诉我们交流丰富学识,分享增长阅历。

本着学习的态度,我来分享自己聆听临渭区陈静老师所执教的《晓出净慈寺送林子方》古诗教学的几点感悟:

一、以生为本,读中感悟

书读百遍,其义自见。陈老师以读贯穿全课,短短40分钟,二十几遍地诵读古诗。孩子们自读古诗,小组读诗,师生古今文对读,默读古诗,师生合作读诗文,生生合作读,填诗诵读,比赛吟诗,熟读成诵。

在读中孩子们学会读准、读通古诗,明白诗意,感悟作者恋恋不舍之情,不仅体现了教师良好的语文学科素养,而且培养了孩子们的语文素养。

二、品词析句,巧送留情

探究新知,合作交流、体悟表达。陈老师巧妙设计——子方弟,你看:"＿＿＿＿＿＿,＿＿＿＿＿＿。"你怎么舍得离开杭州去福建呢?

统领全诗,逐句品读,反复填诗,动情吟诵,引导孩子们各种形式地吟诗感悟,突破难点,适时评价,积极鼓励,动情朗读,深情吟诵,从而令孩子们自然而然地体会到诗的表面看似送友人,实则表达不舍、挽留之情,突破难点,授之以渔,教会方法。

三、示范书写，教会方法

语文是工具性和人文性的统一。作为语文老师，在低年级语文教学中，陈老师指导书写"湖、莲、穷、荷"时充分引导孩子们观察字形，观察字的结构、笔画布局、间架结构，在田字格中的位置，读帖，摹帖，练写，由扶到放，教会孩子们自主识字写字的方法，养成良好书写习惯。

四、以诗带诗，拓展课外

大教育家叶圣陶曾说："教是为了不教。"陈老师课内和课外有机结合，有效延伸，"以文带文，拓展阅读"，走向课外，积累运用。

1.陈老师拓展研读《我爱家乡荷花美》中的片段，学生们很快找到最能留住林子方的美景句子再次进行交流：子方弟呀，福州哪有这样的美景呀，你就别走了吧！

在这个环节，陈老师秉承了我区多所学校的主题阅读教学策略，以一篇带多篇，以一首带多首，一个主题，多篇阅读提升拓展学生的阅读视野，增强学生的阅读积累，传承我国优秀的经典文化。

2.延伸课外，送别的诗句，孩子们吟诗结课，意犹未尽，爱上诗词，把所学古诗吟诵给爸爸妈妈听，课余搜集送别的诗句读一读。

一节课，谆谆教导，娓娓道来，学生们学会了吟诵古诗，有效延伸，学以致用，爱上诗词，传承经典。

只为那片美丽的草地而来

《语文课程标准》中明确指出："阅读教学的重点是培养学生具有感受、理解、欣赏和评价的能力。"今天李萍老师所执教的是部编版小学语文三年级上册第五单元的第二篇课文《金色的草地》，课文主要讲了"我"家门前有一大片蒲公英地，每当蒲公英盛开的时候，草地就变成金色的了，"我"和弟弟总是在这片草地上自由自在、尽情玩耍。但是有一次发现了草地颜色的变化，还通过仔细观察发现了变化的原因，自此，蒲公英成了"我们"最喜爱的一种花。这篇课文意境优美，语言生动活泼，充满童真童趣。通过蒲公英神奇的变化，激发了学生对大自然的热爱，养成留心观察周围事物的习惯。

《金色的草地》是一篇阅读课文，统编版教材倡导语文要素的体现及语文能力的培养，结合本单元的单元目标：体会作者是怎样观察周围事物。李老师将第二课时的教学目标预设为以下几方面：

1. 正确、流利、有感情地朗读课文，边读边想象课文描写的场景，能说出草地的变化情况及变化的原因，体会"我"观察的细致。

2. 能自己观察某一种动物、植物或一处场景的变化情况并和同学们交流。

3. 读懂课文内容，进一步培养热爱大自然的感情，感受大自然给我们的生活带来的乐趣。

结合《课标》中提出的："语文课文应注重加深学生对生活的理解和

体验。"李老师将"通过对内容的理解，学生能够增强对大自然热爱的感情，体验大自然给人们生活带来的快乐，增强观察自然了解自然的意识"确定为本课教学的重点；根据学生的年龄特点和生活体验，将"边读边想象课文描写的场景，能说出草地的变化情况及变化的原因，体会'我'观察的细致"确定为本课的教学难点。

结合我校"双轨四步"生本阅读课堂教学，李老师的教学过程如下：

一、整体感知，复习导入

李老师开课出示图片，让学生用课文中的词语或句子说一说图片中的内容，既激发了学生的兴趣，又达到了观察与思考相结合，练习言语的目的。

二、精品细读，理解感悟

这是"双轨四步"中的第二步，李老师分"走进草地，感受快乐""仔细观察，发现秘密"两个环节进行教学。"走进草地，感受快乐"的环节中注重在朗读中感悟，李老师从"多么可爱的草地！多么有趣的蒲公英！"这些赞美草地和蒲公英的句子入手，指导学生朗读。之后通过引导学生多次朗读"我"和弟弟在草地上嬉戏玩耍的句子，体会我们的快乐；抓住对"就这样，这些并不引人注目的蒲公英，给我们带来了不少快乐"的朗读想象：蒲公英还可能给我们带来哪些快乐？多种方式的朗读，或指名读，或挑战读，或泛读，让学生以读为本，读中想，读中悟，使学生拥有完整的阅读过程，充分地朗读、思考、交流与想象。

"仔细观察，发现秘密"环节，在朗读的基础上，通过勾画重点词句、朗读、做动作、观看视频等手段，帮助孩子理解蒲公英变化过程及原因，从而感受"我"观察的细致。

三、读写结合，情感升华

在学习课文的同时，李老师还进行想象能力、说话能力的训练，完成两个层次的说话，第一层次：播放蒲公英花朵张开、合拢的样子以及蒲公英种子的孕育视频，引导孩子仔细观察，说一说自己的发现，并根据句式进行语言训练，体现了"语用"。第二层次：通过向日葵和含羞草的图片，引导孩子说一说自己生活中发现事物的变化。这样由易到难，由扶到放，提高了学生的语文素养。

四、引经据典，课外拓展

出示课外阅读巴金的《海上日出》片段，让学生谈谈读完之后自己的感受，体会作者观察的仔细，从而以段带篇，推荐阅读，激发学生的阅读欲望。

最后，李老师根据单元目标布置作业：观察一处景物的变化，写一篇观察日记。这既是对课文学习的拓展和延伸，也是对学生能力培养的深化。

好的板书是文章结构的简缩，是课文精华的体现。李老师以简洁明了的板书内容再现了本课的教学过程，使本课的学习变得更加一目了然。

李老师整节课把课堂还给了学生，让学生读，让学生发现，让学生想象说话，学语言练言语，真正地体现了"以生为本"。

但是，在评价机制上还应再及时，更有针对性，真正站在课堂的中央，让学生成为学习的主人。

生本课堂感悟

生本课堂教学实践与探究

摘要：

《语文课程标准》指出："九年义务教育阶段的语文课程，必须面向全体学生，使学生获得基本的语文素养。""全面提高学生的语文素养"理念包括两个要点：一是要面向全体学生，即每一个学生都要提高语文素养；二是要全面提高学生的语文素养。

一、问中思，思中会。

二、读中悟，悟中明。

三、延而伸，拓而广。

"疑是思之始，学之端，于不疑处有疑，方是进矣"，"大疑则大进，小疑则小进"。

《语文课程标准》指出："九年义务教育阶段的语文课程，必须面向全体学生，使学生获得基本的语文素养。""全面提高学生的语文素养。"理念包括两个要点：一是要面向全体学生，即每一个学生都要提高语文素养；二是要全面提高学生的语文素养。那么，作为小学低年级语文教师如何才能在课堂中做到以生为本，培养学生良好的语文素养呢？经过一年的实践探究，我有几点感悟，以抛砖引玉。

一、问中思，思中会

学贵有疑。古人云，"疑是思之始，学之端，于不疑处有疑，方是进矣。""大疑则大进，小疑则小进。"爱因斯坦也曾指出："提出一个问题比解决一个问题更为重要。"由此可见，鼓励孩子"敢问"，"善问"是学生"会问"的基础。小学生随着其年龄的增长，思维越来越开阔，在学习中开始有了发现问题和解决问题的经验，而善于发现、提出问题是创造性思维品质的重要成分，要使学生有所创新，就要培养学生的质疑能力。于是在课堂中我们每节课都是这样做的：

首先，创设良好氛围，培养质疑的兴趣和勇气。

小学生好奇心强，授课伊始教师利用多媒体创设孩子们喜闻乐见的图、事、物、激发学生质疑的好奇心，让孩子乐于质疑，对于胆小的学生培养其勇气和信心，使其在课堂中也能成为学习的主人。

其次，设置问题情境，提供质疑的基础和环境。

问题情境是指个人所面临的刺激模式与个人的知识结构所形成的差异，也就是呈现在人们眼前的事物所具备的条件超过人们已有知识经验的范围而构成的问题的条件。问题过难、过易都不能引起问题情境。在问题情境中，学生面临新的、未知的知识、图像，便在头脑中产生了"问题"并引发他们思维的过程。因此，教学过程中，教师应精心设置问题情景，来引导学生发现和提出问题，设置问题时，教师没有必要刻意地为问题而设计，因为处于小学阶段的学生思维方式并不成熟也不稳定，教师应该设定一个大的环境，一个让学生可以发挥的平台，让学生在这个环境中去探询知识。培养学生的质疑能力，同时也要关注课堂的生成问题，往往这些问题中就包含了一节课的重点和难点，也是学生们面对问题的症结所在，要根据学生的自主判断，加以引导，最后，教给方法，让学生学会提问，掌握常见的质疑方法。

教学中，我们可以让小学生先掌握以下几种常见的质疑方法：

1. 看情景图质疑法。
2. 课题质疑法。

紧扣课题展开质疑，对质疑的某一知识点或课文的某一触点（一个字、一个词、一句话或任务的一个动作等）展开多方面的联想，从而发现疑问，追根溯源。如教学《我是什么》一课，就可以抓住"我会变""我都变成了什么""我能干什么"……质疑后带孩子思考,这使孩子们的学习兴趣一下子被激活。

3. 从课文的语句、内容上质疑。

在学习《手捧空花盆的孩子》中,引导孩子根据国王的态度不同多问几个"为什么",将手捧空花盆的孩子和手捧鲜花的孩子进行对比,这样的学习有助于孩子加深对文本的理解。……引导孩子课课生疑,时时质疑。实践证明,教师"贵"于放手让学生做课堂的主人,尽情表达自己的想法,学生就会始终处于主动学习的状态,同时增强自信,慢慢变聪明了。

二、读中悟,悟中明

朗读是小学语文阅读教学的一项基本功,是阅读教学中进行语言训练的一条重要途径。朗读能力的训练是一项长期的主要任务。"四步一练"(质疑导入—探究解惑—拓展延伸—课堂总结—课后一练)更要求我们教师在课堂中引导学生读文,为了解决探究解惑,感悟文本,课堂中我努力从以下几点尝试。

1. 交给孩子读书方法。

读书时,要求学生把"口、耳、眼"三者相互配合,眼看字,口发音,耳听音,不丢字,不加字,不读错字,不重复,不颠倒,声音的高低、速度的快慢比较适度。凡是通过耳听辨识出错误和不符合要求的地方,当即停下,反复练读,直到达到要求再往下读,低年级学生在练读中普遍不会断句,我就教学生按意思来断句。如:《春晓》中的"春眠／不觉／晓,处处／闻啼鸟"。由于学生不理解"处处闻啼鸟"的意思,误断成"处处／闻啼／鸟"。我引导学生理解,"闻、啼"各是什么意思,应怎样断句。通过一句一句地理解,教读,突破了难点,解决了存在的问题。在低年语文教学中,要培养学生借助拼音,一目双行读的能力,读正确、流利,达到熟能成诵,只有严格要求训练,才能会读书,从而达到教是为了不教。

2. 利用多媒体,激发朗读兴趣。

"兴趣是最好的老师。"考虑到低年级学生活泼好动、注意力不集中的特点,我们特意制作了许多生动有趣的PPT。充分利用色彩鲜艳、画面形象逼真画面来激发学生的朗读兴趣。比如,在教学《比本领》《小马过河》

《特殊的考试》《上天的蚂蚁》……是通过动感的画面和相对应的课文内容让孩子先充分练读，再分角色朗诵课文、小组比赛……在读中孩子一下子明白了课文要告诉我们的道理，教师根本无须多讲。

3. 形式多样，培养朗读能力。

"读书百遍，其义自见。"给学生充分的读的时间，让学生借助拼音反复读，整体感知课文内容，通过朗读来加深对课文的理解。就朗读而言，不仅要培养朗读的能力，而且要掌握朗读的技巧。在课堂上，采用多种朗读方式，提高学生的朗读能力。如采用齐读、个别读、表演读、赛读、轮读、开火车读、分角色朗读等形式激发学生的朗读兴趣。对话较多的课文就采用分角色朗读法，如《小狮子》《比本领》《上天的蚂蚁》；语句优美的课文宜采用范读指导法，如《流动的画》；动作表情描写生动细致的课文宜采用表演朗读法，如《我是什么》。在读中，培养朗读能力；在读中，解决了学文中的困惑；在读中，明白了做人做事的道理；在读中，为以后更好地学习语文奠定坚实的基础。

三、延而伸，拓而广

1. 根据课时不同设计延伸的内容。

每节结束时，教师都会设计延伸的内容。如果是第一课时，我们会延伸到第二课时要学习的重点、难点，让孩子去思考，去查找相关的资料，为下节课的学习做好准备。如果是第二课时，我们会延伸到生活让孩子观察自然，学诗人，仿写诗歌，仿写课文中的句子；或读一些相关的书籍，摘抄他们认为好的词、句；或画一画……培养学生的综合能力。

2. 教给方法，让孩子在延伸中成长，实现大语文观。

拓展延伸时教师教会孩子利用网络，或去书店、图书馆、生活中……一学期的研究实践证明孩子在拓展延伸中会想办法查找资料，在拓展延伸中孩子丰富了知识；在拓展延伸中孩子会观察眼中的季节；在拓展延伸中孩子成了小老师，他们会讲解书本中没有的内容，让语文走向生活，实现了大语文观。

文无定法，教无定法。作为教师，我们只有根据不同的课型设计、不同的学情设计出适合、灵活的教法，那就慢慢能培养起学生良好的语文素养。

小学语文课堂改革的探究与实践

摘要：

一、改革小学语文课堂，教师必须有过硬的素质。

二、改革小学语文课堂，教师要处理好教师、学生、教材之间的关系。

三、改革小学语文课堂，教师要相信孩子，敢于放手。

四、改革小学语文课堂，教师要建立有机的课堂评价机制。

这四个方面阐述了如何打造小学语文高效课堂，文中结合自己的教学实践有感而发，以求在愉悦的氛围中教好每个孩子。

关键词：

变"讲堂"为"学堂"

教勿越位　学要到位

引导自学　改革　实践　探究

伴着渭南市临渭区教育局教研室对课堂教学的不断改革，我们学校在春风拂面的美好季节里对课堂教学改革进行尝试，与此同时全体语文教师还去省城参加了陕西省第二届小学语文高效课堂教学的观摩研讨会，以期达到领会课堂教学中的以生为本理念。

省市教学专家深挖教材、精心研究教案，设计合理、灵活、以人为本的教学方法，将一节节精彩纷呈的高效课堂展示给每一位听课老师，让人备受感染、受益匪浅。与此同时校内教师结合《××小学探索课堂"两个五"

要求》，教师们精心备课，设计最好的教案，制作多媒体课件，课堂中展示自己良好的素质和灵活的教法。

所谓"两个五"，针对教师的是，学生能读懂的教师不要教；学生能做的教师不要做；学生能说的，教师不要说；学生能探索的，教师不要代替。针对学生的是：我能读；我能做；我能听、说；我能问；我能评。

由此，我想到了今后的教学工作，作为教师如何让每节课都成为高效课堂，让孩子们在轻松愉悦中学好知识健康成长呢？以下是自己的一点实践与探究。

一、改革小学语文课堂，教师必须有过硬的素质

《课标》指出："教师是学生学习的引导者、促进者。"那么课堂教学方式如何改变，对于小学生来说，引路人太重要。引路人如何引导，他们就会怎样跟着学，正如常言所说：什么样的教师教出什么样的学生，这一点也不假，那么在倡导变"讲堂"为"学堂"，"教勿越位""学要到位""引导自学"，学生自学能力的培养固然重要，教师的巧妙引导就更为重要。如：西安师大附小的李鹏老师教学《阅读大地的徐霞客》一文时，教师"由这篇课文主要讲了什么内容？让学生找课文哪段写了徐霞客的生平？这段又围绕哪句话来写的？"引导到"奇人"是什么样的人？然后由这个问题引领全课，孩子在细细读书中，静静思考，并拿出笔圈圈点点，同时写出自己的有关感悟，这样的教学方法不仅教会孩子从小养成"不动笔墨不读书"的好习惯，更有利于进一步领悟作者所表达的思想感情。仅这一点就显出了老师那过硬的本领，将全文浓缩成两个字"奇人"让孩子在读、圈、画中感悟徐霞客"卓尔不群""立下奇志""经历奇事""成就奇书"的品格。这就做到了学生能读懂的教师不要教；学生能做的教师不要做；学生能说的教师不要说；学生能探索的教师不要代替。听完这节课我在自己的课堂中也进行尝试，教学《天游峰的扫路人》一文时让孩子从课题质疑：这是一位怎样的扫路人？作者写人为何要写峰呢？引导孩子充分读课文、交流、圈点勾画并做批注。这节课我虽然讲得并不多可孩子却明白了这是一位开朗、工作负责、自信豁达的扫路人。这一切，要求我们小学语文教师，不仅要有良好的自身素质，还要能做到以上几点。小学生模仿力强，教师的素质、人品、做人做事的方法、教学方法将会影响他们的幼小心灵，甚至一生，所以这是改革课堂必备的条件之一。

二、改革小学语文课堂，教师要处理好教师、学生、教材之间的关系

课本既是"教本"更是"学本"，是教材编写者与教师、学生相互进行心灵对话的载体，因此教师首先要会读书，并且要引导学生会读书，培养学生的自学能力。如：安康地区的韩静老师在教学《老人与海》一文时，将文本、教师、学生之间的关系处理得恰到好处。老师自己读文本，摘录出四字词语，学生在读中串起整篇课文，让孩子想象老人喂海鸥、与海鸥融洽相处的各种画面，激起孩子学文兴趣，这时出示相关句子，让孩子把自己当成小海鸥反复读，在读中体会老人离去时海鸥的种种表情，在读中孩子真是"情发生于心，动至于容"，从而体会老人与海鸥的深情厚谊。正因为老师处理好了文本、学生、教师之间的关系，教师仅仅轻松引导，而孩子读中悟文本，不仅培养了读书能力，而且学会自学。回顾以往，教学中我们总不敢放手，生怕孩子学不懂，讲得太多，反而收效甚微，孩子还感悟不深。听了这节课我试着在自己的课堂中处理好教师、学生、文本之间的关系。如教学词《渔歌子》时，先引导孩子读词，说说作者描写了哪些景物，然后教师范读，学生闭眼想象画面，再读词，请孩子板画自己所感美景，从中体会渔者为什么不想回家，最后让孩子说这首词的意思。孩子们个个跃跃欲试，此时我感到处理好教师、学生、教材之间的关系就相当于找到了治病的良方，相当于打开了孩子心灵的钥匙，相当于开启了智慧之门。

三、改革小学语文课堂，教师要相信孩子，敢于放手

以生为本的课堂要求学生做到"五个我能"：我能读，我能做，我能听，我能说，我能问。那么作为教师我们设计好引导的问题、方法后充分信任孩子，为孩子读、做、听、说、问、评创造条件和机会，让孩子有表现自我、展示自我的评台。如上课时提出问题，充分让孩子读文回答，交流中理解。教学《山谷中的谜底》一文时，我由"麻屋子，红帐子，里面住着白胖子"这个谜语导入，请孩子们猜，孩子的学文兴趣一下子提起来，这让他们了解什么是谜面，什么是谜底，这时自然放手让孩子充分读文，找山谷中的

谜面在哪一段,谜底在哪?是谁怎样解开的?读文后请孩子大胆交流、讨论,孩子们不仅找到了谜面、谜底,以及揭开的过程,而且说出了文章所蕴含的哲理,这是我原本所没料到的,我不由慨叹这一节误放得太好,为自己平时的担心而愧疚。于是,在后来的课堂我一直试着这样做,以寻求最好的切入点激发孩子们的学习兴趣,有效地质疑,大胆地交流,发挥他们的聪明才智,真正像现代教育家魏书生所说:"懒"老师教出"勤"学生来了,真正达到叶圣陶老先生的愿望——教是为了不教。

四、改革小学语文课堂,教师要建立有机的课堂评价机制

教学过程和教学结果的评价是教育研究的重点,教学活动是教师"教"的活动和学生"学"的活动所构成的有机整体。科学有效地评价教师的教,能使教师的"教"既成为促进学生"学"的必备条件,又成为促进教师个人专业成长和发展的途径,只有观念深入人心,语文评价才能走上科学合理的正轨,才能对教学起着正确的导向作用,才能保障我们的教学目标顺利实现。因此课堂中教师评价学生时:

1. 要根据学生的个性采取多元化的评价方法:当孩子读书有感情时,表扬他读得像播音员一样;当孩子读得有错字或结巴时,及时纠错并鼓励他细心点你一定能读好,相信自己;当孩子写字规范时,及时展示孩子的字,孩子以后会写得更工整;当学困生回答问题时,无论对与错,你只要及时鼓励,他会更积极,思维慢慢会活跃起来……

2. 要根据学生的个性采取不同的评价语言:对于缺乏自信的孩子,我们要及时给予肯定和表扬,如:"老师听出来了,你已经鼓起很大的勇气才读完这段文字,而且读顺读通了。""如果你的声音能再响亮一些,让全班同学都能听得见就更棒了!""现在请你再试试,相信你会读得更好!"孩子在教师的激励下会不断增强学习的信心,从而体验到成功的喜悦。对于优秀生教师还要根据情况让优者更优,"你真是同学们的好榜样!""你永远是老师最棒的学生",对于中等生,我们应说"努力一把你一定比谁还棒!"……

3. 要根据课堂的氛围不同设定不同的评价机制,及时调整课堂评价的方法及语言,使孩子在积极、愉悦的氛围中轻松学会新知,掌握知识,从而达到学以致用的目的。

  总之，在小学语文课堂改革的探究实践中，我们要不断加强自身的业务学习，努力钻研，大胆创新，不断学习新的理念，不断探索更好的教学方法，不断采用更好、更有利于孩子发展的课堂评价机制，让小学语文课堂绽放异彩，使孩子在快乐求知中健康成长。

参考文献：《新课程怎样教》《走进新课程》

潜心思考　教出本真语文

叶圣陶先生说："语就是口头语言，文就是书面语言，把口头语言和书面语言连在一起说，就叫语文。"崔峦老师也指出，语文教学首先要明确语文课程性质，坚守语文教学本真。语文教学一定要突出语言学习、语言训练。今天有幸聆听陕西师范大学附小教师，全国小语会青年教师研究中心委员，西安市首批学科带头人，陕西省教学新秀、教学能手，陕西省教育学会学术委员会专家王林波老师所执教的《祖父的院子》一课，教学过程和精彩报告《小学语文文本解读的策略》，使我深深感悟到他的语文教学的魅力所在。

一、纯净地读，备出自己的语文

备课是每个教师课前必须做好的，而且每位教师都在备，但王林波老师却备出了个性，备出了特色。他纯净地读文本，读出自己的独特感悟，再根据学情和自己的感悟设计出符合自己教学风格的教学设计，因而教起来得心应手。王老师上课前没提前见学生，教学这课时发现有的孩子把作业单已写，及时调整讲课环节，就是要教出一个真实的语文来，令听课者折服。

二、以生为本，教出本真语文

（一）大胆鼓励，激发学文兴趣

《语文课程标准》指出："对学生的日常表现，应以鼓励、表扬等积极的评价为主，采用激励性的评语，尽量从正面加以引导。"因此，语文教育教学评价要以激励性评价为主。王老师一开课让孩子们读文发现作者是谁？走进园子，你看见了什么？运用鼓励，评价孩子们是"善于学习的孩子"，但孩子们写各种昆虫名字时说："你们写字有书法的感觉……"这种语言激励促进学生的自主学习和主动发展，调动了学习热情，有助于教学目标的达成，不断地激发学生学习课文的兴趣，促使每个学生都走进文本。

（二）以生为本，在朴实无华的读中发现

学生是学习和发展的主体，教师是学习活动积极的组织者和引导者。王老师不仅做得很好，而且做到在朴实无华的读中发现。在读文本中孩子们发现祖父的园子里各种昆虫"样样都有"，此时王老师让孩子们写自己知道的昆虫名字，同时出示句子让孩子读，结合板书上昆虫名按照书中的句式练言语。

生：我发现第三小节的"祖父铲地，我也铲地"是一样的！

生：我也发现第十二小节的"祖父浇菜，我也抢过来浇"。

师：是呀，同学们，老师也把这些相似的句子找了出来，你们读一读，比一比，看能不能有什么新的发现和感受呢？（出示一列句子）

生：（读、想）都是写我和祖父的活动。

生：我都是跟在祖父后面，祖父做什么我就做什么。

"祖父戴一顶大草帽，我戴一顶小草帽。""祖父栽花，我就栽花。""祖父拔草，我就拔草。"

"祖父种小白菜，我就跟着把土溜平。""祖父铲地，我也铲地。""祖父浇水，我也抢过来浇。"

师：是呀，我跟在祖父后面，就像祖父的什么？

生：跟屁虫。

生：小尾巴。

生：影子。

师：是呀，形影不离的祖孙俩，一大一小，一前一后，一老一少，你们读了有什么感受？

生：这样的场景很有趣，我的童年也很快乐和自由。

读着读着孩子们发现祖父的园子太有趣，读出本真；读着读着孩子们发现作者的写作方法，如铲地"祖父"怎样做"我"也怎样做，找到规律，孩子们背得容易；读着读着孩子们发现祖父的园子中写的情景自己生活中也有不少，自然而然地写下来了。

（三）适时想象，读写结合

适时想象是对文章的补白，又培养了孩子们丰富的想象力，王老师课中及时让孩子想象假如是你会发生怎样的事，孩子们结合自己实际说了很多很多，我们不由慨叹孩子的思想是自由的，真切的。

三、勤于学习，不断反思，乐于提高

读着读着，听着听着，作为语文教师，作为和王林波老师此时拥有同样学生的我不由反思自己：反思自己平时的学习，反思自己的教学方法，反思自己的评价方式……反思之余我明白今后阅读教学努力的方向：应学名师之法，教出真实有效的语文本真。

（一）以文本为主，学语言

陈钟梁先生曾经说过："语文课是美的，这种美潜伏在语言的深处，语文课首先要上出语文味儿，要上得朴素自然，要向学生传达出语言深处的美。"的确，学生面对的是一篇篇文质兼美的范文，教师应带领学生学习、揣摩、品味、吸收其语言精华，让学生受到语言所蕴含的丰富的人文信息、人文精神的熏陶。作为小学语文教师我们要把培养和提高学生正确理解和运用祖国语言文字的能力，作为语文教学的根本任务，强调要回归到语文学习的本体——学习语言上来。

（二）以学生为本，读出味

叶圣陶先生曾说过："语文本是一门读的学科。"张定远先生也认为："要教出语文味儿，就要引导学生读，反复读，决不只读一遍、两遍。"反复品味我们强调阅读教学的根本在于对语言的研习，那如何带领学生去"理会语言，体悟语言"？其中必不可少的一条是多读。"读书百遍，其义自见"。朗读可以让学生认知文字、感受声律、体味词句、领会情感、品味意境、发展语感。一篇课文如果不读通读透，而忙着去操作电脑，带领学生看画面、听音乐，课堂上没有了琅琅书声，也便没有了语文味儿，学生对语言的敏感就没了，语文素养也无从谈起。

因此，作为语文教师在以后的教学设计中，绝不能让漂亮的视频、优美的音乐替代学生阅读文本，绝不能让一些看似热闹、新潮的形式占据学生读的时间。

我们要舍得给时间让学生在课堂上读书，要对学生说"请大家将课文好好读一读"。陈钟梁强调："随便怎么精简，读不能减。"我们应该把课堂交给学生，应该把读的权利还给学生，读其义，读其理，读其情。如王林波老师的课堂，所用课件简单朴素，本色自然，实实在在，那是一种本真的教学境界，至真而至美。

（三）以读练言语，提素养

语文教学的基本任务是培养学生听说读写的能力，也是"基本任务"，因此写的训练必须有，设计还要迁移合理自然。以生为本，以读为主，教语文，练言语，让我们的语文课堂还原本真，让我们的学生品味语言，练好言语；让我们的课堂教学有实效，达高效，提高阅读教学的质量，提升学生语文素养。

立足课堂　关注成长

王崧舟老师在《听王崧舟老师评课》一书中写道："一堂好的语文课，有三重境界：人在课中，课在人中，这是第一重佳境；人如其课、课如其人，这是第二重佳境；人即是课，课即是人，这是第三重佳境。"境界越高，课的痕迹越淡，终至无痕。因此，课的最高境界乃是无课。

作为一线教师，我们想达到课的第三境界必须经历一番历练，方能不断地淡化，终至无痕。三月份，我领着工作室的年轻教师磨课，送教，我有所感悟，有所思考。

一、"在"课中，思之成长

对于年轻教师，我们首先要做到"身在"课中，把自己当成作者，当成学生，所有的感觉都不奇怪了；同时引导教师们"意在"。全身心地投入课中，一心一意，专心致志，关注文本的语言、标点，关注每个孩子的不同体验，珍视课堂的生成，从而学会"思在"课中，坚持自己独立的思考，上出个性，上出特色，渐渐形成有自我风格的课。

二、"如"课中，本色成长

"如"者，不仅有"好像"之义，更有"适合"之义。课的风格就像你的性格，你的人格。作为一位基层教师，我们应因人制宜，因地制宜，构建"适合"自己的"学科"的课，自觉地将课堂作为一种艺术加以追求，形成课的风格，彰显自己的人格特征和魅力。如杨晓妮老师以前上《丑小鸭》第二课时，只做到师"在"而生不"在"，所以收效甚微，而此次送教，师"在"生更"在",以生为本,收放自如,生学得"自如",教师教得"自如"。

三、"即"课上,无课提升

"即"者,"当下"也、"实现"也,"即心即佛"也。语文人生,人生语文。自然,此处所言佳境,我在上课,但我同时又是在享受上课。在课堂上彻底敞开心扉,全然进入课堂中的每一个当下,和我们的学生情情相融,心心相印,彻底打开自己的生命,让每一个细胞、肌肤去感受、触摸,和学生一起欢笑,一起流泪,一起沉思,一起震撼。

简笔画——教学的好帮手

拥有一定的知识，并且有良好的个人素养是一个教师教书育人的必备条件。新的学年，自己接手一年级的语文教学，结合多年的教学经验，感觉到简笔画是低年级语文教学的好帮手。

一、用简笔画引起注意力

注意是一种心理状态，它伴随着感知、记忆、想象和思维等认知活动而生，又维持这些活动继续进行。教学中，利用无意注意可以满足学生的好奇心，如教学"山""月""日""水"等字时，尝试通过画图等形象生动地引导孩子认识象形字，在简笔画的辅助下孩子轻松地记住了这些象形字，而且记忆深刻。同时，教学中还用板书引起学生注意，设计生动、有趣、富有启发性的板书，导入或引出课文，把孩子们的注意力集中到教师所希望他们注意的内容上，接着提出一些颇具启发性的问题，这样使学生学习起来便会兴味盎然，学起新知识便比较容易，为儿童的形象思维向抽象思维过渡架设了桥梁。

二、用简笔画创设教学情境

例如在教《早操》这一课时，我用简笔画帮学生入情入境：

1. 课前入情。

播放课件，引导孩子看大清早太阳公公起来看到小精灵在蓝天白云映衬下的画面入情，提起孩子们的学习热情和学习劲头。

2. 课中入境。

课中运用多媒体课件展示小鸟、小蜜蜂、小露珠、小学生，一幅幅生动形象的简笔画就能突破重点难点，轻松愉悦感悟到儿歌的感情和韵味。

3. 课后利用简笔画引"背"。

板书简笔画，引导学生启发联想、训练说话、拓展思维，使学生们在形象生动的看图过程中背诵课文，易懂、易记。

三、用简笔画改进教学方法

低年级教学中总有一些枯燥不易接受的内容，在此时用画面激发兴趣，使枯燥的东西变得栩栩如生。在自己的教学中我越来越发现小学生的学习主要依靠形象思维和形象记忆。简笔画就是用尽可能少的笔画、线条，勾勒出简洁、生动、易懂的形象。把它与教学内容有机结合起来，适应儿童的心理特征和审美情趣。这是一种很好的教学方式，对于语文教学有很大的帮助作用，在教学中应加以推广。

如何培养孩子的识字兴趣

语文是一门基础学科，而识字教学又是基础中的基础。然而识字过程又是一件十分枯燥的工作。那么，怎样才能提高孩子们的识字质量呢？几年的工作经验，让我得出的结论：激发孩子识字兴趣，教给孩子识字方法，培养孩子识字能力。我们常说：兴趣是最好的老师。如果孩子知道掌握汉字的重要性，并对识字产生积极的兴趣，他就能自觉地去学习并掌握汉字的音、形、义。怎样才能做到使孩子对枯燥的汉字教学产生浓厚的兴趣并增强自我识字的能力呢？我认为可采用以下几种行之有效的方法。

一、激发兴趣——乐意学

兴趣是调动学生积极思维、探求知识的内在动力。有了兴趣，学习就不是一种负担，而是一种享受。在教学实践中，要注意选择适合儿童年龄特征的话题，激发学生学习汉字的兴趣，使之乐意学。低年级的孩子天真活泼，乐交朋友。根据这一特点，教学时，可以将生字形象地称为"娃娃"或"小客人"，让学生有一种亲切感。识字的过程也随之变成了交朋友或是招呼小客人的过程。亲切自然的称呼自然唤起了学生的注意力，学习的兴趣也随之调动。低年级学生最容易受感情因素的感染。顺应儿童的心理，结合学生的生活实际，巧妙创设各种有趣的情境，能使学生饶有兴趣地主动投入汉字的学习中去。

二、变换形式——"玩"中学

心理学研究表明：小学儿童的有意注意时间短，无意注意占优势。根据这一特征，要想在整个活动中保持学生学习汉字的兴趣，就不能只以单一形式进行，不然就会把刚刚点燃的兴趣火花给熄灭。引导学生变换形式，不断满足学生的好奇心，是促进学生学习的重要措施。游戏是孩子乐意为之的活动。在课堂中，教师要找准游戏与教学内容的结合开展游戏，使学生真正"动"起来，做到在玩中学习，玩中思考，玩中创新。在教学中，教师可穿插一些活动辅导教学：可出示课文插图，让学生"猜一猜""比一比"。如：在理解"众人一条心，黄土变成金"的含义时让孩子们"搭一搭""演一演"。使学生主动参与到课堂中来，充分调动学生的学习积极性。针对小学生的年龄特征和注意力特征，在教学中，要经常变换不同的教学方法进行巩固识字练习。如：可以编童谣，编顺口溜，复习组词可以用"找朋友""词语开花""摘苹果"等游戏。

三、教给方法——学会学

教学是以动态形式呈现出来，而结果则以静态形式存在于学生的主观世界之中。为了孩子们都想学、都会学，教学中应根据不同的学习内容，指导学生掌握学习汉字的方法。

形声字是汉字的主体，它的构字结构虽然复杂，不过有规律可循。根据形旁、声旁所处上下、左右、内外的不同方位，有六种不同的结构。形旁表意、声旁表音，这是基本的构字法则，遵循这一法则，创设情境，突出形旁，形声字的特点，是不难理解的。例如：教学"炮、泡、跑、抱、苞"，分别以一组情境，帮助儿童理解字义，记住字形。"炮"里都装有火药，所以它的形旁是"火"；"泡"，鱼儿在水里吐泡泡，泡沫也是在水里，所以它的形旁是"氵"；"跑"要用脚来跑，所以它的形旁是"足"；"抱"要用手来抱，所以它的形旁是"扌"；"苞"是和花草有关的，所以它的形旁是"艹"。它们的声旁都是"包"。为了让学生更好地理解它们的意思，记住它们的字形，我就给它们编了一个小故事："炮、泡、跑、抱、苞"这几个字的声母、韵母都是一样的，不同的是它们头上戴的帽子不一样，长得也不一样，所以它们的名字不一样，用法也不一样。有火是"炮"，有水是"泡"，有足是"跑"，有手是"抱"，有草是"苞"。这样形声字形旁表意、声旁表音的规律就自然而然揭示出来了。掌握这一规律后，学生运用学法，就可以很快地辨认"炮、泡、跑、抱、苞"这五个相近的字和其他一些字了。如此一来在使用这些字时就不会相互混淆，不会写错用错了。例如：在教学"棵、颗"这一组形声字时，我先让学生列举"一棵什么，用'木'字旁的'棵'；一颗什么，用'页'字旁的'颗'"？根据学生的回答，以简笔画分成两组：

一棵（表示小树、白菜、向日葵、小苗、玉米的图画），一颗（表示子弹、豆子、星星、红心、种子、糖的图画），然后利用这些图画，向学生揭示规律："棵、颗"都表示数量，"棵"记好"木"旁，像小树一样，是有生命的，有根，有叶，像白菜、向日葵、小苗、玉米，形状高高的，就用"棵"；"颗"，"果"在左边，还是表示声音，右边的"页"，告诉我们形状像颗粒一样的，圆圆的物体，像豆子、子弹、星星等等，就用"颗"。这样学生对形声字的特点就有了具体的认识，记忆牢固，运用起来不易混淆。

识字教学是一项艰巨的教学工作，在教学实践中，我们作为教师应不断地总结、积累和探索识字教学的经验方法，灵活多样地引导学生识字，使学生学得活，记得牢。识字一定要使学生掌握基本方法，学生只有掌握了正确的方法，才会由"学会"变成"会学"，由"被动地学"变为"主动地学"。这样，就激发了学生对识字的浓厚兴趣，学生有了学习兴趣，就有了学习的动力，有了学习方法，就有了学习的效率，这对学生来说是终生享用不尽的财富。

随文识字的教学策略

2011年版《语文课程标准》的"结合上下文和生活实际了解课文中词句的意思,在阅读中积累词语"的教学要求,没有引起部分教师的足够重视,正是因为这种脱离了文本的识字教学,学生学习生字就显得枯燥、乏味,从而降低了学生识字的兴趣和效果。

一、初读课文,找出生字,借助拼音,读准生字

通过分析儿童识字心理,发现儿童对生字的认识要经历由模糊到清晰的阶段,也就是首先记住字的大概轮廓,然后通过反复的认读逐渐强化记忆。因此,教师可以这样设计教学环节:

1. 让学生借助音节读课文,边读边画出要学的生字。

2. 教师出示带有音节的识字卡片,让学生练习读准字音,同时感知字形。越是在低年级,越是在学龄初期,越要讲究教学方法的灵活多样,越要善于组织儿童学习的注意力,调动儿童的学习积极性。在这一教学环节中我们可采用"开火车""赛读"指名读等多种方法,激活孩子的思维意识。

3. 去掉音节,再让学生认读生字,试着组词,进一步感知字形。要根据教材和儿童的实际,尽可能采用如去音节、图片、猜谜语、讲故事、做动作等手段,把生字词的第一印象深深印在儿童的脑海里。

4. 通读课文,要能读通读顺,教师要做到:

(1)发挥学生的主体。学生尝试拼读在先,然后,教师根据学生的拼读情况,教师范读或学生之间纠读。

（2）学生读生字时，注意感知字形，初步建立生字的表象。

（3）一定要让学生自读自练。

二、精读课文，结合语境，感悟字义，了解内容

当学生把课文读通顺以后，要让学生了解课文内容，读懂每句话的意思，这时，要引导学生结合语言环境或生活实践理解生字新词，所以在教学中教师要做到：

1. 注意区分学会和会认两类字。教师要重点引导学生在语言环境中理解应学会的字，而会认的字不要做过高的要求，只要在课文中会认，换个环境也认识就达到要求了。

2. 要求学会的字，不仅要在课文中的语言环境里加以理解，还要能做到扩展延伸，如用字组一个新词或几个新词，再用这个新词说一句话等。

3. 理解字义，教师要采取多种教学方法，帮助学生理解。如，根据文字的结构特点，借助字典，借助直观的事物，联系生活，联系上下文等方法帮助学生理解字义。

4. 注意音、形、义的联系。虽然本环节字义是重点，但不可忽视字音的巩固和字形的感知，为下一步分析字形奠定基础。总之，教师多次引导学生读文，了解字义，不断复现所学词语，在反复与生字的见面过程中，引导学生利用这个语言环境学习生字。我们都知道认识规律离不开具体环境，离不开反复接触，反复实践。教儿童识字，同样如此，"字不离词，词不离句，句不离文"在教学中可以反过来，不断缩小语境。就是强调生字词教学要和具体语言环境相结合。儿童对生字词的识记就容易得多，省力得多，会收到事半功倍的效果。

三、讲读之后，记忆字形，教给方法，指导写字

1. 记忆字形，教给方法。 记忆字形是低年级教学的难点，因此，教学方法要灵活，而重要的是要教给学生多种多样的识字方法，要"授之以渔"，如结构记忆法、笔画笔顺记忆法、联想记忆法、字谜记忆法、直观记忆法、加减记忆法等。让孩子们发现生字和熟字的联系：减一减，加一加，换一换，总结点拨学习汉字的规律和方法，同时注意区别用法，加强字形分析与意义结合，减少错别字。要给学生充分的时间交流，最后汇报交流时，一定

要注意，不要逐个字地汇报。

2. 指导书写，重点突出。低年级是培养良好书写习惯的关键期，所以写字教学教师要认认真真地指导，扎扎实实地训练。教师必须加强指导，可以这样进行：先让学生读一读田字格里的生字，要让学生注意观察生字的结构，看一看笔顺跟随，数一数字的笔画，特别注意每一笔在田字格里的位置，然后让学生说一说怎么写。教师根据学生的汇报，纠正、讲解、范写。而这一教学环节，也应充分发挥学生的主体，学生分析字形时，尽量尊重学生的意见，让学生根据自己的阅历、经验选择适合自己的记忆方法，教师在学生汇报的基础上，优化、点拨、激发兴趣等。

总之，教师在指导学生写字时，要讲清重点、难点，特别是新出现的笔画、部首以及难写难记的字。教师一定要注意范写，让学生看清起笔、运笔、收笔。学生练习时，要少而精，保证写字的质量。

四、注重积累，培养兴趣，复习反馈，扩展训练

1. 注重积累，培养兴趣。学生识字是一个不断深化的过程，而且与学生的兴趣有关，因此，教师根据学生的实际，创造性地开展教学，拓展训练的形式，如辨字组词、一字多组、一词多填、部件构字、字词听写、改正错字、编字谜儿歌、游戏活动等。学会的字是复习巩固的重点，应在音形义上下功夫。

2. 复习反馈，扩展训练。教师在学习课文结束之前把生字、词提出来再次进行巩固复习，也可以让生字出现在与之相关的句子、课外知识或小故事中，进行拓展识字，既拓宽了识字渠道，也扩大了学生的知识面。另外，在课外学会的字也应得到展示，加强与生活的联系，鼓励多种途径识字，养成自主识字的习惯。

总之，"感知"是识字教学的起始环节，在感知中读准字音，了解字形；在"理解"中，结合语境，感悟字义；在记忆字形中，教给方法，体会汉字的形体美；在"反馈"中巩固运用、积累，也就是"了解——掌握——书写——运用"。这是一个循序渐进的螺旋式层次结构，所谓的"随文识字"也就水到渠成了。

低年级学生质疑能力的实践与探究

摘要：

在"四步一练"教学模式中，新课开始要让学生学会质疑问难，就要为学生营造和谐民主的质疑氛围，引导学生发现问题，教给学生质疑的方法，引导学生在朗读中解疑、悟疑，从而深刻地感悟作者所表达的思想内涵。

关键词：趣、导、读。

一、疑中生趣

二、导中解疑

三、读中悟疑

重点词：

"四步一练"：质疑导入—探究解惑—拓展延伸—课堂总结—课后一练。

"疑是思之始，学之端，于不疑处有疑，方是进矣。""大疑则大进，小疑则小进。"

质疑是通过提出问题而获得知识的一种手段。在课堂教学活动中，学生的"质疑"有利于激发学生学习的主观能动性，进而挖掘学生的思维潜能，培养学生的创新意识和分析、解决问题的能力。因而我校实施"四步一练"教学模式（"四步一练"：质疑导入—探究解惑—拓展延伸—课堂总结—课后一练）时把质疑放在第一位，要求教师在课堂教学活动中让质疑做先导，在课堂教学中，教师要高度重视对学生质疑能力的培养，那么如何培养低年级学生质疑能力呢？下面我谈自己的一点拙见，以抛砖引玉。

一、疑中生趣

爱因斯坦说："提出一个问题往往比解决一个问题更重要。"《语文课程标准》也提出：鼓励学生自由思考、自主发现，着力培养学生质疑提问的习惯和批评争论的习惯，培养学生合作、探究的习惯。我们要培养创新型人才，就必须要从小培养小学生的提问能力和问题意识，让学生从小肯质疑、肯动脑，问题的提出过程其实是学生思考的过程。于是课堂教学中针对低年级孩子好奇心强的特点，利用多媒体课件、实物、情景把孩子带进文本，然后引导孩子大胆质疑（如教学《不懂就问》一文时，先出示孙中山照片，孩子们自然提出问题"他是谁"？教师可简介孙中山生平，此时再出示课题举手的孩子们更多了，有的问孙中山不懂什么？问了什么问题？老师如何回答的？……原本离孩子们较远的文本一下子激活了，孩子们学文兴趣盎然。再如教学《狮子和兔子》一文时利用多媒体课件分别出示狮子和兔子图片，孩子们叫出它们的名字后再质疑，问题切近课文，急着要读课文，在课文找答案）。正如爱因斯坦所说："兴趣是最好的老师。"文中孩子们生成了很多疑问，变"苦疑"为"乐疑"，变"要我提"为"我要提"，从而使学生提得轻松，主动而富有创意，即使遇到困难，也会有克服困难的勇气和效力。久而久之，便会形成一种稳固的质疑兴趣——良好的质疑习惯。因此，这第一步我就在如何培养学生质疑兴趣方面下功夫。

二、导中会疑

"授人以鱼，只供一食之；教人以渔，则终生受用。"要使学生在课堂上善问会疑，教师就要"教以渔"。《课标》也指出：学生是课堂的主体，教师是学生学习的引导者和促进者。那么作为教师我们如何引导学生会质疑呢？

心理学告诉我们，在自由、平等的环境中一个人的潜能会得到最大的发挥。所以，教师平时就应该注意在师生间建立平等、民主、亲切、和谐的关系，以保证学生的智力和非智力创造因子都处于最活跃的状态。课前、课间我常抽些时间待在教室，这样身体之间距离的缩小，带来心灵的贴近，即使你没说什么，也会使低年级学生感到亲切。间或微微一笑，拍拍肩膀，摸摸后脑勺，聊聊家常。这些不经意的小动作，可带给小学生的信息是强烈的——老师很喜欢我！他们将以更多的近乎崇拜的"喜欢"来回应你。有了这样的心理基础，教师就不用担心在课堂上出现这样一个尴尬的场面——教师焦急地注视着学生："你有什么要问吗？"学生们一个个呆若木鸡，拘谨得不敢抬起头来。让学生质疑时，教师应说一些激励性的话语，如"大胆提""说错了没关系""想说什么就说什么"之类的话，再加上一些鼓励性的微笑、信赖地点点头，学生大多会畅所欲言。学生有了产生疑问的氛围，还得教给他们方法，让他们懂得如何提出疑问。

1. 识字、解词中质疑。学习生字或理解句子意思时，引导学生对形声字或形近字提出疑问。比如："距、拒"有什么异同之处？"娘、朗、郎、狼、跟"怎样区别？如课文《我必须去》中"我"是谁？为什么必须去呢？文中"失信"是什么意思？

2. 抓住课题质疑。文章的课题是文眼，常常可以反映文章的主要内容或中心，很好地对课题进行质疑，可以训练学生的审题以及概括能力。低学段一、二年级的课文大致都是叙事性的，有写人的，也有写动物的。这类文章要求学生理清谁（什么）、做什么、为什么做、结果怎样。如课文《一件好事》，学生就针对上面的提示，提出了以下几个问题：（1）谁做什么好事？（2）她们为什么要做好事？（3）怎么做的？结果怎样？

3. 针对标点质疑。小学低年级的学生一般是不会对标点符号产生疑问的。所以教师平时应有意识地引导学生想想某个句子为什么用"？""！"或"。"，这样用好在哪里？这样一段时间下来，学生读书时就会注意到标点符号了。如在课文《我必须去》一文中，"她对爸爸说：'是啊，我必须去！'"，就有学生会问："为什么要这样使用标点符号？"这样一问，让每一个学生的注意力都集中到标点的用法上，然后思考为什么这样用？让学生充分领会文中作者使用标点的准确性，同时体会文中的语感，这样对学生也是一种标点使用知识的积累。看来，学生对标点的质疑有时还能达成预想不到的效果呢！

4. 在讲读课文中质疑。最有价值的问题往往是在讲读课文后提出的。教师应时常引导学生对课文中的故事情节，再或是给课文中已有的故事情节进行续写，从而产生疑问。如在教学《一片树叶》时，有个同学在续编故事时写到了一个这样的情节"小猪来了，看见小椿树……"，有个同学在听了他的续编故事后，问："看见椿树一片叶子也没有了，小猪会怎么说？"这个同学是真的进入故事情节中了。接着让同学们激烈地讨论、合理地想象后，学生便从中体会到自己作为一名小学生应如何爱护小树，保护环境，这样又将是对学生深刻的教育。

5. 抓反复出现处质疑。如《春风》文中两次出现了"春风轻轻地吹着口哨"，作者为什么要这样写呢？

6. 抓细微差别处质疑。如《狮子和兔子》，兔子为给狮子解决问题的三次对话，教学时可以针对这几种语言现象进行提问。

7. 抓课文结尾处质疑。如《小山羊和小灰兔》，课文的结尾处写道："明天早晨还要不要等小灰兔呢？小山羊心里犹豫起来。"课文为什么要以这样的方式结尾呢？

布鲁姆说："最精湛的教学艺术，遵循的最高准则就是让学生提问题，让学生学会提问。"的确，问题是思维的导火索，是学生学习的内驱力，它能使学生的求知欲由潜在状态转入活跃状态。

三、读中悟疑

有了质疑的兴趣，学会了质疑的方法，我们如何引导学生学会解疑、悟疑呢？

1. 初步读文，解决显而易见的问题。
2. 再读课文，小组交流难懂的问题。
3. 抓住重点词段反复朗读，读出情、读出味。
4. 分角色朗读感悟人物形象。
5. 小组比赛读，读出作者所表达的思想感情。

让读贯穿课的始末，让读代替老师多余的讲解，真正让孩子读中感悟，在确实需要引导难懂处再做简单必要的讲解。

总之，疑是思之始，学之端，于不疑处有疑，方是进矣。大疑则大进，小疑则小进。"学者先要会疑"，学生有"疑"就会激活思维，会"疑"就会不断去"探究"，最终达到真正能"悟"的境界。

小学低年级语文作业设计的有效性

减轻学生的课业负担，是全面实施素质教育的重要举措。社会呼声最强烈的"学生负担过重"主要是指学生作业过多。那如何来解决这一问题呢？首先应该明确作业的作用。作业是用来帮助学生复习巩固所学知识，由知识转化为技能的一种手段。它必不可少，知识不经过复习，技能不经过操练是不可能巩固和掌握的。但绝不是多多益善，无论是从时间上看，还是从学生的生理上、心理上都不允许要求学生做过量的作业，过量的作业其效果只能是适得其反。语文教学说到底就是要培养学生语言文字的理解和表达能力，字词句篇、听说读写相辅相成，互相促进。那如何来提高学生作业的有效性，在教学中取得较好的效果呢？作为一线语文教师，我们试着从以下几个方面尝试：

一、作业设计要有自主性

自主性，指学生在做作业时的自觉性和主动性。教师布置作业的目的要求要明确。有明确的目的性是引起和保持自主性的重要条件，实践证明，学生对作业的目的要求越明确，其效果越好。因而让学生知道"我为什么要做作业""要做什么作业""能完成什么作业"是培养学生有效地完成作业的关键。上完一节课，教师应引导学生总结本节课所学的技能，想想自己能完成课后习题或练习册中的哪些题目。让学生找相应的练习，为自己设计作业、布置作业，做作业的主人，不做作业的奴隶，从而启发学生做作业的自觉性和主动性。

二、作业设计要有趣味性

当前，无论是学生还是家长，认为负担重，除了指作业量多以外，还有一个重要方面是感觉乏味。"兴趣是最好的老师"，兴趣跟时间的占用是成正比的，兴趣越浓就越舍得花时间。当我们在整个教学过程中通过种种途径、方式让学生感觉到学习是有趣的事情之后，还应该在作业布置的过程中，让学生感受到创作属于自己的作品也是一件有趣而快乐的事，提高学生尽力完成作业的主动性。学生的智慧与趣味化的作业设计碰撞在一起，经常会产生很多闪亮的火花，让我们为之惊叹。

1. 做一做。学完课文后将所学的知识动手做一做，实践一下。如学完《乌鸦喝水》后，让学生回家做一做文中乌鸦的做法，并自己动手试试还能用什么方法乌鸦也能喝到瓶子里的水。

2. 画一画。学完课文后，让学生把所学的内容画下来。如教学《山村》《登鹳雀楼》这类优美的古诗或写景文，可以让学生画图画再现美景。

3. 演一演。教学《狐假虎威》《谁的本领大》等故事情节较强的课文，可以让学生排练课本剧演一演。

4. 查一查。在教学《雪地里的小画家》《冬天是个魔术师》等知识性较强的课文时，可以让学生去书店、上网等查一查相关资料，如：还有那些动物要冬眠，大大调动了学生自主学习的积极性。

三、作业设计要有实践性

《课标》指出语文是实践性很强的课程，应着重培养学生的语文实践能力。设计实践性作业，让学生在实践中运用新知识、新理念去解决各种实践问题，从而增长知识培养能力。教师在布置作业应少而精，避免"抄""念""背"等重复性作业，应注意作业的实效性。

1. 口头型作业。如学了《乌鸦喝水》一课后，布置学生回家后把故事讲给父母或邻居听，并想想还有什么办法可以帮助乌鸦喝到水，从而加深了对课文内容的理解，并锻炼了学生的语言表达能力，培养谦虚好学的品质。

2. 视听型作业。小学生热衷于观看电视动画片，针对学生的年龄特征，可以在周末布置学生看动画片时，记住片中主人公的精彩台词或精彩镜头若干，而后在班上向老师、同学们"转播"，提高学生的表达能力和表演能力。

3. 观察型作业。如教学作文《我的妈妈》之前，布置学生回家细心观察妈妈的音容笑貌、言行举止、脾性爱好等，学会向生活要素材。

四、作业设计要有针对性

因材施教，发展特长，是实施素质教育的基本原则，布置作业特别是家庭作业时，面面俱到一刀切，是造成中下水平学生课业负担过重的根源。作业要有助于"提优、抓中、补差"，设计作业应注重作业的层次，有一定的灵活性，针对不同的情况设计不同的练习，让不同层次的学生在选择作业时能"爱我所爱""对号入座"，调动各层次学生学习的积极性。按不同基础有针对性地设计作业，本人一般采取以下三种类型：

1. 铺垫型。这是为完成基本题有困难的学生设计的练习。这种题从学生已有的知识出发，降低起点，或把基本题做分解。

2. 扩展型。这是为有余力的学生设计的。在做好基本题的基础上选做题，是对基础题的扩充和延伸。一般来说选做题比基础题要灵活，思维难度大些。

3. 超前型。对智力较好的学生，在完成基本题后，可布置预习题，或要求他们对课后有关题目自行探究，或找出不懂的地方，为新课质疑问难做准备。也可阅读与教材有关的材料，为突破新教材的难点做准备。

另外，在布置假期作业时，还应注意发展学生特长，要求他们在假期内应"长"有所进。如：爱好书法的应加强书法训练，完成一定量的书法作业；酷爱读书的同学应要求他们多读几本好书，做好读书笔记；喜欢歌舞的同学可要求他们学唱几首歌或学一个舞蹈等。

五、作业设计要讲究综合性

作业设计讲究综合性可以收到一举多得、事半功倍的效果。语文水平的提高有赖于听说读写的训练，这里的综合性指的就是作业设计要顾及听、说、读、写诸方面，注意同一项目的训练的综合多样。比如，除了设计一般形式的作业之外，还可设计同学互读课文；录下自己读的课文，再放给同学听；学生自由组合练习分角色朗读课文；听电台的少儿节目和故事磁带；读课外书；互讲故事和互读日记；互默词语再互相批改，最后由教师检查等等形式的作业，使作业的质量大大提高。

作业的综合性还要尽可能地集多项训练功能于一题。如在学生完成写句子、写话这项作业时，我先要求学生写完后必须自己先读一读，再读给同学听一听，使听说读写的训练融为一体。再如抄生字与抄词语、组词语结合，抄字、组词、写句结合。还在作业本上与学生进行笔头交流，作为一种因材施教、综合训练的好形式。批语有鼓励的、批评的话，有订正要求，有告诉学生错误原因的话，也有传授新知识的内容。新知识主要是告诉学生一个使用正确，但不会书写而用音节代替的词语。这种形式不仅能增加学生阅读理解的机会，还能增进师生之间的感情。

此外，教师在批改作业时，应严格把好文字规范、书写工整、格式正确的基本质量关、基本素质关。改革作业的批改和指导，缩短反馈周期，及时检查、批改、评讲。指导学生检查、批改，教会学生会查会改。检查时，要善于发现学生的创造性；批改时，要善于引导学生的创造性；讲评时要鼓励学生去创造。

总之，学生的作业是教学过程的重要环节之一。我们教师要主动地学习、探索、实践，把握控制好作业的度，优化学生完成作业的方式，精心布置学生的每一次作业，认真地批改学生的每一次练习，激发每个学生的内在潜能，取得实效。

反思成长　实践改进

教学反思是教师教学认知活动的重要组成部分，是指教师为了成功实现教学目标对已经发生或正在发生的教学活动以及支持这些教学活动的观念、假设，进行积极、持续、周密、深入、自我调节性的思考。教师的教学反思是一个能动的、审慎的认知加工过程，也是一个与情感和认知密切相关并相互作用的过程。作为教师，我们只有在实践中研究，在教学中反思，才能常教常新，不断成长。为此，我反思自己的古诗词教学实践。

一、以生为本，反思预设

作为新时代的教师，我们必须站在学生的立场，反思我们的教学实践过程，统观教学过程，反思自己的教学，看看在我们备课时预设的教学目标是否达成，对于课前教学设计中预设的重点、难点问题，学生是否已经掌握，尤其是古诗词中，作者的写作背景，表达的思想感情往往比较难，学生不易理解，教师必须预设，同时创设情境，引导孩子们借助插图，借助课前搜集资料，更好地突破，在讲故事中学会感悟。

例如：执教《晓出净慈寺送林子方》时，及时创设作者送林子方的情境，抓住这一主线，利用插图，读中填诗体会：子方弟——你怎舍得离开杭州去福建呢？孩子们一边填诗句，一边看图画，吟诵中，明白诗句表面在送好朋友，实则在留，留情别意，尽在诗中。

在回头看时，静静地反思中，我们明白古诗词的教学更应大胆尝试，及时改进教学方法，学会站在学生的立场，课前合理地预设，真正引导孩子们在多种形式的读中，明白作者的写作意图及表达思想，感悟古诗词的精髓。

二、以生为本，反思实践

圣陶先生曾说："教是为了不教。"作为教师，我们要学会授之以渔。在课堂教学实践中，努力做到以学生为中心，以教师为主导，灵活地点拨引导，使孩子们学会学古诗的方法，以诗带诗，学会学习。

如：一读环节中，

1. 先出示一读要求，学生自读，明白要求。

2. 学生练读几遍古诗，努力读准、读顺。

3. 学生再在读中观察，发现要认的字，用不同方法自主识字。

4. 学生再读古诗，在读中发现字的变化，找出要写的生字，学生观察，说字形、写法，师再范写，生再练写，生生评价。

教师利用字理识字，在反思实践过程中，我们会发现引导孩子们借助拼音，能将古诗读准、读顺；同时学生观察能力、自主识字能力、规范书写能力得到培养，良好的学习习惯也很好地养成了。

在实践反思中，我们才能发现古诗词教学的优劣所在，在学生们二读初步明白的基础上，创设情境读，师生对译读，生生合作读，在多种读的实践活动中，孩子们不待师教自能明白，达到教与不教的美好境界。

三、以生为本，反思改进

学生是课堂的主人，课堂学习应以他们的学习活动为主，教师我们做好点拨引导，真正发挥主导作用。在以往的古诗教学中，我们牵得太多，给的太多，致使学生们认为古诗难懂，只要把老师给的意思抄下来，背会即可，至于作者在何种情况下而做此诗，借此表达什么心情、何种境界，不求甚解。

大胆地尝试"双线四读"法，在读中学字，在读中明意，在读中悟诗境，唱着古诗走向课外，乐学古诗词，爱上传统文化，传承中华经典。

诗词歌赋，意境悠远，在古诗词教学的路上，让我们采撷一缕诗意的阳光，伴着一路花香，陪着孩子们一路在古诗词的王国中远行……

赏读，让图题诗羽翼丰满

《语文课程标准》指出，语文阅读"应让学生在主动积极的思维和情感活动中，加深理解和体验，有所感悟和思考，受到情感熏陶，获得思想启迪，享受审美乐趣"。赏读是一个读的过程，最主要的意思就是让孩子带着浓厚的兴趣和阅读欲望，在朗读中感受作品的语言，领悟作者的气势和文法，探索语言的内在含义、情味和形态，与作者产生情感上的共鸣。学习离孩子年代久远的古诗，体会作者所表达的思想感情更应如此，作为语文老师，我深深地知道小学高年级的古诗教学，较之低年级的古诗教学，不同之处在于一个"赏"字，我们不仅要授之以鱼，更要授之以渔，引导孩子欣赏情景交融、韵律优美的古诗词，感悟我国语言文字特有的魅力。下面结合自己教学古诗《墨竹图题诗》谈几点体悟。

一、随文赏读，读通古诗

雨果说："学会读书就是点燃火炬。"好的朗读可以感染学生，激发学生的兴趣。《墨竹图题诗》是小学六年级孩子第一次学习图题诗，因此学习《墨竹图题诗》时，我引导孩子们在预习的基础上先读一读古诗下面的"诗画欣赏"，在读"诗画欣赏"中孩子们简单地了解古诗作者及诗的内容、意境，此时再引导孩子练读古诗，自读，同座正音，小组展示，组员评议，在多次练读中孩子们的朗读兴趣被激发，朗读古诗的激情犹如火炬被点燃，激情高涨，兴趣盎然，读通古诗自然而然，水到渠成。

二、观画赏诗，读懂古诗

画中有诗，诗中有画，这是图题诗最大的特点，在中国画的空白处，往往由画家本人或他人题上一首诗，诗的内容或抒发作者的感情，或谈论艺术的见地，或咏叹画面的意境。画是诗不可缺少的一部分，因此，观察画面是读好诗的基础，因此教学图题诗《墨竹图题诗》时，引导孩子们观察插图，说说画面上的内容，想象诗人在房间里听着沙沙的竹叶声，好像是民间百姓生活困苦潦倒的呜咽之声。小组内比赛读诗，个别展示读古诗，男女生比赛读，教师适时点拨，引导孩子们读诗中体会出，诗人这些小小的州县官吏心系民心，衙门卧室外竹子的一枝一叶，都牵动着他们的感情。全班交流自己感悟，交流中理解古诗，能用自己的话表达作者的思想感情，在交流中孩子们不仅读懂了古诗，而且提高了语言表发能力。

三、诗画共赏，入情入境

诗是画的写照，画是诗的缩影，在诗画共赏中孩子们感悟中华语言的魅力所在。

（一）赏读，品诗韵

当古诗学通、学懂时，欣赏朗读是领悟作者真谛的良好途径，于是我们这样品读古诗。

师：为了百姓，不顾自己的前途命运，多么体恤民情、爱民如子的郑板桥啊！生读——

> 衙斋卧听萧萧竹，疑是民间疾苦声。

师：为饥民，白天劳顿奔波，晚上夜不能寐，听着竹子的萧萧声还以为是百姓啼饥号寒的哭声，多么关心百姓疾苦的郑板桥啊！生再读——

> 衙斋卧听萧萧竹，疑是民间疾苦声。

师：百姓的苦就是他的苦，百姓的愁就是他的愁。他怎能坐视不管呢？生读——

> 些小吾曹州县吏，一枝一叶总关情。

师：是啊，老百姓的一举一动都牵动着他的感情，他绝不会坐视不管，生再读——

> 些小吾曹州县吏，一枝一叶总关情。

师：郑板桥体恤百姓、爱民如子的情怀令我们感动，让我们再深情地读读这首诗。（齐吟诵）

赏读中孩子们品味着郑燮的爱民如子、体恤民情之品格；赏读中，孩子们品味着图与诗的浑然天成；赏读中，古诗的韵味跃然纸上，令人回味。

（二）赏读，找诗眼

文有文眼，诗有诗眼，那么这首诗的诗眼是什么？在赏读中，孩子们感悟诗眼的美妙。再次赏读，孩子们找准诗眼："一枝一叶总关情"。

教师适时地补充资料：

> 资料快递：
> 　　乾隆十一年（1746），板桥任潍县知县。潍县土地贫瘠，百姓生活贫苦。当时山东各地，灾情严重，一斗粮食价值千百钱，甚至有钱也买不到粮食。穷苦百姓卖儿卖女，逃荒要饭，已经到了人吃人的地步，惨不忍睹。郑板桥看到一群群灾民逃离故土，流落他乡，心情焦急万分，为救济百姓，他私自开仓放粮，而被罢官。

孩子们结合资料，进一步有声有色地朗读，更深层次地理解诗人的思想情感，令人感动。

（三）赏画，悟诗魂

赏读，让郑板桥对百姓的浓浓情意了然于心，赏画，让诗人精神荡气长存，久久余香不散。孩子们再次观察插图，他们发现图上的竹子的特点，然后赏读"诗画欣赏"第三自然段内容，真真切切感受到郑板桥就像这画上的竹子，风来了，不弯腰，雨来了，不低头。从而明白这首诗表面写的是竹子，实际上是写人，表达即使被罢官，也在所不惜，"任风雨来袭，我自岿然不动"的气概。

赏读，如春日雨露，滋润孩子们的心田；赏读，似一剂良药，让教学难点烟消云散；赏读，宛若锦上添花，让语文阅读教学春色满园，让我们在引导学语文、练言语、爱朗读、会赏读的路上越走越远。

诵读经典　传承文明

"人遗子，金满籝。我教子，唯一经。"在推行国学经典教育的今天，渭南市教育局、广播电台走进校园，开展诵读活动，我们班荣获全校第一的好成绩，这完全出乎预料，回顾排练种种，我不由感慨良多。

一、诵读经典，以趣为基

常言道：兴趣是最好的老师。要让孩子对某一事物感兴趣，首先应让其在绝对没有压力的情况下进行，否则，兴趣只是"昙花一现"。正值春季，于是，选了以"春"为主题来诵读。《春晓》《春夜喜雨》《村居》《春日》孩子们耳熟能详，只有朱自清的散文《春》需要记忆，利用视频，配乐读，感情吟诵让孩子感悟春之美，化难为易，孩子们兴趣浓浓。

二、诵读经典，以生为乐

以生为本，先分析本班孩子的实际情况，读准、读通没问题，但是诵出口、诵出情来还有难度，于是我充分让孩子说自己对"春"的感悟及每首诗的不同意境，及时配音试诵。如《春晓》《春夜喜雨》静中悠然，而《村居》《春日》则闹中爱春，在情境理解的基础上诵读入情入境。加之，孩子们能歌善舞，给吟诵锦上添花，诵出口、诵出情。

三、诵读经典，贵在坚持

经典，是中华文明的载体，能传承祖国的优良文化。品读经典，如同一次快乐的旅游，在品读中提升做人、做事的素养。因此，作为小学生诵读经典，贵在坚持，而不是活动来了读一读，活动过后停一停。通过这次活动，我觉得学生对诵读经典有了兴趣，发挥了主体作用后，更要有足够的时间坚持不懈。为此，活动前到现在我每天给学生安排十分钟"快乐诵读"活动，培养他们的读书的习惯，让他们在读中成长，提升个人素养，传承中华民族的文明，让他们在诵读中感悟人生，成就自我，做优秀的中国人。

"诵读经典诗文，传承中华文明。"已是我们南塘小学的共识。有意诵读皆为趣，无意他年柳成荫。让每个儿童更好地接受经典诵读教育，接受民族传统文化的熏陶，不断地吸取中华文化的精髓。

以诗促思　学教古诗词

2011年版《语文课程标准》指出："语文课程还应通过优秀文化的熏陶感染，促进学生和谐发展，使他们提高思想道德修养和审美情趣，逐步形成良好的个性和健全的人格。"课程的"总目标与内容"要求学生"认识中华文化的丰厚博大，汲取民族文化智慧"。随着统编教材的普遍实施，我们发现，教材中古诗词的教学，从低年级的《论语》句到中、高年级古诗、古文的学习，相比以前其他小语版本教材增加不少，因此，作为小学语文教师，我在自己课堂中实践着、探索着如何教好古诗词。

一、激发兴趣，爱上诗词

兴趣是最好的老师。在教学古诗、古文这些离孩子们久远的内容时，教师在了解学情的基础上，引导孩子们看画吟诗猜一猜、飞花令、古诗接龙、比一比等，在一开课就吸引学生，激发孩子们学习古诗、古文的兴趣。

二、探究解惑，学教诗词

"问渠那得清如许，为有源头活水来。"在教学古诗词的路上，我探寻着最好的方法，只为教好学生，使他们轻松愉悦地学习古诗词。但是，我又不知自己的教学方法是否可取，于是请来导师为我的古诗教学把脉。课堂教学中我是这样执教的：

1. 一读：借助拼音，我能将古诗读准、读顺。

（1）出示　一读　生自读。

（2）生练读古诗。

（3）生观察、发现，自主识字、写字。

2. 二读：借助注释，我们能读明白。

（1）出示　二读　生自读。

（2）古今对译（男女合作、交流、补充）。

（3）情境赏析（师生合作、交流、补充）。

3. 三读：看着图画，我能读出韵味来。

（1）出示　全诗配图。

（2）生练读。

（3）男、女赛读。

（4）指名吟诵。

（5）填空引背。

（6）看图吟诵、咏唱古诗。

《资治通鉴》写道："经师易得，人师难求。"我的导师听完我的这节古诗课时，先没有说课的优点和不足，而是让我先说自己的设计初衷，观课教师说我每个环节的时间分配、在教学中学生们的课堂表现、拓展延伸时学生们又做了些什么……最后，导师为我指点迷津：

其一，时间的分配反映课堂环节。小学古诗词的教学达到学生读准、读通、背会即可，对于理解古诗意思无须过多用时；其二，教学是无痕的，例如：于永正、王崧舟老师的课无须把每个环节分割开来，应自然过渡；其三，延伸以读诵为主，无须再讲解。

听取了导师的建议，我再次实践，正好要教四年级下册21课古诗《古诗三首》了，我及时调整了思路：

第一课时，我引导孩子们自读、同桌读、指名读、赛读，解决三首古诗初读、读通、读准的问题。根据实际学情，课后，让孩子分别找这三首古诗的写作背景。

第二课时，引导孩子们先交流自己所找到的每首诗的背景资料，然后引导孩子们跟着老师学习《出塞》这首诗，后两首分组学，没想到收到了意想不到的效果，孩子们不仅理解了诗意，还由读到诵，由诵到背，入情入境，走进文本，感悟到单元的人文要素：天下兴亡、匹夫有责。学会关注主要人物和事件，学习把握诗词的主要内容。

在导师引导下，我实践着、摸索着，寻找最优的教学古诗词的课堂教学方法。

三、实践反思，教好诗词

"学而不思则殆，思而不学则罔。"作为语文老师，我们必须在实践反思，在反思中发现整改，在反思中成长自我。

1. 研读教材，依标备课。

随着统编版语文教材的全面应用，在自己的教学实践中，我们必须课前依据课标研读教材，结合学情，单元双线"人文主题""语文要素"备好每节课，努力达到教学目标。

2. 以生为本，点拨引导。

课堂应以学生的学习为主导的实践活动，教师不应代替。基于此，我们应及时预设，了解学生要什么，教师为谁而教？如何教？怎么教好？古诗教学在初读读通、读准、读出节奏后，一定要探究，久远时候作者为何而作此诗，在了解背景的基础上孩子们才会入情入境地吟诵，感悟作者所表达的思想感情，而不是我们教师按照自己的环节设置走流程。

3. 延伸拓展，学以致用。

著名的教育家、文学家叶圣陶曾说："课文只是个例子。"作为一线教师，要思索自己是在"教课文"还是"教语文"，课内我们教会孩子们读文本了吗？教会如何读文本了吗？教会有层次地读文本了吗？只有在反思中才能发现问题，及时整改，再实践，从而课内得法，课外应用，真正做到教语文。

"书上得来终觉浅，绝知此事要躬行。"在古诗词教学的路上，我将实践不止，提升专业，培育孩子，传承经典，让中华悠久文化绵香久远。

吟诵经典　乐学古诗

《语文课程标准》在总目标中课程的"总目标与内容"要求学生"认识中华文化的丰厚博大，汲取民族文化智慧。关心当代文化生活，尊重多样文化，吸收人类优秀文化的营养，提高文化品位"。古诗词是我国瑰丽的文化遗产，它语言简洁优美，情感真切丰富，节奏明快而有乐感，是小学语文教材的重要组成部分。因此，古诗词在语文学习中占有着极其重要的地位，作为一线小学语文教师如何在课堂中引导孩子诵读经典，爱上古诗词呢？

一、吟诵经典，自然导入

中华民族有悠久的文化传统，我们的孩童小小的年纪就《三字经》《唐诗三百首》地吟诵记忆。因此，在古诗教学开课之初，教师要了解自己所教学的学生，利用学生们已有的知识积累，引导孩子们吟诵与学习相关的内容或同一作者的不同诗词，激发学生们学习古诗词的兴趣，让兴趣成为学习古诗词，传承经典的最好老师。如教学李白《早发白帝城》时，课前引导学生们搜集李白的诗，吟诵入课，学生们摇头晃脑，轻松地走进古诗词的学习中，自然入课。

二、练读新诗，随诗识字

学生是学习的主人，在课堂中我们要以生为本，引导孩子们学会发现，学会学习。学习一首新诗，我们要教给学生学习的方法，真正让孩子们在生生互动、师生互动中爱学会学。如教学李白《早发白帝城》时，借鉴随文识字的方法，用PPT出示古诗内容，让孩子们自读古诗，读中发现本首诗要认会的字；再次默读古诗，变换诗中字的颜色，引导孩子们发现要写的字，合作认读，自主记忆，生生互动，多元识记；同时，引导孩子们观察字形，学会比较识字、形近字识记，说说如何写好生字，详细指导孩子们学写认为难写的字，教会孩子们读帖，学会在田字格中规范书写汉字，养成良好的书写习惯。

三、图诗结合，层层递进

小学语文课本几乎每课都有插图，作为一线教师，我们要很好地利用教学资源，让古诗教学图文结合。利用插图，我们可以引导孩子们有感情地吟诵古诗；利用插图，我们可以引导孩子们吟背古诗；利用插图，我们可以填空记忆古诗；利用插图，我们可以创设情境引导孩子们摇头晃脑地吟诵诗句；利用插图，我们可以由诵读古诗到谱曲吟唱古诗，从而走近作者，感受古诗文的无穷魅力。

四、授之以渔，延伸课外

2011年版《语文课程标准》指出"语文课程还应通过优秀文化的熏陶感染，促进学生和谐发展，使他们提高思想道德修养和审美情趣，逐步形成良好的个性和健全的人格"。明确提出诵读古诗文的要求：第一学段背诵优秀诗文50篇（低段），第二学段为50篇（中段），第三学段为60篇（高段）。并且后面附录的"关于优秀诗文背诵推荐篇目的建议"给出了一部分具体的篇目。

常言道：授之以鱼不如授之以渔。作为一线教师，我们应不断反思，在课堂古诗教学中总结学习方法，让孩子们养成从小吟诵古诗的良好习惯，从一节古诗课教学中学会学习古诗的方法，利用这些方法，学习其他的古诗。同时，借助一个主题或同一作者延伸课外，让孩子们学古诗词，吟诵古诗词，感悟古诗词的魅力，传承中华经典文化。

悠悠五千年，经典永流传。让我们领着孩子们尽情徜徉在古诗词的王国，乐学诗词，吟诵经典，享受其美妙，感悟其意境，传承其精华。

你若成长　便是阳光

实践是检验真理的唯一标准。在我们课堂教学实践中也不例外，为期一个月的同题异构，我们全校教师分组研读教材、确定目标、共同研讨、依标备课；根据学情、个性修改，课堂实践、观课议课、集体研讨、修改备课，形成课例、总结提升。在课堂实践、观课议课和集体研讨、修改备课这两个环节中，我们有的小组多次实践，我欣喜地看到老师们在专业引领下自主研修，同伴互助横向、纵向上不同程度成长，顿时感到阳光普照，温暖如春。

一、学习课标，因材施教

开学初，在校长的大力支持下，我校为全体教师购置了不同学科的课程标准，引导教师们认真学习、勾画、批注，使教师在教学中有标准可依，深入研读教材，学会确定自己所执教的每课时教学目标；经过自主研修，研读教材，组内共同研讨、依标备课；根据学情多次及时修改；课堂实践、观课议课；集体研讨、多次修改备课。每个教研组呈现出新教学思路下规范的课例实践，尽管还有这样那样的不完美，但我们只要付出辛劳，肯定会有点滴收获。

二、同伴互助，生本课堂

课堂是教学的主阵地，课堂是提升教学质量的摇篮。那么，触发了我们思考，同样的40分钟，为什么不同教师、不同班级，结果相差甚远呢？

为此，我做了长期探索。作为教师要扎根课堂、研究课堂、成长课堂，真正实现以学生为本，教学生所需，教学生所难，授之以渔。

所谓"同课异构"就是不同的教师因不同班级、学生而对同一教学内容的不同构思和教法。"异构"包含了不同教师各自的性格、智慧、教学风格和语言组织，它能从不同角度展示教师的授课水平。我们"同课异构"的目的：

1. 研读教材，互相学习。
2. 努力践行"以生为本"，深入构建生本课堂。

在展示十五节课堂教学中，我们欣喜地发现了教师的成长。

同课异构体现了以下优点：

执教相同的课，教师虽运用各个学科的教学思路，但风格不同，侧重点不同，有的老师简洁、自然；有的老师开放，以生为本；有的老师写下水文段，和学生们分享，敢为表率；有的老师以读为主；有的教师以游戏导入，让学生在游戏中动脑、动手、动口，在游戏中学习；有的教师教学过程清晰流畅，各个教学环节衔接自然，学生思维活跃，参与比较面广；有的教师采用小组讨论，画一画、说一说等活动，体现了以学生为主体的教学理念，层层深入，发挥学生的主体作用，扩展学生学习思路，激发学生空间观念；有的教师由生活到课堂，由想象到画法指导，小组合作，孩子们兴趣盎然，延伸生活……同课异构，思路迥然，八仙过海，体现同伴互助的成果，再现团队的水平和力量，在不断的研磨中成长自我。

三、初显成果，无限阳光

课堂是不完美的艺术，有缺憾是正常现象。只有在反思中改进，在思考中前行，才会走得更远。于是，我们引导教师们，如果承担展示课，教师可以把反思写下来；如果聆听了展示教师的课堂教学，有所感悟，及时记录下来，写成随笔；如果教师在观课、议课的过程中，对自己有所启迪，及时反思自己的教学实践，然后写下来……长此以往，别人的优点会显现在其他教师的身上，别人的教学方法会在你所带班级孩子中学以致用，收获满满，你若成长，便是阳光。

同课异构的路上，教师携手同行，相信在以后教研的路上，我们会越走越远，追逐小语的彩虹。

孩子们的诗与远方

诗歌如一泓甜美的山泉，滋润着孩子们的心田；诗歌如一曲动听的乐章，陪伴着孩子奔向远方；诗歌有一种神奇的力量，它能使孩子们振奋精神……

这是我在教授统编版小学语文四年级下册第三单元四篇诗歌时的感悟。

一、以读为本，心领神会，走进诗歌

书读百遍，其意自见。在统编版小学语文四年级下册第三单元诗歌教学中，我以"任务清单"驱动，引导孩子明确任务，进行不同层次的朗读诗歌，孩子们在自读、同桌练读、小组展示、全班赛读……多种形式的朗读中体会诗歌精彩内容，感悟作者在诗歌中所表达的思想感情，自然而然地走进诗歌，初步体验诗歌的魅力。

二、吟诵练写，激情飞扬，创作诗歌

赏读积累，学习表达。诗歌单元教学中，孩子们在美妙的语言熏陶中动情吟诵、背诵积累、感悟表达，看着孩子们激情飞扬的神情，我知道他们已渐渐爱上诗歌，于是，我大胆尝试，每学一篇，试着引导孩子们仿写一次，不同的题材：植物、颜色、景物、记忆……孩子们乐此不疲，我也心花怒放，我为孩子们高兴，为教学所取得的成果感到欣慰。同时，在创作中孩子们树立了自信，体验到走进生活、仔细观察、积极表达的乐趣，为更好地创作诗歌打下基础。

如：学习大作家冰心作品《繁星》。

仿写1：繁星（七一）

这些事——/是永远不会磨灭的记忆；

/晚上的星光，/花儿的淡香，/母亲的脸庞。

仿写2：繁星（七一）

有些人——/是永难磨灭的记忆：

/母亲鬓角新出的白发，/边疆无名卫士的钢枪，

/抗疫白衣勇士的逆行。

仿写3：夏夜（《繁星》一五九）

夏夜啊！/哪一只蛐蛐不唱歌？

/哪一只鸟儿不归巢？/哪一次我的脑海里

/没有你美丽的夜空？

仿写4：大山（仿《繁星》一五九）

大山啊！/哪一条小河没有水？/哪一个山坡没有树？

/哪一次我的脑海里，/没有你顶天立地的身躯？

学习《白桦》学生仿写植物

仿写1：竹子

在东南方春天，/有一片竹林，

/仿佛涂上绿色的光华，/穿了一身华丽的军装。

嫩绿的枝头，/华丽的军装潇洒，

/一根根竹子昂首挺胸，/绿的生机勃勃。

在温暖的春风中，/屹立着这片竹林，

/在灿灿的金晖中，/闪着耀眼的绿光。

每根竹子的枝头都徜徉着，/一个个背着蜗牛壳的蜗牛，

/它向一根根的竹子，/又增添了一层永不放弃的力量。

仿写2：绿萝

在我的窗前，/有一盆绿萝，

/仿佛涂上绿漆，/荡漾着一身绿波。

/绿油油的叶尖，/枝染花边柔美，
/个个枝叶齐盛，/翠绿的枝头如玉。
/在朦胧的月色中，/吊挂着这盆绿萝，
/在灿灿的阳光里，/闪着晶亮的露珠。
/绿萝四周围绕着，/那姗姗来迟的光辉，
/它映向绿油油的枝叶，/又抹一层绿色的碧波。

学习《绿》孩子们仿写一种颜色：
仿写1：蓝
好像蓝色的颜料盒打翻了，/到处都是蓝的。
/普兰，钴蓝，湖蓝，/瓦蓝，天蓝，淡蓝……
/蓝得透明，蓝得耀眼。
/飞的鸟是蓝的，/游的鱼是蓝的，
/建的房子是蓝的，/灯光也是蓝的。
/所有的蓝集中起来，/挤在一起，
/重叠在一起，/静静地交叉在一起。
/突然风停了，/好像海婆婆在施展魔法。
/所有的蓝就安静的，/听那调皮的浪花讲故事。

仿写2：紫
好像紫色的颜料瓶倒翻了，/到处都是紫的……
/到哪去找这么多的紫：/深紫、浅紫、葡萄紫、
/黛紫、绀紫、丁香紫……/紫的发黑，紫的奇幻。
/打的雷是紫的，/空气是紫的，
/白云是紫的，/天空也是紫的。
/所有的紫集中起来，/贴在一起，
/碰撞在一起，/轻轻地挨在一起。
/突然一阵雨，/好像歌唱老师在指挥，
/所有的紫就整齐的，/和着旋律在高声歌唱。

学习《在那天晴了的时候》

仿写3：《童年》

童年是一片无边无际的大海，/ 任你化作海面上跳动的浪花：

/ 欢快的，奔腾的，汹涌澎湃的……/ 快乐的旋律像浪潮般一样雀跃。

/ 童年是一幅充满诗意的画卷，/ 它会让你回忆起往事的点点滴滴：快乐的、忧伤的、思念的……/ 在脑海中一次次地闪过。

/ 童年是一首激情蓬勃的歌，/ 一个个似曾相识的音符，

/ 美妙的、欢快的、深情的……/ 让你记忆起年少的美妙；

/ 童年是天上闪烁不定的繁星，/ 数也数不清的往事，

/ 勾起心中那些曾经的记忆。/ 童年万岁！

……

孩子们积极创作，在诗歌的海洋里徜徉，在诗歌的星空里遨游，在诗歌的浪花上嬉戏。

三、制作诗集，兴趣盎然，晒好诗歌

一首首诗歌，谱写诗歌教学的美好记忆。我想鼓励孩子们创作，我想让孩子们学会仔细观察，动情表达。结合教材"语文园地"中的诗歌朗诵会，引导孩子们制作诗集，可以是手绘封皮的抄写版，可以是PPT图文、音乐、视频版，可以是一个人的作品，可以是小组的智慧诗集……于是，我和家长朋友携手帮助孩子们留住童年记忆，我把自己录制微课的经验教给家长，让他们学会做精美的诗集PPT，有的家长还和孩子吟诵录制成MP4格式的动画诗集，在诗歌朗诵会上分享。另外，我在公众平台上及时推送，激励孩子们不断创作，孩子们兴趣盎然，激情满怀，信心满满。

四、激励评价，爱上诗歌，奔向远方

鼓励是成长的一剂良药，激励是奔向远方的不竭动力。诗歌朗诵会上，我们采取生生评价、师生评价、小组互评打分等多种形式评价，鼓励孩子们爱上诗歌，阅读诗歌，乐写诗歌。

在良好的氛围中，有老师的激励，有同学们的掌声，有家长的帮助，孩子们乐读诗歌，有感情地诵读积累，在诗歌的王国里遨游，快乐地奔向远方。

生本习作研究感悟

实践探究寻妙法　以生为本乐习作

　　以人为本是科学发展观的核心，以学生的发展为本是教育根本的目的。《语文课程标准》指出："语文课程应致力于学生语文素养的形成和发展，写作能力是语文素养的综合体现。"作文教学的重要性是不言而喻的，然而大多数的小学生怕写作文，教师也怕教作文。

　　在实际教学实践中，我们发现正处于习作起步阶段的小学生，在习作时不同程度地存在着以下几个方面的问题：

　　1. 学生感觉习作难，写作兴趣不浓；

　　2. 缺少观察生活、体验生活、思考生活的习惯；

　　3. 不能主动、及时记录自己的所见、所闻、所思、所感；

　　4. 不会用规范的书面语正确表达自己的思想感情；

　　5. 不能根据日常生活的需要，运用各种表达方式写作；

　　6. 教师习作教学方法不灵活，评价方法单一，导致学生不喜欢写作，没有写作兴趣……

　　如此一来，既挫伤了小学生习作的积极性，又难以达到易于动笔、喜欢表达的目的。因此，随着统编版教材的普遍应用，当前亟待改革习作教学的方法和评价策略，使其适合每个学生的个性化的表达，真正做到"以生为本"的学习写作，爱上表达，乐于写作。

　　温儒敏教授主编的统编版小学语文教材充分体现了这一理念，特别是习作教学，在编排体系中做了精心的调整，从三年级开始每册编排了一个习作单元,三年级上册训练"观察",三年级下册训练"想象",四、五年级重点了解写人记事等各类习作方法,六年级针对"围绕一个中心"和"真情实感"进行表达。习作策略单元编排,完全从培养习作能力出发,引导学生体会作者是如何写好文章的,并设置了一系列训练(例文引路、段落仿写、读写结合……),化解了习作教学上的难点,使学生在某些习作能力上形成突破,获得提升。

那么,作为小学语文教师,我们在习作教学中应大胆尝试,努力践行以人为本的科学发展观,为学生的写作发展奠定坚实的基础,在实践中积极探究,反思改进,稳步提升,从而达到学写、爱写、乐写的效果。

一、激发兴趣,走向生本,学好习作

《语文课程标准》在各学段的教学目标中,明确提出了"培养学生习作兴趣"的要求,在实施建议中也提出"写作教学应贴近学生的实际,让学生易于动笔,乐于表达"。尽人皆知,兴趣是最好的老师,兴趣是作文最重要的内驱力,当学生有了自己想说的话,有了对周围事物的观察,有了对现实生活的关注与热爱,才能够提起习作的兴趣,才会"乐于表达"。

(一)游戏之中,培养兴趣

常言道:"大抵童子之情,乐嬉游而惮拘检。"对于初学习作的孩子,以游戏的方式打开他们的话匣子,一切显得那样亲切自然。习作课上,我对学生说,我们来做一句话游戏:我喜欢(什么),我爱(什么)。关于他们一些兴趣爱好或心理感受的东西,实在缺乏"油盐佐料",但凡冠上游戏之名,孩子们便觉得新鲜,说得有滋有味。不仅表达出性情上的率真、生活中的多姿多彩,而且不知不觉地掌握了许多表达形式。如:我喜欢吃汉堡包,也喜欢吃薯条,更喜欢喝可乐;我喜欢唱歌、画画、下棋、游戏……兴趣很广泛。之后,游戏开始向生活靠拢,话匣子打开了。譬如在他们喝豆浆的时间,我引导他们口述"游戏":你都看到豆浆是什么颜色的,你们觉得豆浆好喝吗?……久而久之,孩子们会说、爱说、乐说,写下来自然而然不难了。

(二)真情表达,激发兴趣

《语文课程标准》在写作方面要求教师"引导学生关注现实,热爱生活，表达真情实感"，倡导学生放开手脚，自由表达，努力做到求真、求实。求真，即习作要有童真、童趣、童语、真情、真话。求实，即习作要有实在的内容，要说实话、心里话，不说空话、套话。在实践中，我从兴趣入手，培养了孩子们说话写话的自主性。如：教学统编版四年级下册第一单元习作《我的乐园》时，充分利用生活资源。上课的前一天，我布置学生在生活中找自己的"乐园"，观察自己的"乐园"，自己在乐园中做了什么事……第二天线上教学时，引导孩子们交流自己"乐园"在哪儿，自己在"乐园"中做事的经过，学生们有话可说，都争先恐后地给同学展示"乐园"的照片，展示自己的快乐时光。于是，我抓住契机，让学生及时记录下自己的真情实感，孩子兴趣盎然，在写作方面变难为易。

（三）养成习惯，延伸兴趣

课堂上，口语交际，游戏引导，由说到写；课余活动中，对孩子感兴趣的事物，适时地引导孩子交流所闻、所感，真情流露，由说到写，变难为易；班级活动中，个性展示，让孩子体验，谈收获、体验，孩子乐在其中，长此以往，孩子们畏难情绪渐渐少了，慢慢学会写作了，随着时间的推移，习作教学会渗透到孩子们学习生活的时时、处处，养成了观察、体验、动笔的良好习惯。

二、走进生活，体现生本，爱上习作

生活是"写真话，吐真情"的基础，习作是学生喜怒哀乐畅所欲言的殿堂。

《语文课程标准》明确指出："写作教学应贴近学生生活实际，让学生易于动笔、乐于表达，应引导学生关注生活，热爱生活，表达真情实感。"由此可见，新课程背景下小学习作教学的重要任务就是"把习作与生活结合起来，从生活入手，指导小学生的习作表达真情实感"。

（一）亲近自然，学会习作

作为教师，有必要让清新的空气吹进我们的教学，让我们的教学走进广阔的空间。春天，万物复苏、百花盛开，让学生到山间、田野去感受春天的气息及大自然的美丽；秋天，大地一片金黄，果实累累时，我们可带学生到田间、果园里去感受秋天的绚丽多彩，与农民伯伯分享丰收的喜悦。

此时，回到教室，让孩子们说说所见、所闻、所感，孩子们乐于表达，这时，教师可以推荐好词、佳句让孩子们应用于自己的习作中，最后，引导他们记录下来，水到渠成，孩子们在快乐中习作，心情愉悦。

（二）深入生活，乐于习作

生活是写作的源泉。根据写作需要的素材，我们引导孩子们利用业余时间，跟着家长到公园、市场去逛一逛，让学生在这司空见惯的地方，用自己的眼睛去搜寻未曾发现且有意义的人和事，观察人们的表情、动作、神态。我认为，学生有了感受与体验，打开话匣子，才会提起习作兴趣。记得指导学生写一次活动，在小记者班，为了让学生写得真切，我带学生到渭北葡萄产业园参观，学生通过聆听讲解知道葡萄的生长过程，看看葡萄的外形、颜色，采摘葡萄体验，品尝各种葡萄的味道，诵读关于葡萄的诗文，此情此景，孩子们像快乐的小鸟，尽情享受"葡萄"的香甜，了解家乡的特产，激发了他们热爱家乡的深情。回来后，我让学生4人为小组交流见闻，说说自己的亲身体验，再动笔写作，结果，学生写出的习作生动、具体，情真意切，有血有肉。试想：如果没有学生亲身体验，怎么会写出这么好的作文呢？

（三）校园活动，适时习作

校园是孩子们生活学习的乐园，校园生活中适时引导，孩子们会佳作连篇。

如：田径运动会时，适时地引导孩子们观察运动员、啦啦队队员、裁判员……的神态、动作、语言，用心去记忆、去体会，比赛结束后让孩子们畅所欲言，写下那动人的画面，通过这样的指点，学生写作的兴趣盎然。

再如：学校樱花树开花了，适时引导孩子们观察花的形态、颜色、味道，交流讨论，互相推荐好词佳句，孩子们写下一篇篇精彩的状物文章。其中，我们班一位同学看到校园中盛开的樱花,写下《樱花，漫天飘》，诗中写道："那花儿朵朵玲珑小巧，五六朵花聚集在一起开会，组成了一个个花球，团团簇簇，拥挤在枝头，舒展着狭长花瓣和被包裹其中的花蕊，一条枝有几百来簇，仿佛白云从天而降，轻轻地围绕在树上。树枝丛丛叠叠，形成一片网，遮天蔽日，只见那一朵又一朵的樱花。远远望去，就像一段白绸缎在万绿丛中，像一片仙境，飘浮在大家的头上，但可望而不可即，令人神往，如同一个美丽的童话。每一条都拥有一个红红的、小小的花蕊，淡淡的幽香弥漫开来，娇媚冷艳，仿佛是由一块块汉白玉精心雕刻的，若不是仔细看，好像并非天成，而像商店橱窗里鲜艳流彩的工艺品！"读着读着，使人仿佛置身其中。

召开运动会时，孩子们仔细观察赛场的情景，体验同学们场上的语言、神态、心情，参加比赛后的感悟……孩子们自然而然地观察生活，记录真情实感，写出的文章感人肺腑。有一位同学在《一次别开生面的运动会》中写道："女子800米各就各位，同学们的加油声此起彼伏，我听了，足下生风地跑了起来，一个又一个地超了过去，终于，功夫不负有心人，我第一个撞过了红丝带，裁判员大声喊道'四年级组第一名'。'噢耶'，同学们欢呼雀跃，有的同学挥动着手中的小国旗、彩带，有的挥动着手中的衣服，有的跳得老高，我激动得流下了泪水。这泪水是成功的泪水，这泪水是喜悦的泪水，这泪水是努力拼搏的泪水。"

正因为有真切的体验，才写得如此精彩。生活是习作的源泉，有了丰富的生活积累，孩子们的习作因生活而精彩纷呈，感人至深。

（四）搭建平台，展示习作

平台是成长的舞台，是成长的摇篮。为了鼓励孩子们写作，我创建了个人微信公众平台"王老师和她的孩子们"，将孩子们稚嫩的作品配以精美的图片和小作者的美照，通过朋友圈转发出去，通过家长群宣传出去，没想到孩子们在亲情的鼓励下，爱上表达，我手写我心，小小四年级孩子居然能写出上千字的文章来，令人欣慰。在生活中，孩子们不仅克服了写作的畏难情绪，而且在老师的适时引导下越来越爱写所见、所闻、所感，让表达成为生活的一部分，从而佳作连篇，美不胜收。

三、激励评价，成就生本，快乐习作

心理学家盖兹说得好：没有什么比成功更能增加满足感，也没有什么东西比成功更能鼓起进一步求成功的能力。作文教学的评价更是如此。《语文课程标准》对"习作评价"有着这样的定位，"写作是运用语言文字进行表达和交流的重要方式，使认识世界、认识自我、创造性表述的过程"。

其核心是"表达与交流",在各学段学生都应懂得写作是为了自我表达和与人交流,使习作回归到"交流"和"分享"的本真状态,变"要我写"为"我要写""我乐写"的必经之路。

(一)尊重差异,个性评价

学生是有差异的,为了每个孩子的发展,习作评价也要因学生而异,发展每个孩子的个性,让孩子们都投入快乐做文章中去。这就要求教师,引导不同孩子采用不同的自我评价方式,引导孩子们从各个方面学会写作,树立自信,从而学会表达自己的内心。如:基础较差的孩子,自我评价时,教师应多点拨引导,鼓励他们多读书积累,不断进步;基础好的孩子,教师可激励他们勤于修改,添加好词佳句,改出优秀习作;中等孩子则要求找到榜样,定好目标,在自己的基础上不断提高。这样各个层面的孩子都能树立起信心,他们的个性才会得到发展,从而让习作教学更好地走向每个孩子心灵深处。

(二)分享交流,分层评价

作文评改作为作文教学的一部分,如果我们在作文教学中常用激励性评语,就会激活学生的写作热情,促进其写作水平的提高。如:精彩的作文,同学之间在小组内、班级中互相分享自己的习作,学人之长,补己之短。教师参与其中,分层评价,在评价时说:"好,妙笔生花,你有成为作家的才华!""书写如此工整,表达如此流畅,感受如此深刻,你的写作态度与语言基本功告诉老师:你是一位很有天赋的小作家。"对问题较为突出的习作,让小组同学先提出改进意见,教师再用肯定的提示式评语。对基础较差的学生,我们用鼓励提高式评语树立学生的自信,如"在你眼中,我们的校园多么美丽,文中的每一个词、每一句话都表达了你对学校的爱,如能按顺序来写,使习作的脉络更清楚,这首校园赞歌会更动听"。当然,一个班的学生习作水平当然是参差不齐,但尺有所短,寸有所长,所以在评价时我们应该注意抓住每篇习作中的"珍珠和贝壳来"进行评讲、赏析,鼓励促进。如某学生立意新颖,即表扬其立意;如某学生构思独特,即表扬其构思;如某学生开头好,某学生结尾好,某学生一个细节描写生动的,某学生抄写认真的……凡此种种,都要在评讲中提到。这样坚持多日,学生必能提高自信,慢慢爱上写作,促进写作的生本化发展。

(三)欣赏闪光点,激励好评价

罗丹说:"对于我们的眼睛而言,这个世界不是缺少美,而是缺少发现。"每个学生,作为一篇文章的作者,不论作文质量是优是劣,都是他们辛勤劳动的成果,是他们智慧的结晶。评改习作时,教师对学生的作文大到全篇的审题立意、构思和过渡,小到开头结尾,一句话,一个词,甚至一个标点,努力去寻找值得表扬的点点滴滴。教师批改作文重要的是,让学生看到自己的成绩与进步,看到自己是有能力写好作文的。这样激励,他们对自己有了写好文章的信心,再加上老师的认可和鼓励,一次比一次写得好。因此老师要善于发现学生作文中的闪光点,激活孩子们热爱写作,乐于写作。

古人说:授人以鱼,只借一餐;教人以渔,终身受益。让我们在习作教学的路上不断探究,让习作教学真正地达到适时化、时时化、生本化。

小学生习作教学之我见

俗话说"作文作文，头头难寻"。的确，对于小学生要求其作文，尽管老师辅导得有板有眼，可当你拿起学生的本子批阅时往往感觉写得不尽如人意。在这二十几年的教学过程中，我发现不少学生害怕写作，究其原因，共有以下几方面：

1. 生活实践少，没有写作材料，乱编的多。
2. 语言积累少，难以写具体。
3. 对周围事物没有留心观察，缺乏想象力。

那么教师应怎样引导孩子写自己想说的话，乐于书面表达呢？

一、激发学生写作兴趣

爱因斯坦说过："兴趣是最好的老师。"不错，学生一旦对学习产生兴趣，学习便不再是一种负担，而是勤奋的探索、执着的追求。因此，让学生在轻松愉快的精神状态下学习，充分调动他们学习的积极性，是小学习作教学的第一步，也是习作教学成功的向导。那么，如何激发学生的写作兴趣呢？

首先，让学生写熟悉的内容，以"趣"激趣。习作的命题应紧紧围绕学生所熟悉的生活，以他们周围的人或事、景或物作为写作内容，以激发学生的写作兴趣。

其次，小学生对某一学科有无兴趣，往往取决于他对所教这门学科的老师有无感情。融洽的师生感情，活跃的课堂气氛，以及老师对写作的热爱都是培养学生写作兴趣必不可少的条件。老师如果能用自己对写作的浓厚兴趣去感染学生，一定会对学生产生潜移默化的影响。

最后，多引导孩子及时鼓励，是学生爱上作文的催化剂，当看到孩子写得好的地方时及时去鼓励，孩子下次会更努力写好，因而，鼓励终会生成好习作。

二、积累丰富的写作材料

（一）丰富学生生活，让学生从生活中发现材料，积累材料

习作教学不应当局限在课堂上，而应走出课堂，让学生接触自然、接触社会。教师必须带着学生到世界这个五彩缤纷的万花丛中去采集花粉，让学生用心去观察，用心去感受，在生活中寻找乐趣。这样，不仅学生生活充实，习作内容也会丰富。如教学统编版五年级上册第六单元习作时，我让孩子用语言或纸条向父母表达自己想对父母的心里话，然后观察父母的表情、动作变化，再将整个过程写下来，这样既让孩子懂得了关爱长辈，又让习作变容易了。

（二）让学生在动笔中积累材料

阅读和写读书笔记是积累材料的好办法。首先，可以根据课文内容来积累，利用课余让学生摘抄好词佳句，背诵自己喜欢的段落，这就为写作做好了铺垫，使他们能够有词可用，有话可说。另外，写读书笔记也是一种很好的积累材料的方法。要激发学生对课外阅读的兴趣，让学生在佳作欣赏中享受生活，并做好读书笔记。只有经过长期积累，语言才会丰富，写作时大量生动的语句才会涌向笔端。

（三）通过写日记来积累材料

坚持写日记是积累材料的最好方式，也是练笔最重要的途径。在平时教学中，我要求学生多写日记，把看到的、听到的、想到的及时记下来，内容没有限制，可以自由地选材，写出真实的感受。经过一段时间，笔头熟了，素材也丰富了，有些内容还能运用到写作中去，这样学生的写作水平也就会有很大的提高。

三、注重习作的评价评改

教师的评价对学生十分重要，评价得当，能激励学生敢于写作，乐于

写作，因而对学生习作的评改不能千篇一律，也不能一棒打死。应根据不同水平的学生给予不同要求的评价。对基础好的学生要有较高的要求，对那些暂时不能得到高分的学生的习作，哪怕只有一个词用得生动，一个句子写得好或一个地方有新意，也要为其叫好。在教学中，我常常挤出一些时间让学生对自己的或别人的习作进行自我评价、互相评价、合作评价，发现存在的问题及时纠正，用这种多样化的评价方式，激发学生的写作热情。

  以上是我在习作教学中的一点儿心得，仅是肤浅的认识。不同的班级，不同的学生，在习作方面的具体情况也不尽相同，想提高每个学生的习作水平，还有许多方面有待于进一步探索。

以生为本　快乐习作

"以人为本"是科学发展观的核心,以学生的发展为本是教育的根本目的。那么,作为语文教师,我们的"以人为本"就要"以学生为本"。习作教学当然也不能例外,那么如何在习作教学中以生为本,让他们快乐习作呢?以下是自己教学的一点探索。

一、激发兴趣,尝试习作

兴趣是学生习作的动力。孔子说:"知之者不如好之者,好之者不如乐之者。"所以,在习作教学中,教师首先根据习作的内容进行教学,通过多媒体、彩色图片、动画形式激发学生的兴趣,让学生通过仔细的观察,捕捉到习作的材料,为学生进行习作训练提供保障。

(一)灵活利用多媒体,激发兴趣,尝试写作

教学根据习作的教学内容,运用先进的教学手段为学生创设情境,是激发学生的习作动机,唤起学生习作兴趣的有效方法。如四年级上册《语文天地十》"笔下生花",要求学生选择几种动物或者几件物品,以它们为主人公,想象一下,它们之间发生什么事,编成一个童话故事。于是,在习作指导之时,我先播放"铅笔和橡皮"动画的故事。主要内容是讲它俩在工作中互相争夺功劳,铅笔认为它会写字,功劳最大,而橡皮能将写错的字抹去,认为他的功劳最大,他俩争论不休。由于采用多媒体将动画进行展播,学生被栩栩如生的人物语言吸引了,被曲折离奇的故事情节迷住了。看完以后,教师告诉学生:"这个故事是教师展开丰富的想象,制

作而成的，你们看了，能不能像老师一样编一个童话故事？"这时，学生异口同声说："能。"教师说："很好，你们拿起手中的笔编一个精彩的童话故事吧！"当教师巡堂时发现，有的学生写"桌子和椅子的故事"。主要讲桌子和椅子共同合作，互相配合，全心全意为主人无私奉献的精神。有的同学写"猴子和狗的故事"等。由于学生对习作有了兴趣，展开丰富的想象，于是有取之不尽的写作材料，学生写出丰富多彩的习作。

（二）多彩活动，激发兴趣，尝试写作

学生在习作中感到无语可写，无材料可写，原因之一就是学生缺少认真观察生活的习惯，缺乏对周围事物的了解。所以，在平时习作教学中我们不仅要根据教材安排习作，给学生主题让他们根据自己实际情况灵活选材，用不同题材表达自己内心的感受。同时，多彩活动更能激发孩子写作的兴趣。走进自然：春天的踏春，夏日追梦游，秋日看红叶，冬日滑雪……七彩校园：田径运动会、"三跳"运动会、主题班会……都会使孩子们有物可写，学生有了材料可以写，教师及时点拨，加上平时积累的好词佳句，学生下笔如有神，妙笔生花。

（三）生活体验，激发兴趣，尝试写作

生活是习作的源泉，只要引导孩子在生活中观察，把自己所见、所闻、所感自由表达出来，孩子们就会有物所写，快乐无比。如：星期天跟妈妈看电影，回家写一写日记，记录下自己印象最深的画面；过生日时，仔细观察大家的表现，抓住人物动作、语言生动形象的表达；和家长旅游时，把自己看到的美景用上好词佳句表达出来……对于中年级学生我们引导孩子写的方法很重要，写作兴趣的培养更关键。

二、以生为本，灵活写作

统编版小学语文教材有习作单元的专项训练，教师要认真钻研教材，掌握习作教学的重点和难点，要突破习作的教学难点，因此，教师要为学生习作教学营造良好的氛围，在"活"字下功夫，在"活"中让学生写出更多更好的习作。

（一）一个主题，多种写法

为了激发学生的习作兴趣，让学生有更大的自主写作空间，作为教师我们转变观念，由过去教师命题转变为学生自己命题。如四年级上册"笔下生花"为例，在教学时，教师启发学生认真审题后，知道习作范围都比较宽广，可以写看到的，可以写听到的，也可以写想到的，可以写人，也可以写事，一切任你选择。于是，教学启发学生进行思考：你们通过审题后，为了写好习作，怎样命题？有的学生回答"我写最难忘的一件事"，有的学生回答"我写最愉快的一件事"，也有的学生说"我写感动的瞬间"等，由于学生命题形式不同，很有个性，比较切合学生的实际，很容易写习作。

（二）以生为本，灵活选材

选材的好与差直接影响习作的质量，影响习作的成功，为此，教师根据学情，启发学生在灵活选材的基础上，要有独立眼光明察秋毫，如选出表现人物特点，反映人物品质的材料，写出与众不同的习作。如有一次习作训练，要求学生展开想象，写《20年后的我》，很多学生都是写20年后我回到家乡看到的变化，写出自己对家乡的热爱。但是，有一个学生他选材与众不同，他写20年后回到家乡视察，下了火车之后，就感到不适，感到头晕呕吐，于是他发现汽车排放大量的废气，还有黑烟，再往前走，看见工厂不停排出废水，臭水横流，以示人们要保护环境。通过这样活选材，学生从不同的角度去思考，写出内容丰富，形式不同的习作。

（三）巧妙点拨，写法多样

在新的教学理念下，我们要解放思想，鼓励学生运用"活"方法进行写作。如：要求学生写熟悉的人的一件事，也可以写陌生人的。教师在检查学生习作时发现，有的学生的习作题目是相同的，据统计，班上有32%的学生写老师，但是，学生的写法各有差异，有的学生通篇一件事，反映老师对工作的勤劳负责；有的学生运用了倒叙的方法写；也有的学生抓住人物描写特点进行细致刻画，反映老师的高尚品质。由于写法不同，因此，学生有了更大的表达自由，有了更大的习作空间，增强学生的信心，激发了学生的习作兴趣。

三、真切表达，快乐习作

《语文课程标准》指出："要引导学生在作文中说真话、实话、心里话。不说假话、空话、套话。"所以，我们在习作教学中，要求学生写真人真事，表达真感情，从小培养学生求真务实的写作态度。否则，就如剪彩为花，刻纸为叶，毫无生命力。那么，如何引导学生在习作中写"真"呢？

（一）以生活为源泉，在实践中写"真"

为了让学生在习作中将"真"落到实处，教师根据习作的要求，让学生深入生活，深入社区，到工厂进行调查或观察，取得习作第一手真实的材料。如：收午托费时，一个孩子丢了钱，经过一周诚信教育，钱居然找到了。针对这件事我们利用班队活动分享交流，孩子们各抒己见，此时，我不失时机地进行习作教学指导，孩子们立即动笔作文，一篇篇真实文章发到我的邮箱，我真为孩子们高兴，生活即写作源泉。我们还可以把学生带出校门，拓宽视野，感受丰富多彩的生活，学生的笔下才会流淌出潺潺的清泉

（二）勤于观察，在习作要写真人真事

这就要求学生在平时生活中做到认真观察生活，观察我们身边发生的每一件事，思考发生的原因、经过和结果。在写作时，要真实记述下来，如学习四年级上册《一枚金币》要求学生运用描写人物的方法去描写人物的特点，于是，在习作的指导课堂教学时，教师要求学生在认真观察的基础上，将人物的神态、动作等刻画出来，做到实事求是，不能用夸张手法来写。所以，在习作时，很多学生通过平时的接触和仔细观察，能够真实生动的写出老师的外貌、动作、神态刻画人物想象。

以生为本吧！让学生无拘无束，快乐表达所见、所闻、所感，用我笔写我心，让多姿多彩的世界在他们笔下生花。

以生为本　有效习作

《语文课程标准》指出：中年级习作重点是段的训练。要指导学生写好一段话，把要说的话按一定顺序，有条理地说清楚；培养学生留心观察，捕捉习作材料的习惯；让学生从阅读中悟写法，把内容写清楚、写具体；要注意表达真情实感，使学生养成勤于动笔的习惯。为了达到愿写习作、能写习作、会写习作、乐写习作，我在习作教学中不断实践探究。下面，谈谈我在"生本习作"教学中的一些做法和体会，以抛砖引玉。

一、以生为本，激发兴趣，让学生愿写

兴趣是最好的老师。中年级孩子年龄小，处于习作的起步阶段，因此，中年级习作重点必须放在培养写作的兴趣和自信心上，让孩子愿意写作，热爱写作，变"要我写"为"我要写"。在中年级的起步习作教学中，作为教师要以学生为教学的根本，了解孩子的心理，激发孩子习作的兴趣，教学时因生而异，以生制宜，适当放低要求、多表扬鼓励，发现用得准确的词语、写得精妙的句子用醒目的评改符号标注，加注随批。利用作文讲评课把优秀习作在班上交流阅读，或在讲台上大声读给全班同学听。这样，在学生习作的过程中，悄无声息地培养了孩子习作的兴趣，增强了孩子习作的自信心，营造了互相赏识习作的良好氛围，让孩子愿意去写作文。

二、以生为本，结合生活，让学生能写

心理学研究表明：活动是儿童的本能，好玩是儿童的天性。一个哲学家也曾经说过："当我们顺应人的天性来做事的时候，一切将变得非常简

单。"因此作文教学要联系儿童的生活实际,将作文表达回归到有趣好玩的活动中,或让学生走进生活,去感受生活,让学生充分参与到活动和生活之中,有了激情,有了感受,有了材料,这样就产生了习作的愿望,想写的问题就会迎刃而解。

(一)走进生活,给足学生表达的时空

我们学校现行课程安排一周仅有两堂习作课,要求学生在八十分钟内完成,指导拟稿、修改、誊写。似乎学生习作所需的信息全部贮存于大脑之中,习作时只要提取后稍做加工即可,这显然是不现实的。况且"倚马可待"的奇才自古以来有几个?更何况刚刚学写的小学生。从这个角度看责任不在学生,而在于教师,是我们教师使学生远离了丰富多彩的习作源泉——生活。因此我习作教学首先打破"一篇习作教学就是两课时的习作教学"的做法,让我们的习作时空飞出课堂,走进学生的生活。因此我首先"以生为本,为孩子自主写作提供有利条件和广阔空间"。比如我们可以在作文课前一天或一周,甚至几周让学生明确习作的要求,放手让他们到生活中搜集信息,精心构思,充分拟稿。因此,一篇习作的周期不是两课时,而应根据具体习作的要求,可以是一天,也可是一周,甚至几周。学生所写作文当然不会是"空话"与"套话",而是他们眼中的世界与生活,自然表达。

(二)活化积累,使学生有表达的欲望

习作素材来源于生活,在以生为本的习作教学中我不仅重视学生的阅读积累,更重视学生在生活中的积累,让孩子用阅读积累的词句丰富生活中所见、所闻、所感,并把口语表达的画面、情感体验生动形象地记录下来,自然形成作文。如:运动会前我就提醒孩子们仔细观察赛场的情景,运动会时体验自己当时的语言、神态、心情,参加完后的感悟……孩子们自然而然地观察生活,记录真情实感,写出的文章感人肺腑。赵佳楠同学《一次别开生面的运动会》写到"女子800米各就各位,同学们的加油声此起彼伏,同学们用尽了全身的力气喊:'四·一班加油,四·一班必胜,加油,加油!'10号同学已经遥遥领先了,12号同学紧追不舍,7号同学也不甘示弱,运动员们个个大显身手,同学们向我喊道'加油,超过他们',

听到喊声，我足下生风，一个又一个地超越过去，终于，功夫不负有心人，我第一个撞到了红丝带，裁判员郭锐老师大声喊道四年级组第一名。噢耶，同学们欢呼雀跃，有的同学挥动着手中的小国旗、彩带，有的挥动着手中的衣服，有的跳得老高，我激动得流下了泪水。这泪水是成功的泪水，这泪水是喜悦的泪水，这泪水是努力拼搏的泪水，这泪水更是我们走向胜利的结晶。"正因为有体验，才写得如此精彩。再如：庆"六一"歌咏比赛、"与梦想签约，做阳光少年"主题队会……孩子们在作文接力本上写下了很多好文段，我感慨生活是习作的源泉，有了丰富的生活积累，孩子们的习作便精彩纷呈，感人至深。

（三）营造氛围，让孩子能表达心中的话

丰富的生活积累要靠孩子，更重要的是靠教师和家长为孩子营造，只有这样，孩子快乐地生活，在兴趣、欲望的指使下才能精彩地表达心中的话。如：春天带孩子踏青，看到美景适时引导孩子由说到写；周末带孩子去公园，孩子看到有趣的人、物、事，有感而发去自己写作，平时上学、放学路上所见、所闻、所感，学校活动后及时有意识地引导学生自然表达，决不能布置硬性任务，对于写得好的孩子及时表扬，为其他孩子树立榜样，让孩子不仅能表达心中的话，而且让孩子乐于表达心中的话，从而慢慢潜移默化，形成习惯。

三、以生为本，以学定教，让学生会写

习作教学历来是难中之难，于是我尝试以生为本，习作指导坚持以学定教，让学生能写、会写。

在实践中，我初步探索出一种"从学生中来"到"学生中去"的以学定教的习作指导策略，建立以评改为中心环节的作文教学模式，学生初写→师生评点习作→互评→自改或互改→誊写→再改……这样把习作前的观察与构思，拟稿与初步的修改完全交给学生，让学生在课外，甚至在校外，置于宽松、自由的环境中完成。让学生独立自主地进行观察、构思、拟稿、自改、互改，最大限度地张扬了个性，发挥了学生的创造性，将教师的指导环节融于对具体习作的点评之中，置于学生拟稿之后，这样教师在指导前可以通过学生初稿，了解到最真实具体的学情，而后的以学定教有针对

性地点评方案，这样"从学生中来"的有针对性的习作指导，学生很容易接受，当然，在这个模式指导下，学生的习作像八仙过海各显神通。如：以"眼睛"为主题写作，寮文蕾写诗歌《我的眼睛》，石沁冉写第一人称想象文《眼睛的自述——主人我想对你说》，杜雨欣写应用文《怎样保护眼睛》……既围绕了教材内容，又发挥了学生主体作用，孩子在有效引导下修改、评析，久而久之自然学会作文了。

四、以生为本，动态评阅，让学生乐写

《语文课程标准》要求我们教学评价的不仅甄别与筛选的功能，而应能促进学生的发展性评价。而语文课程的人文性则要我们评价时要尊重学生的主体独立体验与感受，结合自己的实践，我习作评价遵循动态评阅，让学生乐写。

（一）分层而评，增强习作的自信心

翻开一个班的作文本便可发现，得"优"的老是那几个学生，得"中"甚至"差"的总是跳不出"中"与"差"的圈。一个习作总是得"中"或"差"的学生，他们的习作自信在被一个接着一个的"中"与"差"中击得粉碎，从而远离成功的彼岸。因此在实践中我采取了分层而评的策略，增强各层次学生的习作自信心，让他们每人都体验到成功的喜悦。评价主要从两个方面着手：①面对全体学生分层而定，不同层次的学生，评定等第的标准不同。②对一个学生的要求则按循序渐进的原则，如我对一个习作后进生最初得优的标准是：顶格不写逗号、句号、问号等标点符号。接下去得优的标准是：要分段……这样逐步提高，一步步将之引入成功的彼岸。

（二）指导性批阅，促进学生再发展

从传统的作文教学过程来看，批阅作为一篇作文教学的终结环节，如果这环节的教学功能仅是"评定包改"甄别优劣，大部分学生在这一教学的环节几乎得不到收获，仅使优者受到鼓励而已。而低等生反而再次受到打击，削弱他们习作的信心。

最普遍是通过批注，指导学生再修改，再提高，这就要求我们的批注面对学生，具有指导性与可操作性。再一种形式就是面批。其次就是再次对具有典型性的习作进行集体点评。

（三）动态评定，让学生对习作充满希望

习作等第的评定不能一锤定音，应实施动态评定，促进优生更优，差生变优。具体做法是：得"良"或"优"的习作，经学生成功的修改后，我们可以把这篇习作重新评定为"良+"或"优+"（与学生约定中+=良，良+=优，优+=特优），学生若再作修改，习作还可以再作评定。直到学生自我满意为止。这样动态性的评定，对于后进生来说，给了他们很容易得"优"的机会，对自己的习作充满希望与信心。

总之，只要教师不断学习新教学理念，以生为本，有效指导，适时引导学生立足于生活实际，让孩子做生活的有心人，孩子们一定会愿写、能写、会写，写出属于自己的精彩世界。

作文评改的实践探索

常言道,"文章不厌百回改""好文章是改出来的"……叶圣陶先生提出:"教师改文,业至辛勤,苟学生弗晓其故,即功夫同于虚掷。"叶老的话是值得我们深思的。那么作为新时代的小学语文教师,我们如何才能使功夫不"同于虚掷",真正使学生做到"晓其故"呢?我在作文评改中做了以下实践,仅供参考。

一、学会自评,改出学生作文的兴趣

三年级学生习作评价的初始目标,重点在于培养学生写作的兴趣和自信,因为学生有了写作的兴趣和自信,就会产生一种内驱力,使乐于表达所见、所闻、所想,久而久之,对作文产生了兴趣。

我把学生分成若干学习小组,要求小作者先把自己的习作至少读三遍,第一遍轻声朗读,旨在让小作者发现自己作文中的问题。之后,给学生讲一讲这次习作怎样写,从选材到结构,材料安排,段落分配,详略需求……然后,学生默读,在力所能及的范围内对照习作要求认真地修改自己的习作,这时,课堂上异常安静,大家都全身心地投入修改习作之中,因为他们知道,接下来,他们的习作将面临与自己年龄相仿、水平相当而要求又十分严格的同学的评价,大家当然希望能在同学中展示出自己更好的作品,得到更好的评价。最后,引导改好自己的习作的学生再读自赏,把习作中最满意的地方画下来,写上欣赏批注,还可以多读几遍。

这个过程主要立足于修改,刚开始比较难,但带有潜在的激励性。学生可以从中明白如何写人、怎样叙事……并从中体验到成功的愉悦，树立作文的自信心，并逐渐使学生养成修改作文的习惯，长期如此，提高了学生的作文自改能力，使他们终身受益。

二、互评共议，改出学生的主体地位

心理学家认为，学生有表现自己的欲望，二者结合，反映在作文评价中，就应是学生能动地、有效地参与到评价中来。课程目标中要求学生"修改自己的习作，并主动地与他人交换修改"。因此我要求学生学会合作互评。

在完成第一个环节后，小组长组织本学习小组的5位同学互相传阅习作，大家都对每个小组成员的习作谈出自己的看法，课堂气氛热烈空前。而我，则作为一名"流动的小组成员"，随时参与每一个小组的讨论。评议完毕，大家将小组成员的意见综合起来，相互以眉批和总评的方式写在作文本上，郑重地签上自己的姓名，以资课后小作者有什么疑问可继续与之探讨。由于学生年龄相近、心境相通，他们比教师更容易发现同学作文中的出色之处，对作文中存在的问题、所提出的修改意见也更容易让同学接受，评价者本人也能得到较大的启迪。翻开《我的老师》这篇作文，在"王老师一头乌黑发亮的头发，笑起来一双眼睛像弯弯的月亮，散发着慈祥和蔼的光辉，仿佛在对你说：'你有什么心事吗？老师愿意倾听。'我们全班都喜欢她。"这句话下面，赫然画着红色的螺旋线，旁边是合作伙伴的眉批："描写得太传神了，我越来越爱戴王老师了！"这是对同学生动描写的赞扬。小作者看了同学这样的眉批总评，当然能与评价者心意相通，更能清醒地认识到自己作文的优势了。

互评这个环节主要立足于评议，最大的好处是始终让学生最大限度地处于动态之中，动眼看、动脑想、动口说、动耳听、动手写，做到人人参与全过程，大家既是评价的主动者，又是评价的承受者，让学生在自主、合作、宽松、热烈的氛围中交流、探究，拓展了学生评价的时空，能大大激发学生的习作热情，也充分发挥了学生的自主合作探究能力。同伴给一个同学的《〈田忌赛马〉续写》的总评："语句优美，可美中不足的是有错别字，就像在洁白的墙上粘了几滴蚊子血……"令人捧腹，加深了学生不写错别字的印象。

三、佳作共赏，提高写作能力

美国哲学家杜威说过，一个人应能利用别人的经验，以弥补个人直接经验的狭隘性，这是教育的一个必要的组成部分。

佳作共赏过程就是一个互相借鉴启发、优势共享的过程，是最让学生兴奋的一个环节。先由各小组代表朗读推荐的成功作文或精彩语段，并向同学们陈述推荐的理由，目的是把学生之间组内的合作发展为各学习小组间的交流、竞争。当欣赏完一篇佳作后，我适时激励其他的小组成员各抒己见，说一说是否同意同学的推荐理由，从同学推荐的作文中学到了什么，更鼓励他们提出质疑，以激励学生的新思维和新表达。别看孩子年龄小，但说起来还津津乐道。试想，当自己为大家公认的一篇好作文提出了更好的修改建议并得到老师和同学的认可时，这种感悟还不深刻吗？

在一次作文评价课上，当同学们欣赏完《美丽的春天》后，张佳怡同学站了起来说："我认为'我开心地坐在草地上，把牛绳放在右边'，与生活中牛绳在左边不符；二是'牛头昂着，尾巴翘着'也与现实生活牛吃草时悠闲的样子不符。"一石激起千层浪，教室里马上响起了同学们的争论声，针对"牛吃草时"这个话题引发了全班同学的大讨论，同学们各执一词，互不相让，争论愈演愈烈。最后，雷童新同学骄傲地告诉大家，她家在农村，几乎每个周末他都要放牛，对牛吃草时牛绳放左边烂熟于心，牛吃草时悠闲地甩着尾巴也确信无疑，另一位同学也表示赞同，同学们都心悦诚服地直点头，小作者主动把作文本递到张佳怡跟前，让她把句子改好。临了，张佳怡还不忘在旁边写上眉批："牛吃草时尾巴翘着？"自豪之情溢于言表。佳作欣赏这个环节，能将教师或少数作文能力强的同学的经验、知识扩展开来，融会为全体学生的共同"财富"。通过师生双向交流或学生多边活动，学生的收获自然比只有教师一厢情愿的"精批细改"要大得多。

古人云："知之者不如好之者，好知者不如乐知者。"叶圣陶先生也在论及语文教学方法时曾指出："关键在于学生的学习由被动变为主动，务必启发学生自觉性、能动性，引导学生积极思考。"作文教学也如此，让孩子们在改评习作中好写、乐写，变"要我写"为"我要写"，我想写，养成好习惯，写出好文章。

改出来的精彩

《语文课程标准》中指出："不仅要注意考查学生修改作文的情况，而且要关注学生修改作文的态度、过程、内容、方法。"在日常工作中，常常听到同行们感叹"作文真难批改啊"。为此，我悉心进行作文评价改革的实践探索。从实践中我深深感到，作文的批改就像一盏明灯，点多亮，学生心中的方向就有多明亮；作文批改不能只由教师批改，也要让学生积极参与批改，学得修改作文的方法，养成自我修改作文的习惯；作文的批改要讲科学实效，才能真正提高作文的教学质量。

下面是自己在作文评改的学习与实践中探索的一些感悟。

一、激发兴趣，教会自改

叶圣陶老先生说过："修改文章的权利首先应属于作者本人。"作为一位语文教师，我们不能忽视指导学生自己修改习作这一重要环节。

首先，知改其理，激发兴趣。

俗话说："兴趣是最好的老师。"那么，改习作也如此，我们如果激发了孩子改习作的兴趣，会改、能改就迎刃而解了。文有"文眼"，诗有"诗眼"。不知被多少人引述过的王安石那首题为《泊船瓜洲》中"春风又绿江南岸"的"绿"字，那是公认的"诗眼"。是怎样改好的呢？王安石写《泊船瓜洲》中那句"春风又到江南岸"，先将"到"字改成"过"字，接着改成"入"字，继而又改成"满"字，经过十多次的变换，最后才改定为"绿"，大为生色，全诗都活了。曹雪芹写作《红楼梦》曾"披阅十载，四易其稿"。此时，孩子们有的说："老师，真有趣！"有的说："老师，我也想改一改自己的文章。"有的说："老师，我也会改。"

其次，实践尝试，乐在其中。

春天到了，我引导孩子们观赏美好的春景图，问孩子们想干什么，有的孩子想春游、有的想吟诗……出示《泊船瓜洲》让学生吟诵，引导学生找诗中哪个字用得最好，说一说。孩子们看着美景、吟着古诗、兴趣盎然，纷纷说是"绿"字最好，一下子写出春的气息，仿佛看到的江南绿意盎然、春暖花开、春光明媚……此时，我不失时机地问："孩子们，你们知道作者为什么会用'绿'字呢？"孩子们意犹未尽，一时陷入思考。

再次，读中自改，好文细改。

"三分文章七分改"。由此可见，修改在文章中的重要性。改习作对于小学生来说是很难的一件事，光靠兴趣是不够的，作为教师，教会他们学生修改习作的方法，让难变易，让孩子们乐在其中。我先试着这样做：

1. 先默读，引导孩子们检查内容是否新颖，条理是否清晰。
2. 再次进行轻声朗读，找出文中的错别字和读不通的句子。
3. 进行有感情朗读，看看哪里要改动、删减或添加。

这样引导让学生改自己的文章，他们的畏难情绪一下子减掉大半，久而久之，就会养成学生自己修改习作的习惯。学生从习作的修改实践中，体会文章写好以后要认真修改的道理，让学生在修改的过程中看到自己的文章比原来的更通顺了、更流畅了，从而产生成就感，增强写好作文的自信心，提高习作的兴趣，进一步养成认真习作、认真修改的良好习惯，从而不断提高习作水平，最终使学生成为作文的真正主人。

二、合作探究，学会互改

叶圣陶先生说过："教师修改不如学生自己修改。学生个人修改不如共同修改。"学生自己经过几遍修改后，经常还有一些不足之处，这时，我们老师就可以采用互批互改。

首先，优困结合，合作互改。

我们可以让优等生担当小老师，发现对方作文中的缺点，及时为学困生改他没发现的错字和读不通的句子，同时也锻炼了学生自己的修改能力；

学困生则可以从对方作文中发现优点，学习优点，或许也可以发现一些不足，可以增强他的信心，这样互惠互利，达到双赢。

其次，小组合作，讨论共改。

创设环境，利用作文课，把孩子们分成4人一小组，让每个孩子在小组内读自己的文章，其他人共同找错字、一起修改病句，孩子们听得认真、讨论激烈，共同提高，修改的效果良好。

再次，同伴点评，一起进步。

面对改后的文章，我引导孩子们找自己最好的朋友、同座、排长及时进行优点、不足的简单点评，还可以用红笔写一写鼓励的话语，孩子们很乐于这项活动，因为红笔是老师的专利，他们很少用，好奇得很！

第四，佳作品评，激发热情。

在互改过程结束后，小组推荐的优秀文章参加全班的佳作品评活动。活动中，由学生上台诵读文章，其他同学既当观众欣赏，又做评委品点评，最后师生评选出最佳修改稿。这样，一方面激发学生的写作热情，另一方面可促使学生更加用心评改。

三、家校合作，乐于评改

家长是孩子的第一任老师，他们对于自己的孩子最了解，孩子喜欢干什么，喜欢吃什么，喜欢参与什么活动……了如指掌，因此家长评改习作是一个大胆的举措，于是我这样尝试：

首先，沟通交流，养好习惯。

我们要求父母和孩子在情感上多沟通交流，每天回家后问问孩子在学校的活动，了解他们的喜、怒、哀、乐，及时引导孩子把有趣的人、事、物写成日记，家长不失时机地帮其修改，并讲一讲这样写的好处，孩子不仅记录自己的成长历程，而且慢慢养成乐于动笔的好习惯。

其次，方法得当，引好路子。

现在家长的文化素养普遍提高。在学生完成初稿后根据习作内容和问题，请家长参与，客观公正地评价自己孩子的习作。作为教师，我们选择家长比较熟悉的题材请家长参与。如《一个熟悉的人》《农贸市场》等内容，这样一来，可以让家长更加了解孩子的习作状况，也加强父母与孩子之间情感的交流、沟通，让孩子觉得自己父母很关注自己的学习；二来家长与孩子一对一的评改，时间上充足，精力上充沛，家长也会比较有耐心，改得就更细致。相信孩子也很愿意把自己刚刚完成的习作读给爸爸妈妈听，这时，父母再不失时机地对孩子的习作进行点评，真正成为孩子习作起步的"领路人"。这样针对性会更强，实效性会更高，更有利于学生习作水平的提高。

再次，潜移默化，不断提高。

作文的提高不是一件易事，作为教师，我们要和家长积极配合，在生活中、实践中多沟通，勤引导，大胆鼓励，让孩子树立自信，敢于表达自己的见解。家长还可以读一读自己的、名人的著作，潜移默化，让孩子爱上写作，乐于表达，不断提高写作水平。

通过一学期的实践，家长重视的孩子习作进步特别大，看来家校的配合，不仅有益于习作的评改，而且培养作文能力。

四、有效引领，改出精彩

作文的批改是由教师的"批"与学生的"改"共同完成的创作活动。教师在批阅中授学生以"秘诀"，"功夫"还得学生在教师的引导下主动去"练"。在学生互为评改、自我修改的过程中，教师以"组织者""合作者""指导者"的身份出现，逐步引领学生学会评改，习得规范，提升水平。但同时教师还应该是整个评改活动的积极参与者，尤其是在学生互改、自改后，教师更是一位"资深"的参与者。达到有效引领，改出作文的精彩来。

首先，因材施教，个别指导。

布卢姆曾在《教育评价》中写道：教育评价是在教师与学生间形成一个反馈——矫正系统。作为评价手段的作文批改，要想提高实效性，就要及时帮助学生找到习作的"得"与"失"，想方设法地发挥学生的主体作用，激发学生主动参与意识与创新意识，培养严谨的态度与良好的习惯，让学生在每次习作批改中都能有所发展。因此，我们针对不同学生及时评价，如：不自信的学生，我们要毫不吝惜地把真诚的赞美送给每一个学生，哪怕是微不足道的一点进步，也要加以表扬肯定；对于学困生习作中存在的毛病和问题，从"建议"的角度出发，使学生看了褒扬后能信心倍增，读了建议式的批评也能受到激励。所以，教师在批改习作时要坚持以鼓励为主的原则，在批阅学生习作时要多一分理解，多一分尊重，不要吝啬自己的赞美之词，在评价孩子的习作时多一些欣赏和赞美，让孩子产生对教师的信赖和亲近，使他更容易打开自己的内心世界，让真情实感流露，点燃对语文甚至对文学的激情，揭开习作的神秘面纱，消除他们对习作的恐惧心理，让学生觉得作文并不是可望而不可即的高大上，从而对写作产生浓厚的兴趣。针对不同学生，我把批语分为：

1. 对习作中的精彩描写抒发自己所感；
2. 对优点的肯定；
3. 一些具体的点拨或指导；
4. 不可缺少的鼓励与赞扬；
5. 带着"激将"味道的谈心话。

其次，灵活多样，再次评定。

教师要"批"而不"改"。要提高批改的有效性，让批改真正为提高学生习作水平服务，就要"批"而不"改"，把"改"的权利还给学生，让他们自己去寻找错误，充分发挥学生的自主性。

批改次数要灵活而定。比如学生评改过的写得较好，需要修改的地方少，就可以直接评等级，这是"一次批改"；如果学生评改过的要修改的较多，就暂时不评等级，先让学生依据批语和批改符号的提示去修改，再交教师批改后评等级，这是"二次批改"。个别的还要详细指导其进行"三次批改"，引导其学会修改。

第三，再次评定，有效引领。

针对学生的修改态度和修改后的习作进行再次评定，肯定学生的评改过程，选拔推荐优秀作品，还可以多创造让学生自我展示风采的机会和空间。例如，让学生在小组或全班展示自己习作的"闪光点"，把修改后的习作贴上展示栏，这样可以使学生保持持久的热情，激发他们的自信心，实践证明有效地引领，不断地修改会改出习作的精彩。

总之，习作是写出来的，好的习作更是改出来的。我们只有注重批与改的互动，改才会更有实效，学生自我修改能力才会更好地提升和发展。我们教师只要时刻抓住学生的习作心态、习作动态，及时给以"阳光""雨露"，学生就能写出习作精彩，改出习作的灿烂。

第四辑

悦管越好

——苏霍姆林斯基

没有爱就没有教育。

阳光感悟

走在班主任工作的阳光路上

题记：

没有鲜花的姹紫嫣红，没有清泉的悦耳叮咚；有的只是苦乐参半的平淡，有的只是披星戴月的从容，这便是班主任的工作。

王院丽班主任工作室成立于2016年3月，成立后通过开展一系列卓有成效的工作，引领成员走在班主任工作研修的阳光大道上。

一、阳光团队——科学组建，携手育人

工作室按照集中核心、逐步扩散的思路，集中临渭区官底镇、官道镇、吝店镇及城区的五里铺、盈田、育红等多个学校的优秀班主任13人为主要成员；吸纳了以南塘小学为核心的城乡学校发展共同体及西安路小学、沈西小学等友好学校优秀班主任45人为推广层。形成老、中、青结合，发挥传帮带作用，使班主任共同提升，成为学生健康快乐成长的引路人。工作室成立之初首先确定团队理念、发展宗旨、发展目标，携手育人。

团队理念：一切为了孩子的终身发展。

发展宗旨：立德树人　智慧育人。

发展目标：成仁爱之师　育有德之生。

我们的徽章：

释义：

王院丽工作室成员勤于学习，不断成长，使自己枝繁叶茂；以生为本，用自己的爱心、耐心，共同培育棵棵幼苗。

同时，工作室还制定了三年规划目标任务、年度计划和个人成长计划，努力做到人人职责明确，相互携手合作，各尽其才，共育佳才。

二、快乐研修——立德树人，智慧育人

（一）出外研修，专家引领，分享幸福

专家引领是自我迅速成长的基石。工作室成员胡莉娜参加成都"全国班主任工作与专业化发展高级研修班"，结识梁岗、叶德元、孙晓辉等全国十佳班主任；工作室成员李春芳、孙海绒、焦红玉、杨晓妮前往武汉进行学习；工作室还有部分成员赴杭州进行"提高班主任专业素质高级研修班"培训；连文静、戴艳等多位成员在西安电子科技大学大礼堂举办的"名师之路"中小学班主任培训学习……通过学习，增长见识，汇报分享，共同提高。

（二）自主研修，交流互动，快乐成长

工作室购买专业书籍，为班主任读书提供保障，团队成员积极乐读，每位成员不仅摘录5000字以上的读书笔记，完成个人成长手册，而且撰写育人的点滴故事，每天在微信群、QQ群中分享自己读书的感悟，形成良好的读书氛围，成员们在自主研修中提升专业素养，不断成长。工作室成员不仅自己读书，而且为所带班级孩子推荐读书，开展"读书漂流百日诵读"活动，让孩子们利用网络平台在班级微信群、QQ群中吟诵交流、相互学习，读出情，读出味，明白做人、做事的道理，学会做好少年。

（三）实践研修，团队协作，智慧育人

"科研兴室，专业成长"是王院丽工作室的一大亮点。工作室扎实开展课题研究工作。实行集体研修与个人微型课题研究结合，自主研修和集体研修相互促进。工作室通过实践调查，申请的区级重点课题——《以生为本，小学民主化管理班级的实践与研究》立项后，在研究的过程中，成员们根据工作室的课题，制定个人小课题，在平时研究中撰写自己的小课题实践阶段纪要，叙写教育成长故事，整理成功的教育案例，完成相关论文，

为课题研究留下第一手资料，课题也按照预期顺利结题。一个人会走得很快，一群人会走得很远。工作室成员在主题队会研磨、少先队活动、课题研究等各项工作中分工协作、案例研修、合作共赢，引导孩子们表演小品、讲故事、歌伴舞……使孩子们愉悦身心、张扬个性，全面发展，实现一切为了孩子的终身发展的团队理念。

三、幸福育人——共同分享，共同提升

为深入研修、践行研修，工作室成立后，不断吸收新的力量、不断检验研修效果。工作室成员由13人扩充到57人，工作面也由城里到城外、由一校到多校。2位班主任老师为桥南镇中心小学送去德育课《我与小动物》《折翼的天使》，2位班主任老师为丰原九年一贯制学校送去德育课《我不胆小》《同学之间》，1位老师为官底镇中心小学送去德育课《感恩有我》等。这是全区首次送德育课活动，受到区局的好评，受到年轻班主任的欢迎。特别是工作室负责人王院丽老师曾受邀前往山东莱州双语学校参加由中国教育学会组织的"中小学德育综合改革成果展示暨交流会议"，走出陕西，展示践行社会主义核心价值观的主题班会"文明礼仪伴我成长"，让文明之花处处绽放。

且行且思，且思且行，班级是学生的第二个家，是学生健康成长的乐园。作为班主任，让我们快乐研修，在研修中与学生产生心灵的共鸣，成为学生健康成长的引路人。

传承道德　学做快乐之人

思想家老子说："道生之，德畜之，物形之，势成之。是以万物莫不尊道而贵德。道之尊，德之贵，夫莫之命而常自然。"其中"道"指自然运行与人世共通的真理；而"德"是指人世的德性、品行、王道。而今，道德是一种社会意识形态，它是人们共同生活及其行为的准则和规范。道德不是天生的，人类的道德观念是受到后天的宣传教育及社会舆论的长期影响而逐渐形成的。十八大中提出"以德树人"，作为小学教师我们是孩子的引导者、促进者，我们更要传承道德，引导孩子学做快乐之人。通过这次道德教堂活动我有以下几点感悟。

一、学道德，树助人之信念

孔子说："德之不修，学之不讲，不善不能改，是吾忧也。"老子也说："修之身，其德乃真；修之家，其德有余。"中华民族的传统美德是我们国家丰厚的文化宝藏之一，数千年来，它一直是华夏儿女精神世界的支柱。我们的道德讲堂正是以此为主要内容，通过身边人的故事，讲述社会公德、职业道德、家庭美德和个人品德。通过身边看得见、学得到的"平民英雄"和"凡人善举"，宣传助人为乐、见义勇为、诚实守信、敬业奉献和孝老爱亲的道德品质。我们用身边人讲身边事，身边人说自己事，身边事教身边人，不断提升道德素养，构建崇德尚善的社会氛围，弘扬敬奉贤人的社会风气。响应区教育局和学校的号召，我们四·一班积极开展道德讲堂活动，活动中我先引导孩子们了解道德是什么？道德的概念是什么？从古到今人们对道德的理解，然后结合生活实际三问：对自己要求严格吗？尊敬师长吗？善待他人吗？引导孩子们领悟道德真正含义，从而学习道德，从小树立助人为乐是为人之根本，做有道德之人的良好信念，并为之而奋斗的决心。

二、爱活动，知为人之根本

活动是道德讲堂的载体，孩子们年龄小，喜欢参与活动，于是道德讲堂中我围绕乐于助人安排了七个环节：唱一首歌曲、讲三个故事、看一部短片、诵两段经典、谈一番感悟、表一下决心、送一份心意，引导孩子们积极参与活动中，在活动中感动、在活动中感悟，在活动中明白"道德"的真谛！

如：观看的短片中81岁高龄的谢亮爷爷，为别人指引道路十余年，当别人问他："您为什么这样做时？"他用一句话回答："那就是帮助别人，快乐自己。"道德模范陈光标，从小他都用自己劳动得来的钱去资助那些有困难的学生，长大后，他从使慈善事业，到了现在，他已经捐出了14万元。他这种自己富裕了，不忘帮助别人的精神，更值得我们学习。

如：讲故事环节，我引导孩子唱完《学习雷锋好榜样》后，让孩子讲雷锋的故事，再讲身边的小雷锋的故事，让孩子感到雷锋就在我们中间，听后及时让孩子们发表自己的看法，孩子们乐于听，爱表达自己的见解，不仅气氛活跃，还乐于参与活动中，潜移默化，润物细无声。

诵经典环节中，孩子有分有和、男女配合、激情四溢诵读着。诵读经典，传承文明；诵读经典，学做有道德的好少年。

《三字经》友善篇

人本性，无恶善，善与恶，后天成；
人心善，受人赞，人心恶，众亲叛。
孝父母，爱晚幼，夫妻敬，兄弟亲；
情相连，善相系，同甘苦，共患难。
有矛盾，多相让，有困难，多相帮；
严律己，宽待人，重友情，好风尚。

在诵读中不断领悟道德，学做有道德的人。

三、乐实践，做快乐之人

"勿以善小而不为，勿以恶小而为之。"作为一名新时代的少年、一名少先队员，我们希望孩子们能秉承先辈的志向，诚实守信、见义勇为、助人为乐、敬业奉献，做一名有德之人，做一名有益于国家和人民的人。就像道德模范所说："助人使人快乐，奉献使人幸福。"通过谈一番感悟、表一下决心、送一份心意这三个环节引导孩子由说到做，从而明白：虽然今天他们年龄小，做不了什么，但他们可以从小事做起，捡起身边的垃圾，给老人让座，搀起摔倒的小朋友等；做一个有德之人，只要他们做事用心去想，去考虑身边的每一个人，美德就会在他们身上体现。

伴随舒缓的音乐《好人就在身边》，我们班的"道德讲堂"活动落下了帷幕，我相信孩子们能从道德讲堂中有所启发，在行为中有所体现，在做事中有所感悟。

以生为本　民主管理

教育是一门科学，管理是一种艺术。民主化管理是现代化管理的精髓，它既是民主化社会到来的标志，也是人类管理智慧的结晶。班主任工作引入民主化管理，是学校教育"与时俱进"的表现。那么，班主任作为班级的组织者和引领者，如何在班级管理上顺应时代的要求，最大限度地调动学生"自学、自理、自卫、自律、自治"的积极性，让每一个孩子都参与班级决策、管理中，收到事半功倍的效果呢？

一、以生为本，我是小主人

培养学生的集体主人翁意识是做好班主任工作的基础。从心理学角度讲，美的境界，能对身在其中的人产生感染力，这种美的意境给人以享受。在这种情况下对学生进行教育效果比较好。教师利用多媒体等手段创设美的境界、轻松愉悦的气氛对学生进行班级主人翁的教育。这种氛围拉近了班主任与学生的距离，让学生感觉到班主任是班级大家庭中的一员。

二、以生为本，我爱管班级

（一）树立目标，干劲足

学生主人翁意识的建立，为班级管理民主化夯实了基础。一个没有民主氛围的班级，是没有生机与活力的。美国著名的教育家杜威主张应当给儿童自由、民主，应当平等地对待儿童。每学期初，我利用班会、班级管理方法征集活动等来征集大家管理班级的意见，和全体同学一同协商制定班级的共同奋斗目标。这些目标是在教师的引导下、全体学生参与制定的，是班集体理想和前进的方向。班集体如果没有共同追求的奋斗目标，就会失去前进的动力；如果这些奋斗目标脱离学生实际，学生可望而不可即，也会失去信心，不利于学生健康成长。从某种意义说，有学生参与共同制定的目标，实施起来较顺畅，学生实现目标的干劲也会十足。

班级目标制定的民主化，是班级管理民主化实施的第一步，更重要的是在班级具体工作上充分发挥民主。班主任要有意识地让学生参与管理，班级的事务主动与学生协商着解决，有意识地创设各种机会，让学生参与班级管理，充分调动全班每个同学的积极性，形成民主管理气氛，使学生自我表现心理得到满足，民主意识得到培养，学生的管理能力也会得到增强。

（二）民主管理，抓细节

学生班级主人翁思想的树立，班级管理民主化，为班级良性发展开创了好局面。"抓在细微处，落在实效中"。学生有强烈的主人翁意识，班级进行民主化管理，还应在实处落实。每带一个班，根据学生的自愿，把学生分成教室卫生、公共卫生等管理小组，但打破传统的做法，不设具体职务，让各组同学自己协调分工解决本组职责范围的事务。如自愿参加值日的同学自己协调推出负责人，负责本组的事务，共同商讨、进行细致的分工，各司其职、各负其责。这样既培养了学生团结、协调、合作意识、能力，又避免了人人为了"官"而做事或相互推诿的不健康风气，便于学生茁壮成长。事事有人做，人人有事做，人人争着做，众人拾柴火焰高，班级何愁不"兴旺"。

（三）干部轮换，我能行

过去所带班级的班长一般都是由学生选举产生，这比班主任自己确定班长要民主公正得多，但是随之而来的问题是：班长的职位始终集中于一两个品学兼优的学生身上，他们的能力是得到了充分的展示和锻炼，而其他同学就失去了参与班级管理的机会。而且，一位学生当班长时间长了，他对当班长所应有的荣誉感和责任感也开始逐渐下降，甚至有可能滋生"权力腐败"。比如：和他关系好的同学就不记在"班级纪律档案"里，这不管是对于班长自身也，还是对于被管理的同学，以及对于健康班级舆论的形成，都是十分有害的。

自从采用"班长轮换制"以后，许多学生表示：自己在当班长的两天里受益匪浅，锻炼了胆量，增长了才干，找回了自信，特别是一些平时里成绩不好或调皮的学生，在当班长的那两天里，都表现得特别遵守纪律，干什么事情都特别积极。

三、以生为本，阳光优秀

俗话说："火车跑得快，全靠车头带。"一个好的班集体，班干部所起的作用不容忽视，其作为班级的火车头，起着"唯余马首是瞻"的作用。新学年伊始，教师马上组织班级同学自己选举班干部，要求新当选的班干部既要以身作则，身先士卒，从小事做起，从我做起，又要积极开展工作，大胆管理。刚开始时他们能力很欠缺，需要精心指导，在恰当的时候还要放权给他们管理。如：班干部有权力对班上的好人好事给予加分，给予表扬；对一些不良行为要及时用恰当的方式进行批评指正，树新风，扬正气。

总之，民主管理体现得越充分，学生的积极性就越高，班风学风就越好。同时民主管理锻炼了学生的能力，特别是自我管理的能力，锻炼了一批"小干部""小能手"，这些能力的培养将为学生今后的人生打下了坚实的基础。

成就孩子　从爱开始

爱是教育的基石。苏霍姆林斯基说："没有爱就没有教育。"巴特尔也说："教师的爱是滴滴甘露，即使枯萎的心灵也能苏醒；教师的爱是融融春风，即使冰冻了的感情也会消融。"我国教育家叶圣陶说："千教万教，教人求真；千学万学，学做真人。"作为教师，我们的使命就是教书育人，爱每一个学生。

俗话说："十个指头伸出来有长短。"学生也不例外，每个班主任都会遇到这样那样的"问题学生"，教育好孩子是我们所肩负的重要而艰巨的任务，也是教育工作者不容推卸的责任。在我的班级中有这样一个孩子，他是一个四年级的男孩，从表面上看比较乖，其实，了解他的人都知道是出了名的调皮大王，曾是老师、同学心目中的"问题孩子"。他刚转到我们班，表面上看没有什么特殊情况，我想：也许这孩子自认为学习不好，自卑吧！可没过两三个星期，他就"旧病复发"了——上课要么扰乱他人学习，要么情绪低落；下课胡乱打闹，和同学经常闹矛盾，同学们都嫌弃他；不做作业，各门功课学得一塌糊涂……每天不是科任老师，就是学生向班主任告状，真让我头痛。于是，我找他谈话，希望他在学校遵守各项规章制度，以学习为重，团结同学，友好相处，自我改进，做一名合格的小学生。但经过几次努力，他只在口头上答应，行动上却毫无改变。看到他不思进取，我的心都快凉了，算了吧，或许他就是那根"不可雕的朽木"。

不理他的那几天，他便变本加厉地"闹"起来！此时，我觉得逃避不了，必须正视"问题学生"解决问题。首先，了解"问题"出在哪里呢？他的"病根"是什么？才能"对症下药"，我着手进行调查研究：问教过他的老师，平时都犯哪些同样的错误？有表现好的时候没，表现好时爱做什么，有何爱好……通过一系列调查，我知道了他有"好胜心"。我很高兴，找到了切入点，我的第一步让他做爱集体的事：班上的劳动工具笤帚、簸箕交由他来管。他做这些事很用心，也做得很好，我就及时在班上表扬他，他得到我的表扬就渐渐地热爱这个班集体了。例如：有一次，检查卫生的值周生给我班打的分很低，他看到后生气地对擦窗的同学提出批评，看着他认真负责的样子，我不禁喜在心头，我告诉自己："孩子是要爱的，爱的阳光一定能照亮他前行的方向，他会有更大进步。"

为了使他爱同学、爱老师、爱学习，我又专程深入到家庭走访，进行详细了解，然后再找对策。听说我要来，他早早地就等在了楼梯口，至今都让我忘不了当时孩子那种期盼的眼神，一家人很热情地招呼老师，妈妈向老师说的全是孩子的缺点，从妈妈的口气中我了解到家人根本不知道孩子需要什么。原来，他的父母只顾做生意，根本不管孩子，饿了给钱，渴了还是给钱，孩子的行为习惯根本不管，听之任之。一番谈话后，我终于明白，为什么这个孩子在学校会这样，原来有这样不负责任的父母，他们没给孩子做好榜样，早上不想起床，不愿上学，就请假说孩子病了，对于这样的父母，我当时就提出要求：

1. 养成良好的作息习惯，早睡早起。
2. 每天按时要求孩子到校，不迟到早退。
3. 每天回家检查孩子的作业是否抄完，责令其按时完成作业。
4. 家长以身作则，树立榜样。

在家访回学校的路上，我内心久久不能平静，像打翻了的五味瓶！俗话说"爱是一种力量""爱能改变一个人的一生"。我何不以"爱"的方式来解决他的思想问题呢？于是，转化他的行动在悄然中进行。

首先，为他找朋友，让他融入集体。

经过观察，我发现他喜欢体育活动，热爱班集体。到了课外活动时间，我让同学们和他试着玩，让他感受拥有朋友的快乐，慢慢地，他有了玩伴，不在再孤单，逐渐融入集体生活中。

其次，上课多关注，促其进步。

上课时，关注他的一举一动，给予平台，把简单的问题让他来回答，当他回答对时及时表扬，回答错时不指责，慢慢地他有了自信，上课捣乱的现象逐渐少了。

第三，营造良好的氛围，让其明白做人做事的道理。

为他专门选同桌，让有爱心、乐于助人、思想积极上进的孩子坐在他的周围，慢慢感染他、同化他、监督他，久而久之，他的思想变化了，懂得了做人、做事的道理。

在路上遇到他，我会有意识地先向他问好；只要他的学习有一点进步时我就及时给予表扬、激励。他生病时我就派同学们去看他……使他处处感到老师、同学在关心他、信赖他、爱着他，他也慢慢明确了学习的目的，逐渐进步。在潜移默化中，他学着遵守纪律，尊敬师长，团结同学，努力学习，他开始向一名好学生迈进。

通过这个孩子的教育，我也不由反思自己，作为教师，从教育理念出发，学校教育不应只是学科知识的培养，更重要的是培育健康的情感——爱的情感。我们教师更应以情育爱，以爱育爱，让每个孩子都像花儿一样在充满爱与阳光的花园中健康快乐地成长为祖国的栋梁之材。

自主管理　你行我能

国无德不兴，人无德不立。习近平总书记2018年5月2日在与北京大学师生座谈时指出："要把立德树人的成效作为检验学校一切工作的根本标准，真正做到以文化人、以德育人，不断提高学生思想水平、政治觉悟、道德品质、文化素养，做到明大德、守公德、严私德。要把立德树人内化到大学建设和管理各领域、各方面、各环节，做到以树人为核心，以立德为根本。"著名教育家陶行知说："捧着一颗心来，不带半根草去。"这是至高无上的教育理念，作为教师我时时践行德育宗旨，事事努力做到最好，二十多年来的班级管理中我以生为本，关注每个孩子的全面发展，为孩子终身发展奠基，把立德树人作为自己教育教学的根本任务，努力践行，培养德智体美全面发展的社会主义建设者和接班人。

一、自主管理，制度先行，我愿意

苏霍姆林斯基指出："真正的教育是自我教育。"所以我认为，班级管理不应是老师约束学生，而是学生自我约束，现代班级教育要以学生全面发展为本，着力培养学生自主教育的意识和能力。学生作为班级的主人，只有主动参与到班级管理中去，才能营造一个自信、快乐、和谐、实力强大的班集体。因此这学期一开学，教师打破传统的"我说你听，我管你服从"的教师为主体的班级管理方式，制订了一个学生自主管理班级的方案，将我从繁杂的事务中解放出来，切实把学生放在主动发展的位置上来，让学生在班级自主管理的活动中认识自己，发展自己，学会合作，学会组织，学会反省，学会约束，为将来走向社会打下坚实的基础。

（一）细化分工，明确责任

老师和全班同学一起把班内的工作全部分类，负责收各科作业的、负责检查个人卫生的、负责校园爱绿护绿的、负责班内卫生的、负责课间纪律的、负责眼保健操的、负责放学站排的、负责找管理员老师要水的……大大小小的工作全划分出来，学生再根据自己的情况来选择，各管一项，责任到人，分工明确。为每一个学生提供积极参与班级自主管理的机会，使学生从管理者的角色中学会管理他人、学会自我管理。实现由他律到自律、从自律到自觉的过渡，逐步走向成熟。

（二）扬长避短，增强自信心

具体安排时，老师以扬长避短，增强自信心，发掘同学的潜能为前提。如班长选特别认真的同学，负责班级卫生；有一位同学负责同学们的个人卫生检查；一位同学生性淘气、好动，我就安排他负责保管班级的桌椅；个子高大的同学负责擦黑板；最爱吃零食的同学，推荐他负责检查班里吃零食和带零花钱的工作……做到人尽其才，个性发展。

（三）营造氛围，愿意自管

一个民主平等的班级氛围，使每个学生将这个班当做自己的家。用民主平等的方式去营造良好的班风，是最行之有效的。要让学生真正感到在这个班集体里面，老师是其中的一员，与他们是平等的，那班主任首先应表明这一观点，告诉学生在这个群体中，老师只不过是领头雁而已，大家都是班级的小主人，班级大小事都得靠大家。班规大家制定，执行时，人人都是裁决者，班干部或班主任是执行者，引导孩子自愿管理，乐于执行，学会服从。

二、自主管理，干部带头，我能行

培养班级学生学会自主管理，促进学生自身发展，实现班级管理"从自律走向自觉"。通过学生班级自主管理实践，学生人人心服口服，个个心情舒畅，每个学生都能自豪地说："我能行！我是真的很不错！"从而更加激发他们蓬勃向上的决心和信心。

（一）干部带头，公开管理

俗话说："火车跑得快，全靠车头带。"一个好的班集体，班干部所起的作用不容忽视，其作为班级的火车头，起着"唯余马首是瞻"的作用。学期初，我组织班级同学自己选举班干部，要求新当选的班干部既要以身作则，身先士卒，从小事做起，从我做起，又要积极开展工作，大胆管理。班干部聘任完之后，形成这样的管理体制和监督体制（即：老师监督班长工作，班长监督各委员工作，各委员监督各位同学工作）。如：值日完毕后，我请劳动委员自己看哪里的桌椅没有摆整齐，哪儿的地面有垃圾。如果他们检查不出来，我再告诉他，时间长了，他自己就会评价、管理了。班级眼保健操不好，我先问小班长该怎么办，方法好就用，方法不好就告诉他，你看我怎么做，后来小班长还学会了眼保健操后及时进行小结，选出下次眼保健操监督员的好习惯，使管理公开化。刚开始时他们能力很欠缺，需要精心指导，在恰当的时候还要放权给他们管理。如：班干部有权力对班上的好人好事给予加分，给予表扬；对一些不良行为要及时用恰当的方式进行批评指正；树新风，扬正气。

（二）丰富角色，学会自律

加强自主管理，丰富班级管理，让更多的学生在集体中担任责任、服务集体。增强同学们的集体意识和班级的凝聚力，激发学生的积极性和主动性，锻炼他们的管理能力，并让他们从管理者的角色中学会管理他人、学会自我管理，使"班级的事，事事有人做；班级的人，人人有事做"。

本学期，班级除了通常的班级干部岗位外，增设了许多管理岗位。如："疫情期间口罩员"专门督促同学们适时地戴好口罩，"卫生员"主动保持自己和组员周围干净，"领读员"负责组织班内同学进行早读，"四部曲组长"负责检查课后"四部曲"情况，不良行为和违纪行为记录岗，"红领巾、校服"督促同学在周一和重大活动时戴好红领巾……班级实行"岗位负责制"，对班委干部、课代表和其他同学都有明确具体的岗位职责，使班级的每一扇窗、每一扇门、每一样物品、每一件工作都有负责人。例如：负责电灯的同学，教室内光线暗时及时开灯，教室内光线明亮时或室内无人时及时关灯；负责擦黑板的同学，要保证每节课前黑板和讲台的清洁，同时负责对不爱护粉笔乱涂乱写、乱扔粉笔头的同学进行教育和处罚；负责开窗户的同学，要及时开、关窗户，保证人在窗开，人走窗关；负责开门的同学，在教室内无人时，要及时关门……半学期下来，班级产生了一批"岗位能手"，同时对部分不能胜任岗位的同学也做了适当调整。孩子们人人有管理服务的岗位，在让他们知责任、明责任、负责任的过程中，逐步尝试让他们自我服务、自我监督、自我管理。这时候，被动的管理变成主动的管理。"他律"将转化为"自律"，前进、向上的内驱力在此得到了激发。

（三）及时指导，适时鼓励

必要时老师及时指导，每项工作完成后，都及时找他们来总结，给予肯定和鼓励，这样不仅提高了孩子们的工作热情，同时也提出存在问题及改善措施，使班干部能力得到提高。（班长导演的《与梦想签约，做阳光少年》主题队会精彩纷呈，中队长"三八"设计感恩活动……）现在认识了解他们的人都说我做了一个了不起的事情，家长也感激不尽，其实最赚的还是我，降低了管理难度，还白捡了几个得力助手。

三、自主管理，有效评价，我最棒

针对班级的实际情况，结合班级的红花、笑脸、红星评比活动，开展学生自评、互评与教师评相结合。实行每周一小结，每周五评比，并根据实际情况适当调整，使学生体验收获的快乐，增强责任意识，爱护自己的小岗位，自觉做到每天坚持上岗、文明上岗。通过评比，调动学生自主管理的积极性，让学生在充分的实际锻炼和亲身体验中学会自我教育、自我管理、自我评价。

自从实行了"班级自主管理方案"以后，班级的教室面貌大有改观，脏、乱、差的现象再也没有了。老师走进教室时，看到的是教室明亮的玻璃、干净的地面、整洁的桌面以及洁净的黑板。这让所有的任课老师都感到心情舒畅，从而更愉快地投入教学中去。同时，学生本身也在发生着变化：下课不再打闹了，吃零食的现象也没有了，人人都知道爱护班级了……这些变化可能还微不足道，但足以体现了学生自主管理方案在起作用。

实践证明：学生的自主管理才能体现得越充分，积极性就越高，班风学风就越好。让学生自主管理，每个人成为班集体的主人，是当今社会培养人才的必由之路，也是班主任的重要课题。开展小学生班级自主管理，不仅真正锻炼学生的能力，还真正解放了老师，它使每个小学生既是管理的对象，又是管理的主体；既是活动的对象，又是活动的主体；既是评价的对象，又是评价的主体。这样的班级管理，能够通过师生的相互配合，进而以达到"'管'是为了不管；'教'是为了不教"的最高境界。

班队活动　凝心聚力

班级是由来自不同家庭的几十个孩子组成的，孩子们在一起学习，在一起生活，在一起玩乐，他们快乐着、幸福着、成长着，展示着自己，彰显着个性。下面就"防震减灾，守护生命"主题队会谈谈组织主题队会的感悟。

一、班队活动彰显出集体的凝聚力

队会的主题是"防震减灾，守护生命"，让孩子在朗诵、拍手、小品、快板……的表现中学习防震知识，学会在灾难来临时如何自救，在没有灾难的平常生活中如何守护生命。无论哪一个节目，无论哪一次排练，都能感到孩子们团结协作的精神，人人都努力把这次活动搞好，在活动中这个班级凝聚力增强了。

二、班队活动彰显出孩子们是活动的主体

《课标》中指出："学生是学习的主体，教师只是引路人。"在班队活动中同样是这样。当我们在活动中让孩子找资料，让孩子演节目，引导孩子一次次排练，我感到无处都有孩子，只有他们感兴趣，只要他们愿意，就会努力去做。哪怕小到一个道具，少到一句话，小到一个动作，孩子们都会反复练习，在练习中不断提高，这就告诉我们：什么时候你把孩子当成主体，你什么时候让他们做主体，他们就会人尽其才，人人能都行！

三、班队活动彰显实践出真知

"实践出真知"是一个亘古不变的主题，这同样是一个永不变的真理。

在这次班队活动中我们不断排练，由知识的交流到实践的操作。从学地震知识到孩子们真实的演练，孩子们在心里绝对记住地震发生时第一时间不是慌跑，而是先躲藏。因为地震时间一般不超过一分钟，你跑不远的，即使速度再快，更何况现在高楼林立，你又能跑哪里去呢？我想：在今后的工作中作为教师，我们不仅要教书面知识，而且要重视单元中安排的实践活动，只有实践了才会有所体验，有所感悟，从而明白真理，而不是靠别人寄予。

总之，在孩子的成长中，我们要引导孩子敢说、敢做，在说与做中明白，在实践中感悟人生，成长为祖国的栋梁。

以爱育爱　快乐为师

没有鲜花的姹紫嫣红，没有清泉的悦耳叮咚，有的只是苦乐参半的平淡，有的只是披星戴月的从容，这便是班主任工作的最真实写照。在教育教学工作中，我们有许多感悟感慨，我们有很多感人至深的故事，我们有太多的收获和喜悦。

一、服务意识，沟通育人

俗话说："只有和人打交道是最难的。"作为一位班主任，我们身处教育教学的最前沿，和我们的家长打交道，我们不仅跟人打交道，还要和来自不同家庭的人打交道，和形形色色的家长打交道，每个家庭对老师的要求不同，我们服务的方式自然不同。作为新时代的班主任，我们必须树立服务意识，和家长有良好的沟通，努力让每个孩子快乐，每位家长满意、放心。

9月份开学，我们班转进五名学生，跟家长沟通后才知道有两名孩子是奶奶带的，父母不在身边，其中一个孩子身高比一年级孩子还低，而且满脸花斑。我很疑惑，和家长商量后，请家长为孩子做了全面检查，等体检报告出来时，再次和家长沟通时，家长高兴地说："以前根本没关注孩子身体，只说吃饱就行，通过检查才知道孩子潜在的疾病。"作为班主任老师，孩子来校后，你就管他的全部，当出问题时，家长第一个找的就是班主任，所以健康比学习成绩更重要，我们必须树立全方位的服务意识，和家长及时沟通，让孩子们健康快乐地成长。

二、晓之以理，以爱育人

著名的教育家马卡连柯说："爱是教育的基础，没有爱就没有教育。"如果没有爱这个基础，整个教育这个大厦就会塌陷了，教育要以爱为前提。

当你爱孩子时，孩子们自然会更爱你的。在我的微信平台上有这样一个教育故事。

暖暖的蛋卷

记得那是一个秋雨霏霏的开学季，一年一度的报名日，6点多起床，7点15分赶到学校，草草地吃完早点，收拾好报名所需的花名册、表格、文具……满心欢喜地来到三·四班教室迎接我们班可爱的小精灵们的到来。

8点整，随着南塘校门的缓缓打开，愉快的暑假画上了圆满的句号，孩子们如欢快的小鸟雀跃着、欢呼着，和着雨声弥漫在校园上空。我推开三·四班教室门，整齐的新桌子微笑迎接着它的孩子和老师，准备就绪，我和数学张老师等待着可爱的孩子们。

来了，来了，一个，两个，三个……看到我亲爱的孩子，瞬间，没人指挥的教室门口排起了整齐的长龙，一张张可爱的脸庞，一句句温馨的问候："老师好！""早上好！""您好！""谢谢！"教室里老师暖意融融。我和数学张老师紧张有序地开票、收费、找零，忙得不亦乐乎。

突然，伸过来一双小手，手里捧着一个保鲜盒，我先是一愣，接着听到："老师，这是给你做的，吃吧！"满意的爸爸在一旁补充道："这是武宇轩今天一大早起来做的，孩子说想你们了，专门做的，让老师尝尝他的实践作业。"接过盒子，轻轻打开，闻到淡淡的香味，看到黄黄、嫩嫩的鸡蛋饼里包裹着紫紫的薯，顿时，一股暖流遍布全身，由嗓子眼挤出："谢谢！太谢谢孩子了！"在家长和孩子的催促下，我和张老师顾不得正在开票、数钱那不干净的手，拿起一个紫薯蛋卷细细咀嚼，满满品味紫薯蛋卷带来的喜悦。随后，我让武宇轩把自己的杰作一个一个分享给旁边的同学，孩子们个个津津有味地吃着，大人们啧啧地赞着，和谐的画面定格在这温馨、感人的一瞬间。此时，我真的感受到作为教师的职业幸福。

三、阳光心态，良师益友

俗话说："一个篱笆三个桩，一个好汉三个帮。"在我所带的班级中只要有活动，家长们都特别支持。如：我们一年级的足球比赛，马国轩、高嘉泽、李凯昕等家长参与其中。刚刚过去的六一节、国庆节，陈锦霖妈妈给孩子们排节目，借道具，同欣怡、杨诗涵、王梓诺妈妈做志愿者，为孩子们化妆，等等，令我非常感动，他们已成为我的好朋友。

一双"多余"白手套

那是2018年3月23日，我们南塘学校要组织队列队形比赛，我们班有孩子提议戴白手套，我说："只要人人能保证明天都带来，戴上也可以的。"孩子纷纷点头示意。第二天早晨，我准备赛前检查，看看有没有没戴的，其实我早已给孩子们准备了两双。当我检查到一半时，有人举手，我以为她没戴，就说："没事！老师一会给你一双。"谁知孩子开口了："老师，我有，妈妈还给我多带了一双，这是给哪个没有的同学准备的。"说着白手套就递到我跟前。

这仅仅是一双白手套吗？不，它是孩子们热爱班集体的心，它是责任心的体现，它是班级凝聚力所在。经过孩子们整体化一、动作标准的精彩展现，我们班夺得年级第一名的桂冠，荣获队列队形一等奖。指挥员武宇轩获得最佳指挥奖，谢谢这群可爱的精灵，我更爱这群可爱的精灵们。

不要说班主任工作很平淡，它联系着多少家庭的悲欢；不要说班主任生活很平凡，它富有的程度无法用金钱计算；接纳一个孩子，我们就是接纳一个家庭的希望；输送一名学子，我们无异于发射一枚搭载太阳的火箭。

爱我们的孩子，爱我们的班级，爱我们的职业，以爱育爱，快乐为师吧！

示范引领

多彩暑假　你我共享

我们南塘小学创建于1934年，至今已有八十多年的辉煌历程，培育了一代又一代的莘莘学子。走进新时代，在聂卫平校长带领下，学校以"让每个人自由幸福成长"为办学宗旨。坚持以师为本、智慧育人；以生为本、快乐成长的办学目标。培养我们的学生努力做到"四个会"：会学习、会解惑、会实践、会发展。创设一种适合全体教师成长的校本研修模式，"1+6"提升工程在我们南塘小学生根、发芽、开花、结果，大大促进了学校教育教学的改革，尤其在课堂教学上发生了翻天覆地的变化，学校还开设"1+x"生本课程，更让南塘师生享受到了课堂改革的幸福。

一、生本课堂，幸福成长

2017年9月以来，在校长的亲自参与下，我们南塘小学依据我们区教研室的要求，在以前"生本课堂"教学模式上有所创新，七个学科语、数、英、科、音、体、美都进行了"以生为本"课例的专题研修。下面我先介绍介绍我们的课例研修：

我们各个学科的老师在课堂中努力做到以学生为主体，让学生主动、自主地学习。真正地在课堂中坚持践行以"学生的发展为本"的教学理念，坚持一切为了学生，高度尊重学生，全面依靠学生，发掘每个学生身上的闪光点，让每位学生在教师的激励中不断超越，完善自我。注重学生学习的开放性，学习材料的丰富性，个体学习的自主实践性，个体学习的合作性，知识掌握的牢固性。

语文"双轨四步"生本课堂基本思路：

"双轨"是指课内和课外两条线。"四步"是指学生由浅入深要经历的第一步：初读，读通。第二步：精读，读懂。第三步：赏读，积累。第四步：延读，拓展。

我们教学"四步一练"生本课堂基本思路：

"四步"是指学生由浅入深要经历第一步：激趣，质疑。第二步：探究，解惑。第三步：巩固，延伸。第四步：归纳，提升。"一练"我们南塘小学根据教材编写印制的《每日一练》。

没有调查研究就没有发言权。一年来，在课例专题研修中我们采用理念更新、点面结合、示范引领、同伴互助。

如：理念更新上，基于学情，结合统编版教材的特点，让我们的教师进行课堂教学研究，发现以前课堂教学中的问题，及时地进行修改，我们七个学科如语文"双轨四步"、数学"四步一练"和英、科、音、体、美教学模式。然后我们进行制定"有效提问""生本参与""课堂评价"三层次、四个轮次的课堂研磨，真正让我们的课堂深入地做到以生为本。

如：点面结合、示范引领、同伴互助。每个学年的第一学期每个教研组根据本组教师具体情况，选最优秀的教师选课、磨课、展示、评议；第二学期，40岁以上专家型、经验型教师当实践导师，40岁以下骨干教师，年轻教师在实践导师指导下人人参与、以生为本、八仙过海、堂堂精彩，在这样的教学研究中我们的教师快速地成长，两位教师成长为省级教学能手，三位教师成长为区级教学能手。

生本就是激扬生命，就是让课堂绽放绚烂的生命之花的一种理念。我们怀揣着这种理念，尝试着把课堂的主动权放给学生，充分发挥我们学生的主体作用，采用自主探究、合作交流的学习方式，创造条件让学生都动起来，让学生在快乐中学习，在主动中探究，在合作中完善，在参与中掌握。

生本课堂使教学发生了显著的变化，不仅突出了学生自主合作、质疑探究的过程，还转变了教师灌输式的传统教学观念，使学生获得了学习的动力，获得了自信和自尊，激发了学生内在的潜能，建立了民主和谐的师生关系，这学期末，六年级的教学成绩凸显生本理念，提升了教育教学质量。

一年来,"生本课例"专题研修让我们的老师真正深入领悟"以生为本"的教学理念,在自己的课堂实践中努力做到以学生为中心,合作探究,自主发展,让我们的学生爱上课堂、学会学习、快乐成长。

二、乐于研究,快乐成长

每个教师都是教育的实践者,同时又是教育的研究者。

而作为教师的我们,天天都和孩子们在一起,可以随时记录孩子的变化、教学中的成败,从而探讨一些教学方法、教育理念,可以说这样的研究是脚踏实地的、来自教育实践中的,有的甚至还是自己的教育困惑,很有研究价值,对别人也有借鉴价值。

"作为最重要的一门学科,语文教材的变化,是所有家长、老师最关心的问题!"

从去年9月,统编版语文教材开始使用,大家都非常关心教材,我们小学今年9月开学,小学1—3年级,语文、道德与法治全部使用全国统一的部编版教材。

语文课本变天了,使用新教材的语文有什么值得家长关注的重大变化呢?

大量增加古诗文,新的语文教材一年级到六年级古诗词128篇,增加87%。初中语文的古诗词增加51%,明年高考要求学生背诵的古诗词由60篇增加到70篇。

细心的家长朋友会发现,小学一年级统编版语文教材语文园地里设有《日积月累》,是要求孩子背诵并测验默写的。这一栏里经常会出现文言文,一年级下册已经要求背诵并理解《论语》选段"敏而好学,不耻下问"了。

面对教材改革,我从2017年9月就开始尝试古诗文教学,发现以前在古诗文教学中存在一些问题:由于古诗文的创作背景比较久远,孩子们学习兴趣不是很浓,理解起来比较困难,体会作者所表达的思想感情更有一定的难度。于是在生活中,在课堂教学中我寻求解决的办法,了解学情,深入地走进古诗文,不断实践中,我利用孩子们已经积累的古诗来在导课时开展赛诗会或利用图片猜作者等活动激发孩子们学习古诗的兴趣;课堂教学实践中我发现孩子们借助拼音能读准、读通,孩子们在同伴互助中,合作探究，借助注释能读明白；借助图画，创设情境中能读出韵味来，为了更好地体会作者所表达的思想感情，我引导孩子们像《经典永流传》里一样由诵到唱，愉悦身心，又能充分体会作者所表达的思想感情，同时适时地延伸同一主题的不同古诗，孩子们学习古诗词的的兴趣越来越浓了，得法于课内，得益于课外，爱上古诗词，降低了新教材古诗词教学的难度，传承经典文化。

同时，我还把古诗词的诵读作为课题进行研究，我申报的市级重点课题"小学生有感情地吟诵古诗词的实践与研究"已立项，进入研究阶段，希望在古诗词教学上越走越远，让传统文化浸润孩子们的心田。

三、甘为人梯，示范引领

王老师您不仅主持研究课题研究，听说您在示范引领方面也做得不错，拥有教育局授牌的3个工作室，对吗？

是的，我拥有咱临渭区教育局授牌的"王院丽优秀班主任工作室""王院丽优秀教学能手工作室""王院丽新任导师工作室"三个工作室。我利用这些平台为年轻教师搭台子、铺路子（育红小学的赵凤婷老师迅速成长为省级教学能手），把三个工作室进行整合，发挥骨干引领、同伴互助的作用，如：我们能手工作室的骨干教师和新任导师工作室中的不满三年的新任教师结成帮扶对子，走进工作室成员所在学校进行送教、送培训。同时，工作室的新任教师走进南塘小学进行浸入式培训，跟岗学习（阿干小学的赵娜、姚艳老师走进南塘小学执教《荷叶圆圆》《郑人买履》，工作室骨干教师及时听课评课，引领其快速成长）。同时，班主任工作室的优秀班主任和新任教师进行交流，使他们迅速成长，成为全能、优秀的教师，更好地服务于临渭教育，培育出栋梁之材。

四、习惯自然，立德树人

记得大作家巴金曾说："孩子成功教育从好习惯培养开始。"那么平时我们如何培养孩子们良好的学习习惯呢？

我们平时说的习惯包括学习习惯和行为习惯。在课堂教学中我们可以培养学生的学习习惯，用灵活的方法引导我们的孩子们学会倾听、善于思考、敢于提问、自主读书、认真书写等很多习惯。

在平时的校园生活中和家庭生活中、社会实践中引导我们的学生养成良好行为习惯，学会举止文明，做到诚实守信、尊重他人、守时惜时、懂得感恩、勤俭节约、遵守秩序、讲究卫生等。

在我的教学中拥有好习惯的孩子，比如：已经上中学的杜雨欣同学，她从小除了养成其他学习习惯和行为习惯之外，最突出的是写字习惯，因为从小乐于学写字，跟着我学了2年硬笔书法之后，发现这孩子拥有了良好的写字习惯，于是推荐她去学软笔，每天她会练字一个小时，从未间断，正因为有个好习惯，她的书法作品荣获省、市级各类奖项，真是好习惯益终生。

在我们南塘校园里，为了培养良好的读书习惯，学校为每个孩子购买了一本书，孩子们读完自己的书可以和同学们交流、交换，渐渐养成良好的读书习惯。我们还利用课内外，悉心培养着孩子们的读书习惯让我们的孩子学会读书，爱上阅读。每天为孩子们开辟半小时以上的时间，让孩子们利用班会、中午吃完饭等时间进行读书分享、比一比谁积累的好词佳句多、读书沙龙等活动养成习惯，手不释卷，爱上读书，养成习惯。

五、晓之以理，以情育人

在我的个人微信平台上有这样一篇文章，记录下孩子爱老师的点滴。如：《暖暖的蛋卷》《一双"多余"白手套》仅仅是蛋卷和一双白手套吗？不，它是孩子们热爱班集体的心，它是责任心的体现，它是班级凝聚力所在。经过孩子们整体化一、动作标准的精彩展现，我们班总分94.5夺得年级第一名的桂冠，荣获队列队形一等奖。指挥员武宇轩获得最佳指挥奖，谢谢这群可爱的精灵，我更爱这群可爱的精灵。

六、缤纷假期，书香悠远

蝉鸣，炎夏，不知不觉又是一个暑假。暑假怎么养成良好的作息习惯？

暑假里，巴西的孩子：节日嘉年华；德国的孩子：坐房车游天下；美国的孩子：夏令营是首选；日本的孩子：社会实践和补习班。暑假已经过去一半，你的好习惯养成了吗？我来谈谈：

1.计划简明，执行严格，奖励及时。

根据孩子的年龄，整体有合理规划。假期有作业，有兴趣班、还要有锻炼、阅读、旅游等，需要先做个规划，计划要简明，充分考虑孩子的意愿和承受力，学习不宜安排得过满，做到劳逸结合，张弛有度，使计划趋于可按计划进行。

2. 督促孩子严格执行计划。

尽可能做到"今日事今日毕"。当孩子把计划放到一边去，提出某项不合理的要求时，我们可以平和地问一句：你的计划呢？告诉孩子："计划可以调整，但不可放弃，说了就一定努力去做。"

3. 奖励激发孩子的内驱力。

比如，每读完一本书，让孩子自己打上√，并且约定完成多少阅读量奖励一顿大餐、一个玩具或是一次旅行。

4. 坚持早睡是关键。确保孩子晚上早点休息，能够保证第二天早起。

5. 通过团队帮助来坚持良好习惯。

如：组队晨练。自己或孩子和小伙伴们约好时间，进行跑步或跳操等晨练，彼此互相督促、鼓励，形成氛围，改掉睡懒觉的习惯。

日常晒图，需要饮食或其他监督的伙伴可拍好自己或孩子的相关照片，进行朋友圈分享，良好行为必会受到点赞，我们就可以在小伙伴们的表扬声中妥妥地坚持好习惯了。

每日打卡。利用小打卡程序，设定目标内容和完成时间，如设定一个月内。

6. 培养良好的阅读习惯。

苏霍姆林斯基说："一个真正的人应当在灵魂深处有一份精神宝藏，这就是他通宵达旦地读过一二百本伟大的书。"

（1）如果孩子小一点，家长可以读书给孩子听、坚持读书给孩子听，每天读书给孩子听。

（2）给孩子做一些有趣的摘抄，包括阅读建议、有趣地阅读文本，甚至包括你认为的一些有意思的笑话和诗歌，隔三岔五给孩子创造一些惊喜，在他们的文具盒里、书包里、餐盒上、早上起床后的枕头上，……只要你想，任何地方你都能为孩子创造这种阅读带来的惊喜。

（3）经常带孩子去图书馆，我们渭南的图书馆在西三路(原中医学校)，去图书馆借书、买书，和朋友们一起看书。

（4）父母自己也要看书，有些父母自己很讨厌看书，却希望孩子喜欢阅读。其实，父母的行为会潜移默化地影响孩子，最好父母每天能抽出时间关掉手机和电脑，陪孩子一起阅读。可以是亲子阅读，也可以孩子看儿童读物，父母看自己的书。

7. 劳逸结合，边学边玩。

如果有兴趣班最好安排在上午。坚持每天跟孩子一起做运动。比如可以选择午睡起来和孩子一起去游个泳，晚饭后一起出门散个步。既能锻炼身体，又丰富了暑期生活，还增进了亲子感情。

晚间活动尽量不要很丰富。为了让孩子能早睡早起，家长尽量把一些活动安排在白天，晚上的活动尽量少，不要带着孩子应酬到很晚。

8. 假期除了按时完成规定的事，每个周末必须回爷爷奶奶家看望老人，亲人团聚，享受亲情，培养孝亲敬老的美德。

七、多彩生活，你我共享

暑假这份属于老师的福利，可是老师们用平日的辛苦换来的呀。所以呢，老师们就更应该好好利用这个假期，给自己的身心放个假。

倘若您还在纠结如何过暑假生活，不如跟从王老师找找灵感吧。

1. 读 1—2 本喜欢的书。

一日无书，百日荒芜，即使读一本闲书，也是对心灵的护养。

在无教材教参教辅压身的日子里，何不捧起一本心仪已久的书籍，在温柔的阳光下细细咀嚼。那种恬静，那种返璞归真，绝对妙不可言。

2. 去一个陌生的地方。

有人说，教学的灵感，一半在课堂，一半在生活。或许，当你行走在路上，从另外一个角度看教育与老师的生命成长，还能寻找到更好的答案。

去一个一直想去却总是没时间去的地方吧，走出教室，看古镇人家，听小桥流水；走出校门，到海边追风逐浪，看夕阳西下。

世界之大，去聆听不同的人带来的独特故事，去拥抱未知的城市带来的欣喜。

3. 选择一项运动并坚持。

很多人总是以工作繁忙为借口，迟迟不愿意迈开运动的脚步，但其实，运动并不是生活的负累，反而应该是我们感受生活的一种方式。我们应该通过运动，加深对生活的理解和热爱。

老师们，让我们趁这个假期，选择一项自己喜欢的运动吧，并让它成为一种习惯。当你沉浸在运动中，大脑产生多巴胺、正肾上腺素，这些神经递质的作用会让人心情愉快、精神亢奋。

4. 听一首慢歌。

找一个惬意的下午，闭上双眼，戴上耳机，在阳台的摇椅上听一首慢歌，感受温柔的旋律、有温度的歌词，享受一份难得的宁静。

当你完全沉浸在音乐中，你可以随意放飞自己的思绪，放下疲惫，放空自我。随着音乐的旋律响起，你还可以在脑海中回忆这一学年发生的故事，重温那些小感动和小幸福。

5. 养一盆绿植。

炎热的夏季，何不用一盆绿植，把生活打造成你想要的模样？

用一抹绿色为家中作点缀，既可以营造田园气息，又可以带来难得的清凉之感。试想，当某一天，突然发现，原来你养护的绿植，早已为你长出了一片绿意盎然，让每一缕阳光都充满了爱意与生机，是不是连想想都觉得很幸福呢！

6. 看一场艺术展览。

去享受一场艺术盛宴吧！透过一幅画、一件艺术品，来了解一个不一样的人生，通过观展，寻找思想的碰撞，探求内心的共鸣，让自己在喧嚣的世界中安静下来。观展时，仿佛将自己置身于另一个世界，感受艺术家的情绪，体验前所未有的新鲜感，丰富自己的灵魂。

7. 学做一道拿手菜。

趁这段闲暇时光，好好挑选食材，琢磨菜谱，多加练习，有难度的大餐也会手到擒来。待学成后和家人或邀三五好友品尝、验收，保不准儿会得个五星好评呢。

8.感受一次乡间生活。

我们每天在城市的人海中穿梭，过着快节奏的生活，时而也会觉得枯燥乏味。不妨趁着假期，去找个乡村，找片田野，从车水马龙中抽出身来，去感受一次简单纯粹的田园生活，远离喧嚣，细嗅花香，俯听虫鸣。去走一走乡间小道，行走着，思考着，也享受着。

9.陪孩子疯一次。

教师平时工作繁忙，对于孩子的陪伴竟成了一件奢侈的事情，趁着放假，暂时把学生放一放吧，静下心来，好好陪陪自己的孩子，不要让孩子的成长有缺憾。老师们，不妨陪孩子疯一次吧，陪孩子做想做的事情，吃好吃的东西，到有意思的地方，体验不一样的生活，弥补平日对孩子的亏欠。

10.约上三五好友相聚。

这个暑假要和不同时期引领我、陪伴我、鼓励我的人或者我曾经帮助过、温暖过、影响过的人一起追忆过去、畅想未来，不能丢了几十年的情谊。是啊，曾一起携手走过、奋斗过的年少时光多难忘。

作为一名人民教师，我别无所求，只想把知识传授给可爱的学生；我别无所爱，只想把全部的身心扑到自己心爱的事业当中，用大爱诠释着平凡的人生。

八、作为标杆，努力前行

习近平总书记指出，一个人遇到好老师是人生的幸运，一个学校拥有好老师是学校的光荣，一个民族源源不断涌现出一批又一批好老师则是民族的希望。非常荣幸地成为渭南市"标杆人物"，我想我将奋斗不息，勤于学习，努力成为家长满意、学校放心、孩子们喜欢的好老师，在自己平凡的岗位上敬业工作，勇于奉献，孩子是开心的，我就是快乐的。

研思提升　奋力前行

捧着一颗感恩的心，相识相知，怀揣一颗感恩的心携手前行，带着一颗感恩的心，走过秋冬，迎来春夏，下面是我对分管的学校教研室的工作感悟：

一、学—学习—学知不足

"问渠哪得清如许，为有源头活水来"。教师如果不学习，教研活动就会成本"无本之木，无源之水"。为加强修养，提高素质，了解前沿的教研教改理念，在校长的带领下南塘教师勤于学习，有的老师参加了由临渭区教研室组织的教研高级研修班培训，有的教师参加了陕西省美术国学培训，一部分老师参加杭州的"千课万人"学习，还有一部分老师参加杭州的部编版教材"千课万人"培训学习。还有些参加陕西省"名师之路"培训学习。还有4位老师，参加杭州的"千课万人"美术教学研讨活动。信息技术老师参加杭州的"千课万人"信息教学研讨活动。

同时，我们教师认真学习《语文课程标准》和教育教学等书籍，每人记5000字以上的读书笔记和业务学习笔记；32人次积极参加市人社局组织的公需科目学习；28人次参加陕西省教育厅基教处组织的"中小学教师信息技术"国培学习；26人次参加区教育局、教研室组织的部编版小学语文、道德与法治、科学英语教材培训学习。

善学才能善研，善研才能善教，已成为全校教师的共识。南塘教师积极响应学校号召放下家务、撇下孩子学习先进的教育教学真经，通过外出学习和校内学习结合，书本与实践结合，教师的观念不断更新，把学习到的先进理念、好教学方法应用于自己的教学实际中去，工作激情高涨，促进了教学的研究。我们南塘教师个个在学习，人人在努力成为新时代优秀的教师。

二、研—研修—研以立教

研修活动使教师从教书匠成为研究性教师转变，学会专家引领、同伴互助。本学期，我校教研室组织了各式各类专题活动，突出我校教研工作的特色，通过活动促进教师综合素质的提升。主要的专题教研活动有：

（一）常规研修

校本研修是基于学校，在学校中，为了学校的研修。我校结合校情实际开展各项校本研修，多角度、多方面地整合力量，创造良好的校本研修生态环境，让教师在专家引领、同伴互助、个体反思实践中实现专业发展。

1.以课题研究为抓手，扎实有序，不断探究。

区级课题4个已结题；

区级课题8个正在深入研究中；

市级2个"十三五"课题正在结题阶段；

申报国家级课题一个；

校级小课题，问题即课题，人人有课题，人人做研究。

2.常规研修。

（1）教学札记。

（2）校本研修计划。

（3）备课（一年级部编版教材成集）、抓精品课，扎实有效。

备好课、改好课、上好课、查好课。

3.指导教研组工作，讲究实效。

学校的工作是以教学为中心，而教学工作必须以教研为先导，以教科研为动力，以提高教学质量为目的。为提高我校的教学质量，抓动力，促先导，学校专门成立了以分管教学的副校长直接领导的教研室，教研工作人员又做了明确的分工，涉及语文、数学、外语、科学等各个学科，力求避免教科研工作流于形式，保证教科研工作的开展有序有质。

在教科研的具体实施过程中，教研室注重宏观上的指导。每周三早数学教研，周四下午语文教研，英语周五教研，体、音、美各自根据学科特点及时教研，教研室对研究的方向提出"从提高教学质量出发，大处着眼，小处着手，切实可行"的原则，"大教研"和"小组教研"相结合，注重从学生的实际出发，一切为了学生，讲究实效。

4. 以校本研修来引领，互相促进，共同提高。

（1）共同协作，一起成长。

（2）网络利用，媒体辅助，教出实效。

（3）工作坊、室引领示范，辐射周边。

送教华州区城关小学和杏店镇，及时发简讯报道。

（二）专题研修

1. 以师为本，集思广益，定专题。

调查研修论专题，学科小组研讨专题，慎重论证报专题。

2. 以生为本，三观四上，研专题。

参与度（有效提问、生本参与、教学效果）：七个学科三观四上，深入研修专题，真正努力做到"以师为本，智慧与人；以生为本，快乐成长"。

三、思—反思—思之奋进

（一）问题设计指向性应明确，严谨，有效

（二）合作

1. 养成习惯；

2. 有效、实用、适时；

3. 学会放手，以生为本。

（三）教学效果：以生为本　关注生成。

四、行—前行—行之有效

（一）全员读书，读好书、好读书

（二）坚定生本理念，深入专题研修

学生的发展，一切为了学生，课堂如何以生为本。

我们必须以课堂为抓手，才能落实生本理念。我想：

1. 专家引领，请进走出。

2. 同伴互助，学人之长。

3. 反思自我，不断成长。

（三）发挥工作坊、室的引领作用

今后，我们将进一步加强我校教研力量，积极完善教研制度，采取多方式多措施使每位教师深刻认识到提高教学质量与认真进行教研的必要性，认识到学校发展与通过教研提升办学水平的重要性，鼓励广大教师勤恳踏实做教研，以勤教乐研为荣，以教研推动教改，以教改提高质量，以质量谋求发展，以发展孕育品牌，继续创造性地开展教研工作，为南塘小学教研教改做出应有的贡献。

幸福奋斗　一起成长

诗意的春日，芬芳的季节，奋斗的时刻。王院丽能手工作室成立后通过开展一系列卓有成效的工作，引领成员们积极学习，迅速成长，汇报如下。

一、欣喜成立，搞好常规

1. 欣喜成立：丹桂飘香的金秋，王院丽优秀教学能手工作室在区教研室的关心下成立了。

工作室按照集中核心、逐步扩散的思路，集中临渭区桥南镇、丰原镇、新建学校及城区的南塘小学、华山路学校、育红小学等多个学校的优秀骨干教师15人为主要成员，吸纳了以南塘小学为核心的城乡学校发展共同体学校优秀教师45人为推广层，形成老、中、青结合，发挥传帮带作用，使优秀教师共同提升，成为教师快乐交流，共同提升，成为学生健康快乐成长的基地。工作室成立之初首先确定团队理念、发展宗旨、发展目标，携手育人。

我们的团队有层次：老、中、青结合；有经验：研究、潜力型结合。

2. 团队理念：一切为了孩子的终身发展。

3. 发展宗旨：以生为本，智慧育人。

4. 发展目标：成仁爱之师，育有德之生。

同时，工作室还制定了三年规划目标任务、年度计划和个人成长计划，努力做到人人职责明确，相互携手合作，各尽其才，共育佳才。

二、快乐学习，更新理念

1. 出外研修，专家引领，更新理念。

专家引领是自我迅速成长的基石。2017年12月南塘小学陈静、李喜欢参加杭州"古诗词教学"；2017年10月，工作室成员董杰、赵娜、姚艳、刘静参加市区两级新入职教师的培训；2017年11月，王院丽赴上海参加区教研室组织的"提高教研专业素质高级研修班"培训，同时，还有杨晓妮、杨晓娟、王媛媛等多位成员在西安电子科技大学大礼堂举办的"名师之路"小学语文培训学习……通过学习，增长见识，更新理念，汇报分享，共同提高。

2. 勤于读书，交流互动，快乐成长。

工作室成立之初，购买专业书籍，为教师读书提供保障，团队成员积极乐读，每位成员不仅摘录5000字以上的读书笔记，完成个人成长手册，而且撰写教学的点滴心得，每天在微信群、QQ群中分享自己读书的感悟，形成良好的读书氛围，成员们在读书中提升专业素养，不断成长。工作室成员不仅自己读书，而且为所带班级孩子推荐读书，开展"读书漂流百日诵读"活动，让孩子们利用网络平台在班级微信群、QQ群中吟诵交流，相互学习，读出情，读出味，明白做人、做事的道理，学会做好少年。

三、网络互动，积极宣传

工作室建立了QQ群、微信群、新浪博客、校网平台等多个平台，及时交流、有效互动、学人之长，不断成长，积极进行宣传。

四、立足课堂，快速成长

"科研兴室，专业成长"是王院丽工作室的一大亮点。工作室扎实开展课题研究工作。实行集体研修与个人微型课题研究结合，自主研修和集体研修相互促进。2017年10月，工作室通过实践调查、申请的区级重点课题——《以生为本，小学中年级"生本习作"的实践与研究》已立项，正在深入研究中。成员们根据工作室的课题，制定自己的个人小课题，在平时研究中撰写自己的小课题实践阶段纪要，叙写教育成长故事，整理成功的教育案例，完成相关论文，为课题研究留下第一手资料。一个人会走得很快，一群人会走得很远。工作室成员在专题研究中研磨"生本课例"，在课题研究等各项工作中分工协作、案例研修、合作共赢，引导孩子们爱上阅读、乐于表达、我手写我心……使孩子们愉悦身心、全面发展、健康成长，实现一切为了孩子的终身发展的团队理念。

五、捧着花香，继续前行

为深入研修、践行研修，工作室成立后，不断吸收新的力量，不断检验研修效果。工作室成员由15人扩充到47人，工作面也由城里到城外、由一校到多校。

立足课堂，快速成长。新入职姚艳已成为阿干小学的教导主任，张婉珍老师也成为桥南镇中心小学的骨干教师，杨晓妮、杨晓娟、连文静已成为区级教学能手。

骨干教师李喜欢、杨晓娟送教华山路学校，杨晓妮、焦渭娥老师送教城乡学校发展共同体成员校烟村、花园、桥南、秦阳、黑张口等学校。

王院丽、连文静、杨晓妮、杨晓娟、房娜等成员优秀教学设计分别获省级一、二等奖；

2018，我们走进新时代，骨干齐帮带，

成长你我他，幸福千万家。

奋斗吧！亲爱的伙伴，

我们期待桃李争艳，满园芬芳！

不负韶华　期待芬芳

时间如梭，转瞬即逝。本学年度在区教研室的领导下，紧紧围绕教育局的工作要点，充分发挥工作室的带动、示范、引领作用，团结协作，积极开展工作，较好地完成了各项工作。现将王院丽班主任、能手、导师工作室的学习生活简要汇报。

一、抓好常规，共同学习

习总书记说："有理想有担当，国家就有前途，民族就有希望。"

作为一线教师，我在自己的教育教学中努力践行着，作为三室的负责人，我扛起责任，努力担当着、示范者、引领着……

1. 欣喜成立，抓好常规。

2. 建章立制，抓好常规。

释义：

工作室成员勤于学习，不断成长，使自己枝繁叶茂；以生为本，用自己的爱心、耐心，共同培育棵棵幼苗。

团队理念：一切为了孩子的发展。

发展宗旨：以生为本，智慧育人。

发展目标：成仁爱之师，育有德之生。

3. 快乐学习，更新理念。

（1）出外学习，开阔眼界。

参与全国、省、市、区各类培训。

在学习中不断丰富自身文化底蕴，提升自身理论素养，拓宽、走远专业化发展道路，为更好地发挥示范、引领作用而提升了自身理论素养。

（2）读书摘抄，自我积淀。

依据计划，组织能手工作室成员、导师工作室成员开展理论学习，引导新入职教师研读课标，每天学习教育教学理论专著5页；要求各位成员老师及时阅读语文方面的杂志；在读书的过程中，学会积累，记读书笔记，努力做到厚积而薄发，更好地培育幼苗。

（3）课堂实践，学人之长。

南塘小学工作室活动基于生本教育理念和科学规范化的管理体系下，在校长的大力支持下多次出外交流中得到了提升，整个工作室团队在协作中得到了推进。

（4）平台互动，交流学习。

二、课题研究，稳步提升

1. 区级课题结题。

工作室课题《小学生"生本习作"实践与研究》已顺利结题。

2. 市级课题立项，正在深入研究。

3. 课题研究主要采用实践研究法、行动研究法。

课例研修、内外结合、活动展示。

开展特色教研，师徒结对、课题研究、网上专题论坛"我实践的生本课堂""特色备课""有效上课"等，工作室成员王院丽老师传经送宝，先后去重庆、西安、官底等学校送教下乡，进行生本课堂教学观摩、研讨。

4. 为成员搭建展示自我的舞台，促进青年教师专业成长。

工作室结合学校教研室为学员搭建充分展示课堂教学理念、独立钻研教材和驾驭课堂等多方面综合素质的平台。工作室组织学员赴西安小学观摩学习，观摩回来后，成员们对不同教学风格的研讨，对不同教学行为所产生教学效果的深度思考，为整个工作室教师更好地探索语文课常态教学新路，提供了研讨的素材。

5. 成员们在活动中迅速成长，5月份，阿干小学2位老师浸入式到南塘小学执教《荷叶圆圆》《小虾》的课堂教学研讨活动，4月份，陈静老师参加了渭南市教科所组织的骨干教师课例展示活动获一等奖，本人获优秀辅导奖。

三、携手同行，一起成长

为了发挥能手引领作用，工作室导师使班主任、能手工作室和导师工作室有机结合，结成师徒对子，快速成长。

我们工作室的做法：

1. 三室融合。

2. 分片管理。

3. 师徒结对。

4. 示范引领。

示范引领、携手同行、成员发展。

四、丰富学生实践活动，提高学生科学素养

工作室以提高教育教学质量为核心。在名师引领、推动下，实现高效探究、充满生机的课堂，老师们不仅在课堂上，以培养学生创新、探究能力，激发学生学语文、爱语文、体育锻炼的兴趣，提高学生文化素养为目的，组织开展丰富多彩的实践创新活动。当然，这些成绩的取得，与区教研室的悉心指导、领导的鼓励和支持、工作室每位成员的积极配合是分不开的，是大家团结协作、共同努力的结果。

五、存在不足，努力方向

成绩面前，工作中还存在着很多不足之处，等待我们去改进，去完善。例如：

1. 工作室的活动在宣传、报道上不够及时。

2. 课题研究这学期工作开展得不够细致。

3. 开会、学习、参加活动有时通知不到位。

"路漫漫其修远兮，吾将上下而求索！"在以后的工作中，还将继续努力，及时领悟工作室的精神，把在工作室的学习中吸取的经验与同事共享。以后，我校各名师将加倍努力，勤奋学习，认真完成工作室的各项学习、研究任务，互相合作，共同提高。

"文明礼仪伴我成长"主题队会设计

活动主题：文明礼仪伴我成长。

活动形式：故事、儿歌、朗诵、录像。

活动目的：

1. 通过本次班会活动，了解社会主义核心价值观文明的内涵，认识到文明就在我们身边，体会文明礼仪的重要性。

2. 在日常生活中学会文明礼仪，培养学生从现在做起，从自我做起，从一点一滴做起，从每时每刻做起，努力提高自己的文明、礼仪修养，成为一个讲文明、懂礼仪的小学生。

活动准备：PPT及关于小学生礼仪的视频、文字材料。

活动过程：

一、了解文明，认识文明

1. 播放《中小学生守则之歌》视频。

2. 谁能说一说社会主义核心价值观。

（1）出示社会主义核心价值观基本内容：

富强、民主、文明、和谐，

自由、平等、公正、法治，

爱国、敬业、诚信、友善。（"文明"变大）

（2）师：你发现哪个内容有变化？（指名答）

（3）师：今天就让我们一起走进文明，了解文明，践行文明，学做文明事，成为文明人，好吗？

二、学习文明，诠释文明

1. 观看视频《程门立雪》，说说你听到了什么？看到些什么？此时觉得文明是什么？

学生自由发言。

师：及时评价、表扬。

2. 观看视频《曹胤鹏的孝心故事》，说说你听到了什么？看到了什么？此时觉得文明是什么？

学生自由发言。

师：及时评价、表扬。

3. 诠释文明。

文明是微笑、感恩、善良、责任、帮助、搀扶与让座、亲切问候、理解与宽容、捡拾垃圾……生活中，文明在细小事情中。

文明是一种美德、一种崇高境界、一种良好习惯。

三、践行文明，传承文明

1. 文明用语我会说。

师：同学们，说说平时使用的文明用语有哪些？

PPT出示文明用语。

2. 诵读：文明礼仪歌《我们一起Come on》。

3. 文明行为我能行，知识竞答。

竞答规则：举手最快、坐姿最标准、答完有奖。

知识抢答：

（1）校园里，同学摔倒了，我会_____。

（2）走在路上，看到果皮纸屑，我能_____。

（3）上下楼梯时，我会_____。

（4）公交车上遇到老人，我能_____。

（5）横过马路时，我会走_____。

（6）在家里，我能主动帮爸爸妈妈_____。……

师：评价激励。（奖文明之花）

4. 唱拍手歌。

5. 出示不文明的现象图片。

　　文明之花处处开开，可是，社会上、生活中总有一些不和谐的音符，如果你遇到了，会怎么做？

6. 讨论交流，做文明人。

　　生活中，我们应该如何做好文明事，成为文明人呢？

（1）同桌交流。

（2）指名说。

（3）评价。

7. 诵读儿歌《文明学生我最棒》。

8. 送一首儿歌《咱们从小讲礼貌》(贴花于黑板)。

四、宣誓

师：有请班长带领全班同学宣誓；

班长：请同学们起立，举起右拳宣誓——

　　自尊自爱，注重仪表；

　　真诚友善，礼貌待人；

　　遵规守纪，勤奋学习；

　　勤奋俭朴，孝敬父母；

　　遵守公德，严于律己。

　　　　宣誓人：_____

五、小结

　　亲爱的同学们，看到现在的你们个个语言文明，行为文明，老师真为你们高兴。

　　作为一名学生，作为炎黄子孙，我们有义务和责任弘扬中华民族的传统文明礼仪，树立良好的自身形象。让文明成为有生命力的种子，在人人的心田扎根、发芽、开花，让文明之花开遍神州大地，让文明圆好中华之梦吧！

"争做四好少年"主题队会设计

活动主题：争做四好少年。

活动形式：朗诵、歌曲、小品等。

活动目的：

1. 引导队员们从小树立远大的理想，并能用之规范自己的行为。

2. 让队员在老师的教育下、家长的关心下、同学的帮助支持下，养成良好的学习、生活习惯，健康快乐地成长为四好少年。

3. 加强学校精神文明建设，让队员们懂得要从生活中的一点一滴做起，做一个有远大理想的阳光少年。

活动地点：南塘小学多媒体教室。

参加人员：六年级一班全体队员、辅导员老师及评委老师。

活动组织者：南塘小学　王院丽。

活动形式：多媒体课件引领、队员读、讨论、表演等。

准备工作：

1. 在活动进行前制作多媒体课件、指导节目，安排学生准备多个形式不一的节目凸现主题。

2. 要求学生收集四好少年的材料，更坚定地树立自己的远大理想，从身边的小事做起，人人争当四好少年。

3. 训练学生中队主题队会的过程。

活动过程：

一、活动前的准备

各小队检查人数，小队长报人数。

二、活动过程

（一）多媒体播放出旗曲，优秀队员出旗（全体队员敬队礼）。

（二）唱队歌，多媒体课件曲子。

（三）中队长讲话。

2009年的秋天，历史的巨笔写下了令人瞩目的一封信。胡爷爷的"争当四好少年"的号角吹遍祖国大地，又如涓涓的细流流淌在每个少先队员的心间。中华民族自古以富有理想，追求光明，勤奋学习，追求上进，品德优良，团结友爱，活泼开朗作为为人处世的道德规范。

今天就让我们用洪亮的嗓音，用精彩的故事来表达我们争当四好少年的决心吧！下面我宣布六一中队"争做四好少年"主题队会现在开始！

（四）活动三部曲。

1. 第一部：读一读，学做四好少年。

（1）多媒体出示四好少年标准。

主持人甲：队员们，让我们齐声朗读胡爷爷贺信中的"四好少年"的具体要求吧。

争当热爱祖国、理想远大的好少年，

争当勤奋学习、追求上进的好少年，

争当品德优良、团结友爱的好少年，

争当体魄强健、活泼开朗的好少年。

主持人甲：相信我们不仅能背会，而且能做到，让我们一起努力吧！

（2）多媒体出示《四好少年童谣》。

主持人乙：队员们，在建队六十年之际，胡爷爷为我们提出了要求，你们想不想做到呢？（齐声：想！）

主持人甲：那好，让我们来比一比好吗？（好）

男队员齐声读：

喜逢建队六十载，主席爷爷把信寄。

殷切期盼同学们，争当四好新少年。

强健体魄身体好，天天锻炼要牢记。

宽容谦让是法宝，品德优良行为先。

道德欠佳怎得了，团结友爱不吵闹。

和谐互助惹人爱，宽容谦让是法宝。

品德优良行为先，道德欠佳怎得了。

团结友爱不吵闹，和谐互助惹人爱。

主持人乙：听着男队员的朗读，女队员也不示弱，让我们一起来读一读，比一比谁的决心大！

女队员齐声读：

勤奋学习是本分，在家在校要认真。

追求上进很必要，学习成绩节节高。

热爱祖国热爱党，报效祖国是目标。

理想远大志气豪，脚踏实地最重要。

党关爱下我成长，不负众望争四好。

少先队员热情扬，齐心共当好少年！

主持人甲：队员们，你们一个比一个的决心大，别争了，让我们一起来拍一拍。

（3）多媒体出示《拍手歌》：

你拍一，我拍一，建队60周年人欢喜。

你拍二，我拍二，胡爷爷贺信记心怀。

你拍三，我拍三，争当四个好少年。

你拍四，我拍四，勤奋上进是好孩子。

你拍五，我拍五，虎年要当小老虎。

你拍六，我拍六，理想远大有追求。

你拍七，我拍七，童心向党志不移。

你拍八，我拍八，体魄强健人人夸。

你拍九，我拍九，团结友爱手拉手。

你拍十，我拍十，亲身实践要落实。

齐：争当四个好少年，好少年！

主持人乙：那么我们应该怎么来争做四好少年，让我们一起说说吧！

2. 第二部：说一说，争当四好少年。

（1）多媒体出示画面，队员讨论：如何争当四好少年。

（2）小组交流。

（3）汇报。

主持人甲：请队员们谈谈自己对"四好少年"的理解和感悟吧。

主持人乙：小组讨论后每一小组选一名代表发言，说说我们应该如何去当一名"四好少年"呢？

A. 道德好。有礼貌，见到老师、长辈朋友问声好；懂得感恩，别人给予我们帮助，我们不要忘了跟对方说声"谢谢"；要文明，遵纪守法。

B. 心态好。要对自己有自信，受到挫折不要悲观失望，要往好的方面想，更重要的是找到自己到底错在哪儿。

C. 学习好。现在的社会，没有文化就等于是一个废人，我们要从现在做起，好好学习，天天向上，全面发展。

D. 身体好。有一个健康的好身体是很重要的，要多多锻炼。

E. 目标好。要为自己设定一个目标，向着目标奋斗，不然就像无头的苍蝇，一点头绪都没有。这样做得再多也是无用的。

F. 性格好。要开朗大方，活泼向上，积极参与集体活动。

……

3. 第三部：演一演，我是四好少年。

（1）小品《我是雷锋》。

主持人甲：请看薛佳楠、雷静雯等为我们带来的小品《我是雷风》。

主持人乙：是啊！雷锋永远在我们身边，我们为雷风骄傲。

（2）小合唱《爱我中华》《让我们荡起双桨》。

主持人甲：队员们，让我们荡起理想的双桨，付出实际行动爱我中华吧！

（3）我是阳光少年，拉丁舞表演。

持人乙：我阳光，你优秀，我们都是四好少年。请欣赏小品《我是四好少年》。

（4）小品《我是四好少年》。

主持人甲：人人争当四好少年，人人是四好少年。

4. 用歌曲诠释"争当热爱祖国、理想远大的好少年"。

多媒体播放《争当四好少年》歌曲。

持人乙：胡爷爷提出少先队员要把热爱祖国摆在首位，我们头顶着阳光，沐浴着春风，将时刻与光荣同行。是祖国培育了我们，我们以热爱祖国为荣，让我们齐唱歌曲《歌唱祖国》。

5. "争当勤奋学习、追求上进的好少年"的读书心得交流。

队员们自由上台进行交流。

6. 辅导员表扬开学来班级里的"五星"学生，并发报喜单。

7. 再次齐读胡爷爷的"四好少年"的具体要求，让大家铭记于心。

（五）辅导员讲话：

同学们，今天你们"争做四好少年"主题班会活动，在大家的认真准备下，终于成功举行了。通过这次活动，你们更深刻地理解了争当四有少年的标准，展示了阳光少年的风采。老师真心希望，队员们在学校做个好学生，在家里做个好孩子，在社会做个好公民，热爱祖国，勤奋学习，都成为新时期的阳光少年。

（六）呼号。

（七）多媒体播放退旗曲，优秀队员退旗（全体队员敬队礼）。

三、活动总结

（一）"争做四好少年"主题班会活动，经过认真准备下，按时举行了，非常成功，得到了领导的一致好评。

（二）通过这次活动，队员们更深刻地理解了争当四好少年的标准，展示了阳光少年的风采。

（三）在活动中，队员们更坚定了在学校做个好学生，在家里做个好孩子，在社会做个好公民，热爱祖国，勤奋学习，都成为新时期的阳光少年的决心。

（四）今后，在活动中引导队员们不断规范言行，增长知识，健康成长，成为四好少年。

"我爱读书　梦想起航"主题队会设计

活动主题：我爱读书　梦想起航。

活动形式：小品、相声等。

活动目的：

1. 开展"我爱读书　梦想起航"旨在引导孩子们从小爱读书，读好书，树立远大的目标，成长为祖国的栋梁，把自己的祖国建设得更加美好。

2. 用表演等形式深化对读书的理解和运用，培养学生爱读书、读好书的良好习惯，形成热爱读书的氛围。

活动准备：收集有关读书的资料，编导节目，制作准备道具，节目排演。

活动过程：

主持人：甲　乙　丙　丁。

女合：尊敬的老师，

男合：亲爱的同学们，

合：大家好！

甲：书，是人们终生的伴侣，

书，是我们最诚挚的朋友。

乙：书，就像一片海洋，让我们在知识的海洋中遨游。

丙：书籍是人类进步的阶梯，

丁：书籍是我们精神的粮食。

合：今天，就让我们以书为友，让心情在书的海洋中徜徉。五年级一班"我爱读书　梦想起航"主题班会现在开始。

第一项：出旗，全体起立，敬礼，礼毕。

第二项：唱队歌。指挥：李雪晨阳。

第三项：文艺表演。

甲：古人说，书中自有黄金屋，书中自有颜如玉，让我们一起欣赏读书的小故事。

乙：既然读书好，那么我们就要爱读书，请看快板。请欣赏《我爱读书》。

丙：同学们，读书中，我们感悟苏轼的千古绝唱《水调歌头》

丁：是啊，从书中我们认识了《白雪公主》，知道了《十万个为什么》，明白了《钢铁是怎样炼成的》。请欣赏相声《读书万岁》。

甲：互动：同桌互相介绍漂流的书，介绍读书方法。（队员介绍）

乙：记得歌德曾经说，读一本好书，就是和一个高尚的人谈话。请听我的读书漂流感悟。《我的读书乐趣》

丙：读书好，好读书，读好书。请欣赏三句半《读书好》。

丁：读书学问可真大，请欣赏课本剧《读书学问》。

甲：说到乐趣，我就想起了一个小品，在他身上发生了许多有趣的事，大家想看看吗？《成语风波》。

乙：说说读书名言吧！

丙：古诗大比拼。

（男2，女2，男齐，女齐，齐）

丁：梦想是美丽的，让我拥有读书梦，请欣赏歌歌朗诵《我爱读书　梦想起航》。

第四项：宣誓。

第五项：请辅导员老师讲话。

第六项：退旗，全体起立，敬礼，礼毕。

五年级一班"我爱读书　梦想起航"主题队会到此结束。

"助人为乐　从我做起"道德讲堂设计

活动主题：助人为乐　从我做起。

活动形式：歌曲、视频、朗诵。

活动目的：

通过收集助人为乐资料，围绕"助人为乐"唱一首歌曲、讲几个故事、看一部短片、诵一段经典、谈一番感悟、表一下决心、送一份心意等环节，洗涤心灵，感悟道德从而践行道德，传承道德；学会在生活中成为道德的传播者、践行者和受益者。

活动准备：

1. 收集助人为乐的相关资料（歌曲、视频……）。

2. 练习诵读《公民道德建设三字经》《三字经》友善篇，排练节目。

活动过程：

伴随舒缓的音乐《好人就在身边》我们来到今天的"道德讲堂"，在开讲之前我要问同学们三个问题：（现在不需回答）

1. 你平时待人友善吗？ 2. 你平时乐于助人吗？ 3. 你平时对弱者富有同情心吗？

希望同学们能从道德讲堂中有所启发，在行为中有所体现，在做事中有所感悟。

孔子说："德之不修，学之不讲，不善不能改，是吾忧也。"老子也说："修之身，其德乃真；修之家，其德有余。"中华民族的传统美德是我们国家丰厚的文化宝藏，我们的道德讲堂正是以此为主要内容，通过身边看得见、学得到的"平民英雄"和"凡人善举"，宣传助人为乐、见义勇为、诚实守信、敬业奉献和孝老爱亲的道德品质。

我们今天的道德讲堂有七个环节：唱一首歌曲、讲几个故事、看一部短片、诵一段经典、谈一番感悟、表一下决心、送一份心意。

一、唱一首歌曲

孩子们请起立，让我们一起唱响《学习雷锋好榜样》（大屏幕播放音频），同学们，请坐。

二、讲一个故事

每当唱起这首歌我们就会想起"雷锋出差一千里，好事做了一火车"。请听：《雷锋的故事》（分别讲雷锋的故事、唱雷锋歌）。

三、看一段短片

雷锋就是这样永不停息地、全心全意地为人民做好事，难怪人们一看见为人民做好事的人就想起雷锋，因为他是我们的好榜样！其实，好人就在身边，雷锋就在我们中间，请看短片《雷锋》。

四、诵读《公民道德建设三字经》

助人为快乐之本，有德是快乐之源，让我们急人之急，帮人之苦，忧人之忧，救人之危，在别人得到帮助的同时自己也能从中得到快乐，这是人的一种高尚行为。同学们，让我们一起吟诵《公民道德建设三字经》。

经典诵读，学做有道德的好少年。《三字经》友善篇：

人本性，无恶善，善与恶，后天成；
人心善，受人赞，人心恶，众亲叛。
孝父母，爱晚幼，夫妻敬，兄弟亲；
情相连，善相系，同甘苦，共患难。
有矛盾，多相让，有困难，多相帮；
严律己，宽待人，重友情，好风尚。

五、谈一番感悟

同学们，在我们身边你见过哪些有道德的人或事？谁来说一说。生活中你准备如何去做呢？

助人要从日常小事做起，不因善小而不为。而我们助人为乐，说大不大，说小不小。走进教室，随手关门，将呼呼的寒风挡在门外。当你走过卫生角，随手捡起掉在地上的纸屑。当你经过讲台，随手将零乱的讲台整理好。当你穿过马路，扶起一位摔倒的小孩，安慰他不要哭泣。这一些平时看起来微不足道的事，都是助人为乐的表现。

六、表一下决心

亲爱的同学，当你身陷困境时，你是否渴望得到别人的帮助？（互动）同样，当别人身陷困难时，我们也要助人一臂之力。让我们表表决心。

表决心：

学道德，知礼仪；

学道德，养美德；

学道德，做有道德的好少年！

七、送一份心意

孩子们，扶弱助残，春蕾计划，希望工程，甚至有许多同学也参加了青少年志愿者服务队等等，这些都让我们惊喜地发现，有道德的人和事层出不穷，让我们把这份吉祥送给在座的各位老师。（节目：快板、一颗钉子、道德三句半）

结束语：亲爱的孩子们，洗涤心灵，感悟道德，从而践行道德，这是我们开设道德讲堂的根本宗旨。道德，重在传承；道德，贵在坚持。我们的道德讲堂是属于大家的讲堂，真诚地希望我们每一个人都能成为道德的传播者、践行者和受益者。让我们时刻牢牢记住这个（出示：德）字，世界将因有你而更加美丽！

支教成长

我和阿干的孩子们

初相识——成朋友

秋高气爽的秋天,色彩迷人的9月,我乘着区教育局支教的东风来到了丰原镇支教,本想着在交通便利、热闹繁华的街道中心校干事,难得一片安静。但在和中心校校长的交谈中得知,中心小学1—6年级共十个班,支教老师已有4人都是语文教师,再加上本校的,语文老师已经富裕,而远离街道4公里,交通不便的阿干小学6个班却只有3个语文教师,急需教师。得知这一情况,我毅然决然地选择到阿干小学支教,引领阿干的教育教学,和孩子们、教师们一起成长。

来到阿干,雷校长和老师们看到我非常高兴,真诚地欢迎我的到来。但是学校不是我本想看到的学校,而是在村部,新学校正在建设中,孩子们暂时在村部和村民家里上课。学校安排我教授一年级语文。第一节课,来到教室,看到孩子们围在一张会议圆桌学习,尽管有椅子,可是一年级学生用大人们的桌椅,要么站着,要么坐着脚够不着地,学习用具、课本等胡乱摆放,见到老师也不知怎么办,与城里的孩子反差极大,看到这种情景,我决心从习惯抓起。我先向孩子们问好,引导孩子们学着会向老师问好,然后给他们讲每天的文明礼仪,课前的学具摆放,当第一位同学摆放好时,我及时表扬,其他孩子学样子摆得有模有样,于是,我和摆放好的雯雯、楠楠、晨晨……一一亲切击掌鼓励,孩子们紧张、胆怯的状态一下子消失了，很快就把我围成一团，你一句他一句，叽叽喳喳说个不停，没有了生疏、害怕，我们成了好朋友。

勤奖励——促成长

每天早晨，驱车来到阿干小学，看到孩子们天真的脸儿，灿烂的笑容，如小鸟般跑来向我问好，迎我入教室，这是何等的幸福啊！

好景不长，我却发现班上的闵××、田××、郭××三个孩子居然不写字，经过仔细观察和询问才知，他们几个都是留守儿童，平时学习根本无人管理，爷爷奶奶只是负责孩子吃好、穿暖。于是，我买来橡皮、铅笔、作业本等小小学习用品激励他们，谁写了、写好了，我就奖励谁，孩子们开始写了，原来写的写得更好了。同时，我还语言鼓励，记得有一天教《我家住在大海边》课文时，田××举手要当小老师领同学们读生字，我大胆让孩子尝试，孩子能读会领，我拍拍他的肩膀说："田××，真棒！同学们掌声表扬一下。"不经意的一次鼓励，给孩子以极大的鼓舞，在以后的课堂中他表现越来越好。下课后其他孩子出去玩，写字差的几个孩子，只要有谁没写完，我都会陪他们到写完为止，还会画上鼓励的小红星或小红花。

如果说鼓励是一剂良药，那么，奖励则是孩子进步的无穷动力。在不断地鼓励、奖励下，孩子们上课会听讲了；读书做到：心到，眼到，口到；能规范地写字了……相信这些良好习惯的逐渐养成会受益终生。

在一起——乐无边

孩子是快乐的小天使，他们如一群小精灵，跳着、唱着、围绕着你转，他们对老师至高无上的崇拜，像小鸟一样在你身边叫着："老师穿这衣服真好看。""老师，我们一起跳绳吧！"孩子们争着叫着，一双双小手拉着我的衣襟，他们纯真的话语、活泼的性格、可爱的笑脸感染着我。寒冷的冬日，一位小姑娘的手摸着我的手高兴地说："老师，你的手好热呀！"我猜想孩子心里一定认为老师手很冷想为我暖手，结果我为他暖手了。

教育家苏霍姆林斯基说："没有爱就没有教育。"当我看到孩子们纯真的笑脸和满足的目光，使我忘记了每天的劳累，一个眼神、一句话都包含着对孩子的爱，和孩子之间没有距离，给予他们一个宽松尊重、愉快的环境，让他们表现发挥自己，感受集体的温暖。

喜欢身边的每一个孩子，和他们打成一片，相互平等成为朋友，教他们认识世界，幻想未来，和这些天真活泼可爱的孩子们在一起仿佛自己回到了童年一般，孩子们给我增添了快乐，使我在忙碌的工作中感受幸福，享受快乐。

一个支教老师的大爱情怀

作为一位普普通通的共产党员，作为一名兢兢业业的人民教师，作为一个无私奉献的支教先锋。当区上发出支教的号召时，我不顾家人的反对、不顾亲朋的劝阻，义无反顾地投入到支教的行列。在两年的时间里，我先后承担过六年级语文教学、一年级语文教学、二年级语文教学……快乐支教，踏歌前行，谱写了一曲支教的赞歌。

无惧困难，快乐前行

丰原，坡陡路远，九曲十八盘，雨天一路雾，雪天一路冰。提起上原，是人都捏一把汗。我无惧路远路难，踏歌前行。

秋高气爽的秋天，色彩迷人的9月，乘着区教育局支教的东风来到了丰原镇支教。首先，来到中心校，校领导说学校正愁六年级的语文老师，真是雪中送炭，当时领导问我愿不愿意带六年级的课，我没有丝毫犹豫，愉快地接受任务，挑起了毕业班的重任，承担起了六年级二班语文、思品、写字等课程。第二学年，得知阿干小学语文教师急缺，我又主动申请去阿干小学深度支教。阿干小学新建成，一切都要从零开始，自己主动作为，把认真的工作态度，爱岗敬业、无私奉献的工作作风带进阿干小学，干好支教工作。同时积极联系支援学校，为阿干做力所能及的帮助，引领阿干的教学，和孩子们、教师们一起快乐成长。

用理念引领，和师生们一起成长

我带领教师到支援校——南塘小学听课、跟班学习。

为了促进丰原教师专业成长，我带领丰原学校小学部和阿干小学的语、数老师多次去支援学校南塘教师听示范课和名师讲座，不断提升他们的教育教学理念，更好地服务于丰原的教育事业，教好这些可爱的孩子们。

利用自己的个人优势，上好不同年级的示范课，辅导教研组开展好大教研活动，在教研活动时间学习理论知识，听课、评课、磨课等，提高教师的专业素养。

邀请南塘小学骨干教师为丰原镇中心校开展送教活动。

南塘小学的骨干教师被她带到丰原小学部做课，自己也为丰小上示范课，平时随时欢迎其他老师听课，还和4位老师结成帮扶对子，引领丰原的课堂教学，使教师们提高的步子更快些。

因势帮教，快乐育人

"有梦的冬天不会冷，读书的孩子最幸福。"在我的协调下，南塘学校师生捐赠图书两千余册，为阿干学校每个教室建立图书角，引导学生读好书、好读书，拓宽了学生视野，培养读书习惯。开展"经典诵读比赛"，培养读书兴趣。

录制经典诵读《少年中国说》，在渭南电视台4套播放，使学生们诵读经典，做中华好少年。

两校作业相互交流，规范学生书写，培养书写能力。

有效奖励，激发兴趣，引导学生勤学、乐学，快乐健康成长。

程泽阳是一个父母不在身边的留守儿童，初次接触，只感觉其不像是一个学生，不读书、不写字，没有基本的学习行为，同学们说他考试每次都是零分。我没有放弃，耐心开导，热心辅导，送学习用具，帮助他学习，使其爱上了读书、爱上了学习，考试实现了零分的突破，走上了学习的正道。

阿甘小学的学生习作《爱心暖我心》在南塘小学《太阳帆》中刊登，家长写的《学会感恩》令人感动。

以身作则，示范引领

以身示范，潜移默化，培养好习惯；认真备课，用心上课，向课堂要质量。认真备好课，上好课，因材施教，有效批阅作业，培养习作兴趣。

做好纽带，共同发展

俗话说："一个篱笆三个桩，一个好汉三个帮。"真是这样，一人支教，全校动员，一起帮扶。南塘小学城乡发展共同体犹如一个大家庭，爱心同盟，共同发展，作为支教老师，我努力发挥好桥梁和纽带作用，得到支援学校校长大力支持，两年的支教工作有声有色。校园文化美哒哒，教师精神抖擞啦，莘莘学子美如花。

苏霍姆林斯基说："没有爱就没有教育。"我用小爱温暖着阿干的莘莘学子的心，南塘小学的全体师生用大爱诠释着临渭教育人的情怀，快乐支教，踏歌远行，我们在路上……

偶尔，翻开自己的日记，映入眼帘的感受：

感谢弯弯 感谢原

十八盘啊，长寿原，
支教结缘心相牵。
十八盘啊，长寿原，
春天你我同上原，
桃红柳绿迷人眼，
阿干学子将你盼。

十八盘啊，长寿原，
夏天你我同上原，
杏子黄来樱桃甜，
书声琅琅把你伴。

十八盘啊，长寿原，
秋天你我同上原，
苹果红来玫瑰艳，
硕果累累为你献。

十八盘啊，长寿原，
冬天你我同上原，
皑皑白雪滑得欢，
留守儿童盼新年。

感谢弯弯，感谢原，
你我结识心相连，
课堂情景乐无边，
师生情谊说不完。

感谢弯弯，感谢原，
教育情怀驻心间，
无私奉献苦也甜，
只为儿童露笑脸。

感谢弯弯，感谢原，
领导支持做贡献，
一人支教全校暖，
城乡携手共发展。

感谢弯弯，感谢原，
临渭教育绽新颜。

第五辑

线上教学

停课不停教、停课不停学,充分发挥"互联网+教育"作用。

——教育部

爱 让我们幸福生活

　　面对肆虐的疫情，你看到了什么？想到了什么？感受到了什么？你或许嘟囔着不能玩耍，或许埋怨着不能上学，或许哭泣着不能上街买东西，那些都不是什么。岁月静好，那是因为有人替你负重前行……是他们的爱，让我们平安幸福。

国之大爱 我们盛享天下太平

　　亲爱的孩子们，每当我们唱起"我和我的祖国一刻也不能分割，无论我走到哪里，都流出一首赞歌……"时，我们为祖国骄傲、为祖国自豪。那是因为有祖国的呵护、有祖国的坚强后盾，我们才能大胆地前行，才能安然地生活。当海外华人遇到困难时，祖国义不容辞地第一时间响应；当无情的非典疫情袭来时，祖国是人民最强大的依靠；当5·12汶川地震时，祖国和我们同呼吸，共患难；当武汉新型冠状病毒肆虐时，习近平总书记指示：要在党中央集中统一领导下，始终把人民群众生命安全和身体健康放在第一位。火神山、雷神山迅速建成投入使用，全国一盘棋，联防联控，祖国母亲时刻在我们身边……祖国决不放弃每一位国人。

社会博爱 我们携手奋力前行

　　亲爱的孩子们，我们每一个人都生活社会之中，社会需要我们，我们更需要社会。当新型冠状病毒性肺炎袭来时，我们看到南航从墨尔本至广州的航班，没有旅客回中国，飞机上全是澳洲华人购票后把无偿捐助的救援物资放在自己的座位上运往中国；84岁的钟南山院士毅然决然地再次出山，奔赴疫情第一线，奋战在疫情的最前沿，履行一个医生救死扶伤的职责；70多岁的李兰娟院士，深入实验室研制抗击疫情的药物；千万个建筑工人，不分昼夜，8天建成火神山医院，令世界惊叹；省级、市级、县级划分区域，联防联控，多少党员干部挺身而出，奋斗在抗击疫情的前线；小区物业、社区工作人员认真负责，送生活用品；教育部门精心部署，学校里用心组织，我们才能在家和老师同学一起进行网络平台学习。当我们在微信群、QQ群、钉钉群……跟老师、同学互相问好、互动交流，学习抗疫知识、文明礼仪、如何安全自护、汇报自己平安时，我们感到班级这个家的温暖，……一切的一切在保护、包容、保卫着我们，使我们才能安全、幸福地生活。

温馨家爱　我们快乐幸福生活

亲爱的孩子们，因为疫情，我们的生活有暂时的不方便。但是在家中，有爷爷、奶奶、爸爸、妈妈、弟弟或妹妹的陪伴，我们幸福地在一起，享受生活的乐趣。虽然我们在家不出门，但是当我们搽上肥皂和妈妈洗手时是一种幸福；当我们居家和爸爸一起消毒时是一种责任；当我们和奶奶一起学习制作美食时一种劳动；当我们和妹妹做游戏时是一种快乐；当我们和哥哥一起下棋，体会智慧的魅力；当我们和家人一起绘画，为武汉加油，中国加油时，所有的不便、所有的苦恼，都会烟消云散，我们共同期盼早日战胜疫情。爸爸、妈妈、家人的陪伴，使我们体验快乐无忧的生活，感受着小家的温馨。

亲爱的孩子们，我们坚信，待到春暖花开时，病毒将无影无踪；我们坚信，待到山花烂漫时，医愈病人笑颜归；我们坚信，有您负重前行，全国联防联控，战胜一定能战胜疫情。让我们同气连枝，共盼春来……

线上授课　我们在一起

庚子鼠年，疫情当前。学校不能正常开学，但学生的学习不能耽搁。为保证孩子们的如期上学，线上教学，我们在行动。线上教学，对于广大教师是一种新的挑战，对于学生、家长提出更高的要求。那么，作为一线教师，我们如何上好一节网络课呢？我结合自己的操作，谈谈以下几点，以抛砖引玉。

一、课前要做到细致入微的准备

良好的开端是成功的一半。线上教学对我们大部分老师来说，都是一次新的尝试，要上好一节线上课，作为一线教师，我们就要按照相关的要求做大量的准备工作，以保证线上教学的良好运行。

（一）了解学情，准备网络工具

学生是学习的主人，作为教师，我们在课前必须了解学情，知道孩子们网络教学需要些什么，老师应准备好电脑，基于学情备好课，制作好教学PPT、相关的微视频等，家长和学生应该准备电脑、iPad、手机等网络设备，保障网络畅通。如果哪位学生需要帮助，我们应及时地提供有力的帮助，使每个孩子能很好地接受网络教学。

（二）基于学情，制定任务清单

"学情"是指来自学习者自身的影响其学习效果的一切因素的总和。结合区教研的要求，根据校情、基于学情研究教材，要有效编写学生学习任务清单，3—6年级设计了简单的作业清单，在教学中引导孩子们先学后教，自主学习，线上互动，精要点拨，培养自主学习习惯。

（三）调试设备，师生熟练操作

一节课的时间是宝贵的，我们不能因为设备出问题而耽误一分钟，因此，开课前，作为教师，我们必须线上调试，和孩子家长及时互动，进行"分享屏幕""微课试播""耳机、耳麦使用""屏幕转换"……一系列线上调试，让孩子在家长的帮助下不仅会使用，而且要学会独立操作，从而达到熟练掌握。只有这样，才能保障网络教学的有序、有效实施。

二、课中要把握适合为好的方法

我国著名的教育家叶圣陶曾提出："教是为了不教。"线上课堂，疫情期间，线上教学为教师提供了平台，为学生自主学习提供可能和机会，线上教学中试着这样做：

（一）保护视力，语音为先

眼睛是心灵的窗户。我们面对网络教学，教师必须考虑学生的眼睛，一门学科40分钟，试想：多个学科又是多长时间呢？长此以往，我们学生的视力谁来负责，所以，我线上教学，语音为主，学生根据任务清单，自主学习，群中语音交流，只有到重点、难点时，几分钟微课攻克难点，才让孩子们专心看，既保护视力，又学会了新知。

（二）甄选资源，适合最好

进入信息化新时代，教育资源满天飞，要引用别人的网络资源，作为老师，我们必须有甄别能力，给学生在课堂上运用的资源，自己先要认真地学习消化，衡量是否适合本班学生学情。课堂中，在哪个环节应用，要恰到好处，起画龙点睛之功，而不是拿来主义，多多益善。

（三）授之以渔，学以致用

课堂教学是由若干任务构成的任务流。陶行知先生曾经说："教的法子要根据学的法子。"作为一线教师，我们应根据学情，寻求最好的方法教会学生学。线上教学，对习惯了面对面课堂教学的学生而言，也有一个接受的过程，我们应该放慢脚步，放缓节奏，引导孩子们各个环节明确任务，在任务流中培养自主学习的习惯，在任务流中提升自主学习能力。

三、课后要做好科学合理的评价

孩子是祖国的花朵,他们的教育需要老师、家庭、社会齐抓共管,相互协作。线上教学,更是缺一不可。

(一)答疑解惑,巩固新知

学生是有差异的。网络课堂,远程操作,难免会存在这样那样的问题,这需要教师及时在QQ群、微信群等平台中整理问题,分类解答,使孩子明白,完成适量的作业,从而巩固所学的新知识。

(二)家校携手,有效延伸

至关重要,我们和家长及时在群中沟通,有效合作,将所学知识延伸课外,不仅拓展外延,而且劳逸结合。

(三)多元评价,乐在线上

如果说鼓励是一剂良药,那么良好的评价就是催化剂。发个朋友圈评价,语音鼓励,留言激励,点赞赏识……这些多元化的评价,会使孩子们爱上线上课堂,乐在其中。

疫情入侵,教育有爱;教研引领,教学有法;保护视力,劳逸结合;家校携手,学习新知;乐于反思,积极调整,只为学生们健康快乐地成长。线上开学,我们一起加油吧!

线上教研我们这样做

面对整个疫情防控工作，南塘小学"停课不停学""停课线上教""停课自主学"，在聂卫平校长领导下线上授课守住教育的初心，践行生本理念：以生为本，培养德雅学子；以师为本，成就贤雅教师，让每个人科学居家，自由、幸福、快乐地学习生活。我们全校师生这样做：

一、以生为本精心筹划，确保线上教学的顺利运行

良好的开端是成功的一半。线上教学伊始前，为了确保每一个孩子在线上开课，校委会人员曾多次召开视频会议，处室协作，任务精准，合理安排，商定南塘小学网络教学各项事宜：防疫期间包级领导下组安排线上授课课堂流程、线上授课学生要求、线上授课家长具体要求、防疫期间教学作息时间表、班级线上授课签到表、线上授课教学任务清单安排、线上授课教学作业清单安排等，从普通家庭网络教学到建档立卡家庭学生的网络教学，从线上任务清单到线下作业清单……努力做到人人有事做，事事有人管，确保南塘小学每个孩子停课不停学，停课线上学，停课自主学。

二、以生为本同伴互助，实现线上教学的劳逸结合

创新是一个民族进步的灵魂，是国家兴旺发达的不竭动力。抗击疫情的特殊时期，唯有创新，我们的线上教学，才能既保护学生视力，又优质地完成线上教学，引导学生们爱在线上，乐在线上，学以致用。

（一）基于学情，让"任务清单"有效驱动

南塘小学根据区教研室的"任务清单"模板，我们有模板而不唯模板，

各个教研组在下组领导的引导下及时视频研讨，分析学情，根据课型，设计适用本校各个学科的"任务清单"，每位教师还可以根据实际进行微调，寻找适合自己班孩子的线上教学，引导学生们明确任务，自主学习，初步养成自主学子的好习惯。

（二）学科融合，让学生们乐此不疲

学科融合不仅是学科发展的趋势，也是学术研究产生重大创新性成果的方式之一。线上教学，我们尝试着、探索着：

1.在语文教学中除了读一读、背一背、写一写、答疑解惑、课外阅读之外，我们和美术学科结合引导孩子们画一画文中的画面；

2.在20分钟枯燥的数学知识学习后做一做体育课间；

3.音乐的歌声融入英语课堂；

4.让科学小实验进入家庭生活，亲子做一做；

5.我们学习古诗词时，让音乐老师在线上教唱这首诗词……

学科的发展从"合"到"分"，正在走向新一轮的"合"。我们在承认学科差异的基础上不断打破学科边界，促进学科间相互渗透、交叉的活动，学生们乐此不疲，乐学爱学。

（三）多元互动，学生、教师、家长走进你我

1.线上教学之时，我们的老师和孩子们通过语音、微课适时互动，孩子们学习兴趣浓了；

2.线上教学之后，年级组、教研组教师利用网络积极讨论，互相学习，技术娴熟了，教学任务清晰了，总结反思，优秀作业线上展评，课堂效果提升了；

3.QQ群、微信群、线上疫情上报、健康安全知识推送、学习方法分享……教师和家长携手，沟通多了，理解深了，心贴得更近了。

三、反思提升，推进线上教学的稳步前行

学而不思则罔，思而不学则殆。抗击疫情，在一个月的线上教学中，南塘师生践行着，思索着……虽然先后有十几位老师撰写的线上教学感悟、教学"任务清单"在省、市、区平台公开发表，18位老师录制微课在"渭水之南"App播放，供小学教师们借鉴，但是老师们依然走在思考前行的

路上，我们在寻求最好、最适合的"任务清单""作业清单"，我们在寻找最优良的教学方法，努力实践着"以生为本，让每一个学生快乐成长"。

特殊的时期，特殊的课堂。线上教学实施以来南塘人团结协作，不畏远方，我们将一如既往以生为本搞好线上教学，以奋进的姿态扎实推进，迎接充满希望的春天。

让兴趣成为最好的老师

岁月不居，时节如流。"停学不停课""停学线上教""停学自主学"，我们已经持续五周有余，孩子们新鲜劲已过，家长复工复产使监管无形放松。那么，特殊时期，作为线上授课教师，我们如何让学生，面对冷冰冰电子屏幕激情不减，兴致盎然地置身课堂之中呢？我在线上教学中是这样做的：

一、基于课型，巧妙导入，激发学生学习的兴趣

线上教学，新课伊始，当老师播放着优美的歌曲，和孩子们唱着走入课堂，互相问好，冷冰冰屏幕有了温度；当老师播放着古诗词吟诵声频走进课堂时，孩子们小声吟诵，或低沉或舒缓，浸润在诗词的熏陶步入课堂；当老师玩着游戏走进课堂时，孩子们争先恐后，激情澎湃；当老师倾听着同学分享课前收集的资料进入课堂时，入情入境……作为教师，在尝试中我们不难发现：良好的开端是成功的一半，兴趣是最好的老师。

二、精心设计，灵活教学，引导孩子们保持浓厚的兴趣

孔子曾说："知之者不如好之者，好之者不如乐之者。"线上教学时，课堂中，我探索着，这样尝试：

（一）基于学情，适时微调

学生是有差异的，线上教学时，我尊重差异，在课堂上适时地会调整教学"任务清单"和课后"作业清单"，虽然年级组通过视频，线上已经交流了教学任务，但是，作为一线教师，我们在自己的班级教学中还应及时发现不足，针对本班学生学情适时进行微调，使任务更易于操作，使每个孩子都能不同程度分层次都能完成。

（二）熟读课文，积极参与

线上教学不同于面对面教学，教学前一天，预习时我尝试在群中发送任务，让我们班学生把课文读3—5遍，这样学生们不仅印象深刻，而且到线上教学时参与度高，既能保护视力，又能顺利地完成教学任务。

（三）开关耳麦，营造氛围

线上教学时，尽量为孩子们创造和老师同学们在一起学习的氛围。于是，教学中，我引导孩子们时而开放耳麦，大声朗读，时而关闭耳麦，聆听别人发言，既培养良好朗读和倾听习惯，又有利于考勤，让孩子们感受到置身课堂之中的真切，爱在线上，乐在线上课堂。

（四）视频会课，亲切可见

如果今天两节课，我会转换方式，来个视频会课，让孩子们看到老师同学，轻松可见的读书、写字、画画，不仅能展示自己优秀的一面，而且学会欣赏别人优秀的方面，学人之长，补己之短……既有利于家长督促，又有利于了解学生学习状态。

（五）利用网络，优化教学

任何事物都有两面性，如果很好地利用，孩子们会受益无穷。例如：教学四年级下册语文《飞向蓝天的恐龙》《纳米就在身边》时，引导孩子们课前预习，然后提出问题，再找相关资料分享，解决问题，没想到，孩子们找的资料特别全，还通过QQ"分享屏幕"及时交流，课中精彩不断，既培养了收集资料的习惯和能力，又学会自主学习，何乐而不为呢？

（六）巧用微课，突破难点

为了保护视力，线上教学我一般会选择性地使用微课，让孩子们既保持浓厚的课堂学习兴趣，又巧妙地突破难点，使孩子们能自主学会，快乐学懂，深入理解文本，感悟作者所表达的思想感情。

三、表扬鼓励，优秀展评，让孩子们延伸学习的兴趣

莎士比亚说："学问必须合乎自己的兴趣，方才可以得益。"因此，线上教学时，针对孩子们的学习情况我尝试及时和家长朋友进行线上沟通，让家长朋友和我一起鼓励、表扬孩子，使其树立自信，快乐学习，让自主

学习的兴趣在亲情鼓励中延伸；设计好多元化作业清单，如：仿写段落，画乡村图，规范晒一晒，优秀作业展评，朗读之星评选，推荐阅读，作品平台发表，画思维导图……把孩子们的学习兴趣从课内教学延伸到课外阅读，从课文延伸到生活，从而成为孩子们爱学、乐学的不懈动力。

抗击疫情前线已传来胜利的讯息，愿兴趣这位好老师领着孩子们向前去，奔向知识的海洋，追寻明媚的春光，追寻远大的理想。

立足本职战"疫"情

响应号召，线上授课。大"疫"之下，作为一名党员教师，我第一时间想到了本职工作，积极响应区局"停学不停课"的号召，带领全校教师制定学生自主学习任务清单；为所带班级进行线上授课，课余和孩子们有效互动，教育孩子们学会自护常识、为武汉加油，制作手抄报，开展《逆行英雄 我为您点赞》主题班会等活动；答疑解惑，和家长家长沟通，引导孩子们科学居家、静心学习，为防疫尽职尽责。

精心制作，录制微课。区教研室分给南塘小学九节微课的录制工作。我有效衔接，扎实落实，自己还录制三年级下册第一单元《荷花》微课。为保证及时完成录制任务，建立QQ群、微信群跟同事们视频研讨交流备课、探讨录课方法。身先士卒，找准难点，精心备课，制作课件，安装软件，使用软件，熬了一宿，录了十几遍，以学生身份试听十几遍，录制完成，可是噪音成了最大的难题。于是，请教电教室人员，自己再多次摸索，在"录音设备"中调"声音"的"耳麦"……一系列调试，反复录制，连续72小时，录制成功，再传，送审，顺利通过，一颗悬着的心终于放下了。及时总结教训，将自己的实战经验分享给同事们，精心指导同事们备好课，安装软件，消除噪音，最终学校承担的微课全部按时顺利完成。

特殊时期，服从分配。抗击疫情，我不仅按时值班，而且积极思考，将自己的体验感悟记录下来，及时分享，在省级平台分享《线上教学 我们在一起》《孩子们 珍惜美好幸福生活》在《渭南日报》分享《家校携手快乐成长》等，在"王老师和她的孩子们"公众平台分享自己和孩子们的防疫作品等。

敬业奉献，立足本职，奋战一线，默默无闻，这是作为一线教师的真实写照，用实际行动诠释着教育人的大爱情怀。

家校携手　快乐成长

庚子年初，疫情当前。为了进一步抗击疫情，保障每一个家庭的安全，我们"停学不停课"，为了更好地让学生学会在家中跟着任务清单，自主学习，让孩子们在这场全民"战疫"中收获、成长。作为老师、家长我们共同走在努力前行的非常之路上……

一、愉悦身心，营造良好的居家环境

"孟母三迁"的故事告诉我们，环境对于人的影响是显而易见的。抗击疫情的特殊时期，作为家长，应该为孩子的身心健康成长营造良好的环境是非时所需。"空中课堂"教学时，家长为孩子提供良好的学习环境，如电脑、ipad、手机等（尽可能地提供电脑），孩子上课所需的网络设备。同时，还应有一个安静的思考空间和良好的接收环境，保证线上教学的顺畅进行。作为老师，线上授课的时间调整、如何保护眼睛、课余生活做什么……我们应该和家长携手同行，线上、线下耐心陪伴在孩子左右更是必然而为，为孩子健康成长提供和谐、宽松的成长环境，使孩子居家不压抑，学习感到有趣，劳逸有机结合，健康快乐度过非常时期的每一天。

二、优化评价，保持浓厚的学习兴趣

兴趣是最好的老师。这段时间是抗击疫情的关键时期，学校的线上教学，已经将近两周，学生的新鲜感已过，面对着冰冷的屏幕，只能有限的"空中互动"，慢慢地兴趣会锐减。这时，如果老师、家长，我们携起手来，一个在线上多表扬，一个在线下能勤鼓励，让孩子始终对线上教学保持浓厚的兴趣，让兴趣陪伴着孩子渡过这段轻松愉悦的学习时光，相信学习会收到良好的效果。

三、严格要求，培养良好的行为习惯

（一）敬畏生命，养成良好的作息习惯

抗击疫情的非常时期，作为老师、家长，我们及时和孩子一起交流，引导孩子们明白生命赋予我们只有一次，每个人的生命都是十分宝贵的，因此，让每一个孩子在疫情期间戴好口罩，尽量少出门，勤洗手，勤通风，珍爱生命，养成按时作息、劳逸结合的良好习惯。

（二）适时携手，养成良好的自主学习习惯

变"要我学"为"我爱学"。在疫情期间，作为老师，线下优化资源，根据学情，精简任务；在线上做到：保护视力、任务明确、针对性地答疑解惑、沟通交流、学会自主学习。作为家长，及时根据自家孩子的情况，适时陪伴，学会放手，养成自主学习习惯。如果需要可先陪着孩子在线上了解任务清单，线下开展自主学习，不会的线上和老师同学进行交流，专心听老师答疑解惑，当孩子完成适量的作业后，您可以和孩子充分交流，了解孩子当天的学习情况，若需要帮助可跟老师再沟通。两周将过，我们可以适时放手，阶段辅导督促，逐步培养自主学习的良好习惯，从而渐渐提高自主学习的能力。

（三）健康饮食，养成科学合理的运动习惯

抗击疫情，人人有责，强身健体，从我做起。少年儿童处于身体发育的阶段，应该合理膳食，老师引导孩子们了解健康营养的相关知识。家长和孩子们一起选择广播体操、健身操、武术操等运动项目。每天运动最少一小时（可一次完成，也可以上午和下午各30分钟左右），最佳时间应该是上午10点左右，下午4点左右，为孩子们的健康成长保驾护航。

四、亲子互动，一起快乐成长

孩子是每一个家庭的核心人物。在疫情期间课余时间，当我们和孩子在一起享受家居幸福时光时，不妨和孩子一起学习预防疫情的知识，一同观看新闻，了解国家大事，亲子共读一本书，交流读书感悟，一起游戏，一同制作美食，等等，让孩子感受亲情的温暖，从而爱自己的小家，爱祖国的大家。

抗击疫情，从我做起。让我们一起携手，线上、线下温情陪伴，做好孩子们的榜样，共同走好这段别样时光，待到花开春满园，健康学子回校园。

特殊开学　别样教育

2020年4月20日，我们期盼已久的日子来了，孩子们戴着口罩，背着自己心爱的书包，早早地在学校规定区域排起了间隔一米的队伍，期待入校。虽然看不清你们俊秀、可爱的脸庞，但是从眼眸中明亮、欢喜的神情中，老师明显能感觉到，你们回归校园生活的激动心情，久违校园敞开臂膀欢迎着它的小主人们平安归来。

这个疫情时期，我们的开学与以往截然不同，学校做了大量的准备工作，每天定时消毒、通风，准备各项防疫物资，只为确保每一个孩子回归后健康快乐每一天。因此，学校规范从以下几方面做起。

一、敬畏自然，热爱生命

人类和自然是赖以生存的命运共同体，当我们保护大自然和世间万物和谐共处时，一切顺风顺水，风调雨顺，风平浪静；当人类破坏自然不遵守自然法则时，大自然会用它特有的方式惩罚人类。因而，我们开展上好"开学第一课"，各班主任引导孩子们通过视频、实践体验、规范操作，具体细致地了解疫情防控小常识、如何戴好口罩、七步洗手法，调节心理状态，引导孩子们科学防护。同时，从小学会遵循自然法则，让他们从小学着敬畏自然，尊重生命，热爱自然和谐共生。

二、养成习惯，受益终生

好习惯益终生，尤其是特殊时期，我们学校引导孩子们从以下几点做起。

1. 健康早点，居家吃起。

为了健康合理膳食，我们要求孩子们每天早晨居家吃好早点，然后戴好口罩，路途中不摘口罩，更好保护自己和他人，回归到我们美丽的校园中来。

2. 用心消毒，保持干净。

学校每天有专人坚持早、晚各消毒一次，孩子们来校后用75%的酒精湿巾自我消毒自己的桌椅，为自己的健康做好基础工作。

3. 戴好口罩，你我健康。

安全你我他，定要时时抓。利用安全小课，为孩子们播放戴口罩的步骤，引导孩子们规范戴好口罩，保证自己和别人间隔一米的距离，排好队上卫生间，不聚集，安全牢记。

4. 回望梳理，查漏补缺。

适时检测，对于线上教学的实际情况，我们通过回望课来查漏补缺，同时，对于回到线下的孩子们分年级，实行单人单桌，及时地进行检测，了解实际情况，寻找教学中存在的问题，从而更好地巩固旧知识，学好新知识。

5. 阅读积累，养成习惯。

疫情期间，为了互不交叉，同学们干什么事都是间隔一米单排队从专门的路线进行，有专门的护导老师进行管理。课间，坐在教室里孩子们合理的利用时间，读好自己喜欢的书籍，及时积累摘抄好词佳句，养成良好的阅读习惯。

6. 家校携手，共同呵护。

我们和家长朋友们及时地沟通，让家长朋友为孩子们准备好上学所需的物资，每天还孩子们聊天，及时交流，共同呵护每一个孩子的健康，让他们在校园中能够快乐健康地生活每一天。

三、激励评价，你我共长

对于每一个孩子我们都客观地去评价，发现他们的闪光点，及时激励他们。班级下载"班级优化大师"App，为孩子们进行小组加分，学会合作共赢、互相帮助；个人加分，培养自信，积极展示；家校携手，疏导沟通，让每一个孩子都保持良好的心理状态，快乐地度过疫情时期，成长为栋梁之材，只要用心去教育，特殊开学也是一种良好的实践教育。

"逆行英雄，我们为您点赞"主题班会设计

【设计理念】

抗击疫情的特殊时期，本次班会以生为本，利用网络，线上"聚"会，引导孩子们关心国家大事，关注身边小事，了解抗击疫情各行各业奋战在一线的逆行者，从而学英雄的爱国、爱民精神，做祖国好少年。

【活动主题】

逆行英雄，我们为您点赞。

【活动形式】

小视频、短片故事、歌曲、古诗词名言、分享感受。

【活动目的】

1.通过本次班会活动，了解抗击疫情先进人物故事，认识到爱国从小事做起，英雄就在我们身边，体会爱国、爱民精神。

2.搜集抗击疫情各行各业的优秀典范，培养关心国家大事，了解身边小事的习惯。

3.在抗击疫情的非常时期，把新闻中、生活中看到的、听到的表达出来，从心底产生敬佩之情，由衷地为他们点赞，学习英雄为国为民而奋战一线的大无畏精神，成为爱民爱国的中华少年。

【活动准备】

教师：制作PPT。

学生：1.搜集各行各业英雄、先进人物故事，视频，文字材料。

2. 搜集赞美英雄的古诗词、名言警句。

【活动过程】

一、了解疫情，走近英雄

1. 播放新型冠状肺炎病毒新闻片段，全班观看。

2. 同学们，试着说说你对新型冠状肺炎病毒的了解。

3. 同学们，面对肆虐的病毒，有的人却奋战在一线，为我们保驾护航，今天让我们一起走近他们，大声说：逆行英雄，我们为您点赞！

二、寻找英雄，诠释英雄

1. 小组内线上交流：5分钟，课前搜集的抗击疫情的英雄故事或报道。

（1）说说你听到了什么？看到些什么？此时觉得谁是你心中的英雄？

（2）小组群中学生自由交流。

（3）交流完后小组长及时汇报，推选组员全班交流。

及时评价：多鼓励、表扬。

2. 全班交流。

（1）抗击疫情，最感人的英雄故事或报道。

（2）全班听，说说你听到了什么？看到了什么？此时，谁是心中的英雄？

（3）其他学生及时补充资料。

（4）老师适时地播放相关视频。

（钟南山、李兰娟、社区人员、优秀党员事迹……）

学生自由发言。

教师及时评价：多鼓励、表扬。

3. 诠释英雄。

同学们！从古至今，英雄历历；泱泱中华，英雄辈出。勇武过人是英雄，无私忘我是英雄；不辞艰险，为人民利益而英勇奋斗是英雄；令人敬佩的人是英雄；国家危难之时，挺身而出，为国效力是英雄；普通人有超出常人的能力是英雄，普通人做有意义的事情也是英雄，普通人做出了重大的事情同样是英雄……

同学们，英雄是一种勇敢，是一种精神，是一种超越的力量。

三、为您点赞，传承精神

1. 赞美英雄我会说：

师：同学们，说说你平时积累的赞美英雄的名言警句。

PPT 出示赞美英雄的诗词、名言，为孩子们引路。

诗句：生当作人杰，死亦为鬼雄，至今思项羽，不肯过江东。

——李清照

诗句：夜阑卧听风吹雨，铁马冰河入梦来。

——陆　游

诗句：但使龙城飞将在，不教胡马度阴山。

——唐代·王昌龄《出塞二首》

预设：

诗句：江山如画，一时多豪杰。

——苏　轼

诗句：黄沙百战穿金甲，不破楼兰终不还。

——王昌龄

诗句：出师未捷身先死，长使英雄泪满襟。

——杜　甫

诗句：人生自古谁无死，留取丹心照汗青。

——宋代·文天祥《过零丁洋》

诗句：先天下之忧而忧，后天下之乐而乐。

——范仲淹

……

在全人类之中，凡是坚强、正直、勇敢、仁慈的人，都是英雄！

名言：中流砥柱，力挽狂澜。

——秋　瑾

名言：古之立大事者，不惟有超世之才，亦必有坚忍不拔之志。

——苏　轼

名言：自然是伟大的，人类是伟大的，然而充满了崇高精神的人类的活动，乃是伟大中之尤其伟大者。

——茅　盾

……

2. 练习诵读诗句、名言，赞美英雄。

3. 赞美英雄诗词大比拼我能行！

线上吟诵、竞答，点耳麦最快，坐姿标准，打完让家人为你鼓掌。

诗词抢答：

（1）生当作人杰，_____。

　　　至今思项羽，_____。作者：

（2）江山如画，_____。作者：

（3）人生自古谁无死，_____。作者：

（4）但使龙城飞将在，_____。作者：

（5）夜阑卧听风吹雨，_____。作者：

（6）黄沙百战穿金甲，_____。作者：

……

师：评价激励、表扬。（奖励点赞）

4. 线上交流，学做英雄。

生活中，普通人我们应该如何做好自己，将来成为英雄呢？

（1）小组内群中交流。

（2）小组代表全班分享。

（3）师生评价，多鼓励，表扬。

5. 全班打开耳麦，同唱歌曲《我和我的祖国》。

四、宣誓

老师：打开耳麦，请班长带领全班同学宣誓。

班长：请同学们起立，举起右拳宣誓。

抗击疫情，从我做起；

戴好口罩，勤洗双手；

适量锻炼，科学居家；

快乐学习，感恩英雄；

爱民爱国，你我传承。

宣誓人：_____

五、教师小结

亲爱的同学们，看到你们在班会中，了解疫情，走近英雄；寻找英雄，诠释英雄；为英雄点赞，传承精神。老师真为你们高兴。

作为一名学生，作为炎黄子孙，我们有义务和责任弘扬中华民族的光荣传统，继承英雄精神，从小学英雄，长大当英雄，造福百姓，追逐梦想，建国兴邦！

"讲卫生　养习惯　筑牢疫情防控安全线"主题班会设计

【设计理念】

抗击防控的特殊时期，我们开学了，为了使培养孩子们养成良好的卫生习惯，科学防控疫情，本次班会以学生为中心，开展丰富多彩的活动，引导孩子们学习防控小常识，在校园、在家庭、在社会有效防控疫情，讲究卫生，养成习惯，健康生活每一天。

【活动主题】

讲卫生，养习惯，筑牢疫情防控线。

【活动形式】

小视频、短片故事、歌曲、古诗词名言、分享感受。

【活动目的】

1. 通过本次班会活动，了解疫情，学习疫情防控的小常识。

2. 搜集疫情防控的相关资料，培养孩子们养成良好的卫生习惯，科学防控疫情的能力。

3. 在抗击疫情的非常时期，把新闻中、生活中看到的、听到的表达出来进行充分交流，在校园、在家庭、在社会有效防控疫情，讲究卫生，养成习惯，健康生活每一天。

【活动准备】

教师：制作PPT。

学生：搜集疫情防控的视频、文字等资料。

【活动过程】

一、关注疫情，学习常识

1. 出中队旗。

2. 同学们，试着说说你对新型冠状肺炎病毒的了解。

3. 同学们，面对肆虐的病毒，生活中我们是如何防治的呢？

（学生交流）

4. 今天我们一起走进"讲卫生、养习惯，筑牢疫情防控安全线"主题队会，相信在队会中会更深入地学会防控知识。

二、学习防控，讲究卫生

1. 学生小组交流搜集的疫情防控小常识。

2. 班级展示：

（1）戴口罩方法。

（2）七步洗手法。

（3）在校园内防控的小常识。

饭前便后要洗手，疾病不会跟着走，果皮纸屑别乱丢，环境卫生人人争……

在社会中防控的小常识：

少串门，勤洗手，别扎堆，少进人堆，不碰野味，防控疫情人人有责……

三、学会防控，养成习惯

1. 小组交流如何养成讲卫生的好习惯。

2. 小组展示。

如：

（1）疫情防控需要每个人的参与，工作和生活中，公民要养成"一米线"、勤洗手、戴口罩、坚持公筷制，使用"健康码"等卫生习惯和生活方式。

（2）室内要经常开窗通风，保持空气流通。科学佩戴口罩，在人员密集的封闭场所，注意保持一米以上的社交距离。

（3）乘坐公共交通工具，应避开高峰期，尽量不触摸扶手、把手、座椅等表面。

（4）外出购物要全程佩戴口罩，到达商场后应配合工作人员做好防疫措施，选择合适商品后，可以选择电子支付，减少接触。

（5）公民要关注自身的健康状况，做好健康监测，一旦出现发热、咳嗽等症状，应戴好口罩，及时前往正规的医疗机构就诊。

（6）饮食卫生方面，应做到：生吃瓜果要洗净，不喝生水，不吃腐烂变质的食物。

（7）运动锻炼方面，应做到：坚持每天早起锻炼、呼吸新鲜空气，每天应至少运动一小时，增强体质。

（8）勤洗手方面，应做到：饭前便后应洗手，吃东西前应洗手。

（9）用眼卫生方面，应做到：看书写字时要注意姿势正确，光线适宜，眼与书本的距离应保持一尺。

（10）保护牙齿方面，应做到：吃东西后漱口，早晚刷牙，不咬过硬东西，不吃过期食品。……

3. 诵读好习惯名言。

习惯形成性格，性格决定命运。——约·凯恩斯

孩子成功教育从好习惯培养开始。——巴金

习惯实际上已成为天性的一部分。——亚里士多德

静以修身，俭以养德，非淡泊无以明志，非宁静无以致远。——诸葛亮

要成就一件大事业，必须从小事做起。——列宁

世上无难事，只要肯登攀。——毛泽东

四、宣誓

老师：有请班长带领全班同学宣誓。

班长：请同学们起立，举起右拳宣誓。

抗击疫情，从我做起；

戴好口罩，勤洗双手；

适量锻炼，科学防控；

讲究卫生，养成习惯；

快乐学习，健康生活。

　　　　宣誓人：＿＿＿＿＿＿

五、退中队旗

六、辅导员老师讲话

　　亲爱的队员们，看到你们在班会中，了解疫情，学习常识；学习防控，讲究卫生；学会防控，养成习惯，老师真为你们高兴。

　　好习惯会使人受益终身。作为一名小学生，我们只有从小养成良好习惯，长大才能成就一番大事业，让我们从现在做起，从小事做起，追逐梦想，为长大建国兴邦而不懈奋斗吧！

后 记

坚守初心　悦心绵延

亲爱的读者朋友们，当您读完这本书时，不知您有何感受？是否对您有所启迪？非常感谢您抽时间读完拙作，分享我"在教学研路上悦心成长"的点点滴滴。儿时，每每看到老师站在讲台上娓娓道来，为我们讲述课本上一篇篇生动有趣的文章，讲解一道道数学难题时，我就在心中哼起《每当我走过老师窗前》熟悉的旋律。十几年后，我如愿从蒲城师范毕业，成为一名教师，满足了一颗初心。几十年来，坚守着这颗不变的种子，直至今日。

悦心成长的路上，我渐渐知晓"不忘初心"一词最早出自唐代白居易《画弥勒上生帧记》："所以表不忘初心，而必果本愿也。"意思是说时时不忘记最初的发心，最终一定能实现其本来的愿望。其实，每个人都有一颗初心的种子，都应当寻找初心、牢记初心、保持初心，为实现自己的小目标努力奋斗，为实现中国梦添砖加瓦。

悦心成长的路上，我和孩子们向阳生长。每天清晨，走进校园，和孩子一起朗读课文，一起规范写好每个字，一起上好每节课，一起做好每次课间操，一起读书分享，一起体验爬格子的趣味，快乐着他们的快乐，成为他们无话不谈的大朋友。

悦心成长的路上，我和同事们幸福研修。我们一起学习生本理念，一起探究生本理念下的激趣导入、探究解惑、生生合作、师生互动、拓展延伸、迁移课外、走向生活……每次教学思路的主题研修活动，你言我语，各抒己见，取长补短，最后才能达成共识。但我们明白：这一切的一切都是为了寻求最好的方法教好每个孩子，我们都在坚守着初心。

悦心成长的路上，我和团队携手前行。二十八年的教学生涯使我成为陕西省教学能手、陕西省学科带头人培养对象，成为区级优秀能手工作室负责人，我不仅要守好自己初心，我还要引领示范、辐射带动我的团队成员，让他们也守好自己的初心，只有这样，我们才能携手共进。于是我们一起课例研磨，发表感言；我们一起同读一本书，写下自己心中最真切的感悟；我们一起参加各级各类培训，积累最优的只言片语；我们一起坊室联动，实践体验让课堂更精彩……成员们成为省级、市级、区级教学能手，学科带头人培养对象等，幸福着他们的幸福，收获携手同行的执着初心。

习近平总书记在"庆祝中国共产党成立100周年"大会上的讲话中说"初心易得，始终难守"。当我听到这句话时，我想到了自己，想到了我的学生们，想到了我的同事们，想到了一起前行的团队成员们，我们没有铮铮誓言，没有豪言壮语，没有气壮山河。我们有的是立足岗位，谆谆教诲，用无私的爱教育好每个学生，为家长朋友分忧解难；我们有的是植根三尺讲台，实践体验，真正实现"教是为了不教"，让学生站在课堂中央，成为学习的主人；我们有的是夜以继日的备课、修改完善，为适合学生而设计最优的教学设计；我们有的是几十年如一日的坚守、坚守、再坚守……

感谢您的分享，也感谢在成书的过程中给予我鼓励、支持、帮助和关心的各位领导、恩师、亲友、同事。教育工作永远在路上，实践无期，快乐无沿，悦心始终在路上。

阅读中，若发现用词、观点有不当之处恳请批评指正！

在写作中，也参考和引用了一些资料，未能一一注明出处，在此谨向同行和前辈郑重致谢！